考拉看看
KOALA CAN

传递价值

平衡

创业者写给创业者

张小军◎著

ZHEJIANG UNIVERSITY PRESS
浙江大学出版社

图书在版编目（CIP）数据

平衡：创业者写给创业者 / 张小军著 . -- 杭州：浙江大学出版社，2021.12

ISBN 978-7-308-21970-9

Ⅰ . ①平… Ⅱ . ①张… Ⅲ . ①创业 - 企业管理 Ⅳ . ① F272.2

中国版本图书馆 CIP 数据核字 (2021) 第 230656 号

平衡：创业者写给创业者

张小军　著

策划机构　考拉看看　书服家
责任编辑　罗人智
责任校对　闻晓虹
封面设计　云何视觉
出版发行　浙江大学出版社
　　　　　（杭州市天目山路 148 号　　邮政编码 310007）
　　　　　（网址：http://www.zjupress.com）
排　　版　云何视觉
印　　刷　杭州钱江彩色印务有限公司
开　　本　880mm × 1230mm　1/32
印　　张　12.75
字　　数　250 千
版 印 次　2021 年 12 月第 1 版　2021 年 12 月第 1 次印刷
书　　号　ISBN 978-7-308-21970-9
定　　价　65.00 元

浙江大学出版社市场运营中心联系方式：0571-88925591；http://zjdxcbs.tmall.com

推荐语

构筑中国精神，中国价值，中国力量！不愧为树造人类文明的工程师！

——曾康霖

著名金融学家、金融教育家、2013 年度“中国金融学科终身成就奖”获得者

我们处于这样一个浮躁且肤浅的时代，被各种碎片化、快餐化信息堆埋，难以呼吸，直至窒息而不自知。当下概是近代以来最缺乏深度和思想的阶段吧，难有启迪心智、推动进步的作品。为此，浙江大学管理学院以记录这个时代为使命，与考拉看看合作，持续推动有深度价值的作品创作，彼此信任，携手探索思想苦旅，希翼与身边些许有心灵和思想的读者一起走向深远！

——魏江

教育部长江学者特聘教授、浙江大学管理学院院长

我实际是中文系出身，本科读的是汉语言文学专业，硕士和博士读的才是复旦大学的经济学和金融学。如今，我虽然是一名经济学家，却始终有一种“我辈岂是蓬蒿人”般的踌躇。面对当今百年未有之大变局，我始终认为，经济学家的使命不应该是锦上添花、歌功颂德，而应该是在歌舞升平、洋洋自得中提示风险甚至危机，应当作“醒世恒言”;而在哀鸿遍野，一片看衰时，则要发现星星之火，见微知著，看到机遇和楼梯所在，提出建设性对策和决策。

我与考拉看看团队结识于2018年，由于对内容价值的共识，在我已经出版《危机三部曲》《穿越镀金时代》《全球化4.0》等畅销书之后，我们合作了《预见未来》系列作品。该书对认清中国逻辑，预见未来趋势做了深入分析，也是在履行我作为经济学家的见微知著的使命。《平衡》这本书记录了考拉看看对内容价值的认识与实践，里面有很多新的思考。与好的研究一样，好书也不应是各种土洋八股，而是不拘一格，让人醍醐灌顶。

——邵宇

东方证券首席经济学家

我们看过的绝大部分创业故事，都来自千万创业明星中选出的巨星——就像西游记，鼓舞人心，却远在天边。这本《平衡》，描写的是最具烟火气的创业故事，就在你我身边，让人触手可及。

——周涛

电子科技大学大数据研究中心主任

我不是创业者，却好与创业者为伴。去年我们成立移动互联商务协同创新中心，赋予其使命——陪伴互联网创业者。这给了自己一个名号，见到创业小伙伴，我总喜欢拿这一名头与他们拉近距离。何以陪伴？心中茫然，惴惴而不安，创业者们总予我以信任眼光，让我莫名惭愧！阅悉小军的《平衡：创业者写给创业者》一书，顿有灵犀之悟，多年来我对创业者的陪伴原来暗合“平衡”之道。与考拉看看结缘也有四载之余，我们合作出版了《战略闭合》一书，看世界也看自己，世界在变化，我更处多变之未了。创业者以己创变，开未来之势变。创业浸透，平创而生，衡态就势。

——杜义飞

电子科技大学经济与管理学院教授

推荐语

考拉看看是我所知的极其罕见的致力于传播真知识的创业团队，不媚俗，不赶潮流。值此创业 7 周年之际，愿她“不忘初心，方得始终”！

——李俊慧

经济学家、《李俊慧的经济学课》主理人

2017 年我开始与考拉看看合作，考拉看看先后开发出版了我有关金融思想体系、投资实践、人文金融等方向的图书作品，此后他们一直在国内出版我的图书。很庆幸与这样专业的内容开发团队合作，他们能够让好的内容成形，并传播开去。我与考拉看看长期以来形成了共识，要为时代留下好的内容，好的作品，并愿意持之以恒地坚守下去。

——陈思进

国际金融专家、央视大型纪录片《华尔街》《货币》学术顾问

20 世纪 90 年代，我因工作的关系，开始持续关注中国的民营经济和民营企业。改革开放 40 多年来，中国涌现出非常多了不起的企业家和创业者，他们创造了财富，吸纳了就业，推动了社会进步。今天，我们迎来知识和科技的新时代，越来越多的创业者投身到创新前沿领域，但仔细观察发现，深入文化内容产业的创业者屈指可数，而考拉看看恰是为数不多深耕此领域的团队。

我自 2017 年与考拉看看结缘，见证了它的发展壮大。我将其定位为两大价值——文化推手和内容银行。他们是诸多头部企业和杰出个人背后的重要文化推手，同时每年创作大量的优质作品，为记录时代和传递价值辛勤付出。这本书中有诸多引发创业者和企业家深思的话题，能够付梓，实属幸事。愿考拉看看越走越好，越走越远。

——钱卫东

民营经济研究者、第九届四川省工商联副主席

初遇考拉看看的张小军和他的合伙人马玥是在2021年的初春，当时俨然没从他们身上感到初创者的浮躁、浅短和急功近利。今天有幸翻阅小军新书《平衡》的初稿样书，我才恍然大悟：7年的创业挑战、心路旅程和心中的光亮不断地让他和考拉看看发生睿变。我对他书中“热爱才是动力”的简朴反思深深认同：只有深爱自己的工作或事业，我们才能汇集来自心脑的最强能量把它做好。

我在跟考拉看看合作的近一年时间里，体会到作者对优质内容的执着和对“传递价值”的挚爱。将对事业的热爱传递给团队是创业公司走向成熟和进阶的标志，从“要不要换一个更好的办公室”，到要不要把刚定制的“有品味”的木凳子换成人机工程的椅子，我看到了考拉看看已从初创企业脱胎换骨。感谢小军分享他的心路旅程，相信许多人能从中汲取养分。

——卞成刚

英特尔公司制造与运营部副总裁、英特尔成都公司总经理

从认识小军的第一天，他就在写字。在这将近20年的时光中，小军用文字与这个世界对话，与自己对话。相信知识的暂时性，相信行动的永恒性，以笔入道，去记录、描摹这个伟大的时代，真是从事文字工作的我辈最幸运的一件事。

——李大韬

动脉网创始人

创业是一个需要不断刷新认知，并不断挑战自我的过程。创业者犹如登峰者，刚登上一个山头，还没来得及缓口气，可能又发现另一个更陡峭的陌生山峰耸立在面前。因此创业者往往要做好长期“攀登”的准备，这要求我们平衡好工作与学习，跳出琐碎的事务，不断刷新对行业的认知，也要求我们平衡好工作与生活，及时将自己调整到最好的状态，保持心态上的平衡，

做到“不管风吹浪打，我自胜似闲庭信步，笑看云卷云舒”。

作为同乡，我与小军一见如故，这几年看到过小军在创业过程中激情昂扬的一面，也见过他在生活中悠游自得的一面。在与他深入交流中，我又能感受到他深深的情怀和责任感，这大约就是创业者需要追求的平衡。相信本书能帮助每一位创业者把握平衡的窍门，最终都能在各自攀登的领域里一览顶峰的胜景。

——张世友

华律网创始人

与创业者一起探索和表述这个世界，一起奔赴和创造一个新世界。这是张小军和考拉看看团队正在从事的活色生香、日新月异的大事业。

——胡海卿

北京天下星农投资发展有限公司创始人

认识小军始于组织人大深圳校友会“40年，再出发”暖聚论坛，我也由此认识了考拉看看。“记录历史，传递价值”的使命，令我对这家由两位人大校友携手创立的企业肃然起敬，并对之充满期待！

《平衡》一书记录了小军自2019年以来的日常思考与沉淀，内容朴实无华，却又力透纸背！

人一生的果效，由心发出；企业的成就，也必然源自于初心和坚持！荣幸见证考拉看看成为中国领先的深度内容创作与运作平台之一。

——孙晓岚

小岗乡村振兴产业基金合伙人

人大深圳校友会联席秘书长兼商学分会执行会长

平衡为万物之道，但有时候心理平衡是最难做到的。《平衡》一书记录了小军校友创办考拉看看的心路历程。一路走来，考拉看看的发展还算顺利，它将自己精确定位为优质内容的开发运营平台，坐拥出版、论坛、新媒体、孵化器四大业务模块。考拉看看策划出版的图书，频频出现在畅销书榜单上。但是，创业的艰难只有创业者自己知道。创业就像坐过山车，不断起起伏伏，这不仅考验创业者的心理承受能力，还考验创业者在社会历练中各种关系的平衡能力。

《平衡》是给创业者的经验分享，能让创业者少走弯路，得到心理平衡，让内心更加平静和坚定。平衡是规律，平衡是能力，平衡也是智慧。

——陆军锋

中国人民大学 EMBA、求是文学社社长

文化创作虽然包罗万象，创作来源却要追溯到创作者的内心。本书作者即是要对自己作如此追溯、剖析，以提供给读者判断，得出不同的结论。对此，难得的是真实。只有真实地面对自己，才能真实地面对世界。

——何多苓

画家

著述立传，史贵存真。考拉看看团队长期以来扎根于精品内容写作，笔耕大量的口述、传记和企业史方面的佳作，新奇特的笔墨传奇，实属难能可贵！个人的奋斗汇聚成国家记忆，历史是无比珍贵的，值得被记录而留芳后世。传承历史文化，考拉看看一直在坚守自己的使命。希望考拉看看的未来就像神奇的川剧变脸艺术——越变越好看！

——彭登怀

四川省川剧变脸文化艺术发展促进会会长，国际著名变脸艺术大师

30 年前，我曾是四川省政府新成立直属公司的创业者，如果当时能看

到小军先生写的书，那么我之后的创业的历程肯定会迥然不同！

——孙前

茶文化研究专家、大熊猫文化研究学者

张小军先生所著的《平衡：创业者写给创业者》一书，记载了考拉看看创业 7 年来的奋斗历程，展示了这个年轻团队充满活力、创新力和战斗力的精神风貌，是一本值得广大创业者深入研读的好书。祝愿考拉团队在今后的工作中，继续努力，再创新的辉煌！

——薛康

中华全国集邮联合会副会长、成都大学美术与设计学院名誉院长、金丝猴文化学者

我印象中的“双面考拉”既可以大隐于市地埋头创作，又可以从单一的图书出版商向专业的高端定制化阅读服务和企业咨询研究不断延伸。在我创作《东京新青年》《京都传》等作品的过程中，考拉看看团队的成员为我提供了很多宝贵的建议和数据支撑，使我的作品更加完整。考拉看看不仅因为正逐渐成为行业的领先者而受到关注和赞扬，更因为经历了艰难的进步过程而受到人们的尊敬。同时，这个过程也带给我们的更有价值思考。考拉看看的故事充满励志精神，又极富传奇色彩：在一个变革的时代，一群过河的人，书写了一部民营企业和创业人生的心灵史、生死书！

——廖宇靖

东京大学社会科学研究所研究员、2020 年东京奥运会火炬手

我虽然是考拉看看的内容提供者和受益者之一，但《平衡》给了我重新了解这家定位于“深度内容创作和运作”平台的机会。企业从 0 到 1 可能是勇气的因素，那从 1 到 100 就是勇气加上更多的因子，其中思想的深度广度一定不会缺席。

《平衡》是创业者写给创业者的书，虽然这样的对话方式不是唯一，但

是将丰富的创业感悟上升到抽象的哲学层面，再以象征主义（symbolism）的文学手法呈现出作者的表达主旨，这样的写作手法是独特的，让读者倍感新颖。它不仅脱离了平淡和抽象的写作，还允许读者透过可视化的比喻充分体会创业的艰辛、跨过艰辛后的喜悦、再创辉煌的调整和差异化思维等复杂或抽象的主题。

《平衡》是一部能够既让人在轻松快乐的阅读过程中体会创业过程，又让人获得高级文学享受的作品。对于正在创业的读者来说，《平衡》会让你一边享受作者的生花妙笔，一边获得新的创业灵感和动力，进而达到新的平衡！

——肖南

人力资本发展顾问、“蒙代尔世界经理人 CHO 成就奖”获得者

前言 ▸

2021 年是我完全离开体制后创业的第八年。

时间过得很快，相比很多快速成长的明星创业企业，我们看起来并未取得非常耀眼的成绩。

不过，我们非常幸运，考拉看看依然在坚持“为社会进步贡献优质内容”，它实现了从 0 到 1 的突破，也打破了中小企业活不过三年的预言。而且，我们团队从出发第一天就选择的“深度内容的创作与运作”的初心至今未变。

当然我们依然可以小小庆祝一下。创立八年来，考拉看看虽然体量依然很小，但它已成为中国众多头部企业的内容和文化力合作伙伴。伴随着订单数量额增长，考拉看看团队的成员也在日益成长；考拉看看推出的优质内容（图书作品）越来越多出现在畅销书榜单上……

和八年前决定创业时相比，我最大的变化，是自己的内心更加平静和坚定。创业首先要照顾好自己的内心，内心既是原点，也是归属。

我之所以这么说，是因为这几年走过的路，曾使我备受煎熬，亦曾使我心灰意冷，我甚至一度想到结束生命。今天回头来看，我很庆幸自己走过来了，没有放弃自己，也没有放弃团队。我试着从内心认识自己，认识团队。

我曾长时间研读《金刚经》，它给我很大的帮助，让我从中找到了力量。这不是宗教，更不是迷信，而是看世界的方法。我不再那么焦虑，我能平静下来，可以坦然面对各种打击，也可以坦然面对各种进步。我希望，让所有的人和事情，达到一种平衡。

从 2019 年春节开始，我要求自己每天写一些文字，我想看看自己可以坚持多久。计划写的内容倒没有特别限定，目标就是不管写什么，一是坚持，二是复盘思考，想记录下自己如何学会平衡。

过了一段时间一看，自己竟然一直在坚持，已经有了不短的篇幅。考拉看看的联合创始人马玥有好几次都建议出版这些内容（其实她并没有全部看过，有那么几次，我分发了几篇文章），她认为这些内容值得出版。可是我还是有一些担心，原因有三：

一是这些思考都很个人化，对于同一个问题，我的想法也在不断变化，如果变成了白纸黑字，会不会显得片面呢？

二是这些文字或多或少记录了某些人的信息，而我可能只看到了一个面，会不会不够客观？

三是我的这些思考基于个人见识，而其中相当大一部分内容和创业有关，而我和很多创业成功的人比起来，还有很大的距离，谈自己的想法，会不会是班门弄斧呢？

这些思考是真实发生的，一切又是自然而然的。我想，如果有一天可以出版，也算是一种坚持的平衡吧。

我的这些思考和考拉看看的团队有十分密切的关系，很多观点是基于这个团队的成长而产生的。“考拉看看”是我从0到1参与的一个团队。这个团队起初只有我和马玥，经过几年的努力，团队成员每年累计原创深度作品有数千万字之多，每年向市场提供大约200部优质图书，如今是中国为数不多的深度内容创作团队之一。

考拉看看的团队依然在快速成长，这是我最乐于见到的事情之一。我把自己定位为作家、创业者、投资人和好好生活的人，我的这些思考，也是考拉看看团队成长的一种记录。

创业并非为了某一个结果。定义“成功”有很多标准，而创业是一个过程，成功的创业最为重要的是可以把握自己。

创业开始就像我小时候一个人在夜里赶路，只能往前走，去勇敢地把黑夜凿开一个洞。我想我能一直往前走，是因为遥远的地方，有光亮。

那光亮是目标，也是希望。任何人都要有光！

这些思考也是我的一点点光，我希望它们有一天可以照亮其他人。

谢谢曾照亮我的人，谢谢陪我走过时间的人！

欢迎读者们向我提出意见

24973558@qq.com

目录

内心的引力

何谓正确

直面创业

团队的力量

向用户学习

有限的完美

规则的魅力

解决问题

自我提升

与情绪相处

与自己和解

[内心的引力]

接受各种各样的状态，也是一种创业态度，既然选了这条路，无论压力大小，都要往前走。我给自己做心理建设，也告诉自己和团队成员，团队中出现各种各样的状态都很正常，如果没有问题，要么我们做到了极致，要么就是我们去解决面临的问题。显然不是前者，如果真的没有问题，估计是关门了吧。

∞ 在时间的这一边

入夜，站在成都电焊机大厦[1]的办公室前，抬头是创智中心[2]的灯火。万科从深圳走到这里，用了 30 年，而我们走过去，只要三分钟。这里，每平方米租金 80 元、物管费 6 元。

站在河东，站在河西。站在哪里，都是站在时间里。你看到的，他看到的，我看到的，都是时间先生准备的礼物。是如意，是失意，最重要的是，懂得时间的心意。

一个人、一群人，一个梦想、一堆愿望，三千大千世界，面对的是同一个时间。

时间是人生管理的楚河汉界，在那里厮杀，在那里休憩，皮囊生

1 成都电焊机大厦院里的一间经过改造的仓库，为考拉看看在成都的第二处办公室。

2 这是万科在成都打造的一处办公物业，是成都当地区域的地标性建筑。

烟，终归一样。活着就是个过程，太长不好，太短不好，喜欢最好。

时间的价值是由今天决定的。你可能错过了昨天，而明天还没有来，但不管前面是什么，流走的，回不来。

在成都，偶尔可以“窗含西岭千秋雪”。在哪里开窗，需要选择方向，方向对了，还需要时间。你看到的是山还是雪，取决于你的选择。

弱水三千取一瓢饮，千里冰封尽收眼中，精挑细选，自然而然，都需要时间先生这位裁判。它不缺席，它不迟到，它总是公平的。

有些风景，可以用眼看，也可以用心看。眼睛看不到，不等于没有；心里看不到，有也是没有。

时间，是风景，也是暴风雨。不和时间做朋友，只能成为岁月的敌人。它不仅让你两鬓斑白，还让你一事无成。

我们站在时间的这一边，因为我们相信，考拉看看是时间的投资者，时间会给努力的人更多回报。

你写了别人的传记，是现在的你和曾经的你在他人的时空里对照，可以照见五蕴，看到过去和未来。

你写了企业管理，是个体的你和团队中的你在反思和比照，可以照见自己做对了什么，做错了什么。

你写了匠人的历程，是不同的你和趋同的你在寻找经验参照，可以照见你是如何做好的、如何坚持的。

现在是我们应该谈谈未来、谈谈方向、谈谈我们的窗开在哪里的时候了。无论是刚刚跨进社会，还是已步入中年，我们面前只有一个未来，它是时间，也是空间，我们在空间里工作，我们在时间里做功。

人生路千万条，市场路千万变，如果你仅仅觉得文化内容只是一片富庶之地，那一定是隔岸之见。生活在考拉看看，如果你不和时间做朋友，恐怕只能是过客。

这里有一座桥，送你一夜成都、一段时间、一支笔，希望你会写诗，会发现手艺之趣，会谋定而动，会欣赏时间之美。

工作与生计，怎么干才有意义，创业与生意，怎么看才会有禅意。时间这个雪球，最终滚向哪里，都看你的选择。

在时间的这一边，我唯有想到，尽力做到，每时每刻，认真努力，然后就是耐心等待，窗外，春暖花开！

∞ 建设路 29 号

建设路 29 号，在不同的城市，是不同的风景。你去北京看看，你到上海看看，你来成都看看，会看到不一样的门、不一样的人。有的人建设它，有的人被它建设。

在成都，考拉看看的成员，不是在建设路 29 号，就是在去建设路 29 号的路上。

写这篇文字的时候，在成都建设路 29 号，有考拉看看的一个图书馆，有考拉看看的一个内容挖掘中心，还有考拉看看的一个档案室，它们在这里构成一个三角形。这个三角形往左是万科，往右是首创，门前是二环高架，身后是沙河。

有人说我们这里很简陋。我说你只看到了一点，如果你站得高一点，这里是成都；如果你再站得高一点——比如站到资本市场，这个位置充满寓意。所有的路，都在建设。

在这里，在考拉看看的办公室里，你能见到一群奋斗的人，你能见到一群年轻的人。他们是八九点钟的太阳，他们是我们所有的希望。这是一个多元的世界，有人做向日葵，有人做蘑菇。一米阳光，冷暖自知，我们相信自己，我们也尊重多元。

其实你是站在一个创业团队面前，这个团队处在内容行业的前沿，站在历史的风口里。

考拉看看是一个和时间做朋友的团队，它既相信且已经证明，文化这条线，可以串成珍珠，可以借助优质内容，连接优质人群，实现商业和社会责任的双重价值。

我的搭档马玥问，我们为何创业？我回答，人因美好愿望而活，我们创业就是相信美好愿望可以实现。因为我们有一群追随者，我们团队的成员投入了最宝贵的资源——时间。它可以修一条护城河，既可以让账户余额多几个零，也可以让理想抵御各种现实。

我在成都建设路 29 号，见了一批又一批人。有人赞扬，有人批评。考拉看看的哲学是，找对的人、做对的事。考拉看看的根本是，选好一块地，种好这块地，种花种草，种春风。

茶桌上的杯子，100 岁了，它还年轻，它还在等待，它还在相信，它还在坚持。理解它的人，才了解它的价值。茶台是一片石，陈过普洱，泡过铁观音，冲过龙井。尽管有了包浆，它还是茶台，初心未改。泡什么，其实都是泡希望。

我们说了很多话，讲了很多故事，在彼此的过往中寻找未来的机会。我们可以和而不同，也可以一拍即合。道理很简单，有未来的事情，才会有价值。

桌边的椅子，坐过好多人，钱卫东先生、褚一斌先生、彭登怀先生、曾康霖先生、孙前先生……我们向他们说谢谢，但无法表达我们的所有感激。蓬荜因人生辉，陋室有仙则名。

书架脚下的爬山虎，今年是第二次发芽了。去年它特别费力地把藤蔓爬上顶梁，今年它一发芽，就在顶梁，在距离天窗最近的位置，眼睛一睁开，就是阳光。一出生就风华正茂，那一定是骗人的，风华正茂其实都是经年的努力而来的。

在成都建设路 29 号，从四面八方来了各种人，有的人从新疆来，有的人从江苏来，有的人从甘肃来，有的人从北京来……都是为了实现考拉看看的团队梦想。

我们不一定能成为建设者，但是我们必须去建设。

成都建设路 29 号的人都热爱生活，我们经常预约门口球场的位置，每个星期五，下午四点，我们放下手里的活，打羽毛球打到累趴。要建设一个铁的团队，必须拼专业，拼身体，拼见识，拼每个自己。

回到我们的茶台，这里还有很多人，很多人。有过客，有过程，有过节，有过关，无论过什么，我们都走过了四年风雨，这日子，过得的确是越来越好了。

生活并非没有忧伤，春风的故事也有不如你。我曾有一只叫“春风”的猫，我把它从府青路带到建设路29号。“春风”有蓝色的眼睛，我有时会想，它看到的世界是不是蓝海？一开始它在考拉看看办公区，后来一个姑娘看上了它，并带走了它。它虽然不是流浪猫，但却好像一直在流浪，它喜欢这样的生活吗？

春风这件事，各人有感知。见字如面，经由文字，可以打开想象，而我们欣赏的精神，需要加上感情，才有意义。最重要的还是看，做了什么。

同一条路，有人建设现在，有人建设未来，从2到9，从9到2，这是两个完全不同的因，两个完全不同的果。按易经讲，2和9接近两极，如果你不理解，可以去问账户，它们不撒谎。然后也要看个人经历，是否满意。

泡上好的普洱，香溢扑鼻；看抽芽的爬山虎，满是春意。你和我，在不在这里，希望彼此，都在建设路上。我还想把三毛说的这段话送给来成都建设路29号的人：

> 每个人心中都有一亩田，
> 用来种什么？
> 种桃种李种春风，
> 梨花开尽春又来。

∞ 桌子和位子

换了一张桌子喝茶，突然发现它是如此之美，漆面脱落，木纹隐现，不装“十三”。最重要的是，它回到一张桌子的使命，与茶与书相伴，为人站台。它是桌子。

这张桌子去年被丢在办公室后面的屋檐边，任凭风吹日晒、霜打雨淋，乏人问津。门口的银杏又穿上了春天的衣裳，在这里工作多年的魏先生说，突然感觉这棵树长大了，一个人都抱不住了。

天地有大美而不言，时间从来不等人。一支队伍，有人走，换个位子；有人来，要添把椅子。有人骂，是一种关心；有人赞，是你熬过了一个冬天。云来云去，正常更迭。

桌子很多，你坐哪里？位子很多，你怎么干？各有各的道，各有各的好。

工作的理想和生活的理想，敞口很大。如是个人，怎么快活怎么来；如是团队，字示其意：“团”是“才”字外面加个框，“队”是“人”加一只耳朵。

响鼓不用重锤，你我都懂。

何谓理想的工作？是兴趣所在，还是专业对口？这只说对了一半，或者说这只是职场的桌面。支撑职场的桌腿是“工于心，作于行”。职场这张桌子，它讲规则。任何一个工作，无论你是否感兴趣，是否和你的专业对口，一旦你上了桌子，有了位子，你就应该从心开始，无关兴趣，无关专业，发挥职业精神，用成果说话，用业绩正名。

你可以下桌，但至少要证明你的活儿不错，你走了，有人还想，这姑娘，好。你可以上桌，可以像那棵银杏，默默努力，逐渐长大。

很感谢这张桌子等着我，它没有在风雨之下散架，来之能战。我想你是这张桌子，散发时间之美。

无论做什么工作，都要把工作做好。如果像猴子掰玉米那样，总觉得下一个是更合适自己的，那么这不是工作，是流浪。所以，我们招人，不选择一年换几次工作的人。

东边日出西边雨，三十年河东三十年河西，最好的位子是给静得下来的人的。真正的职场美味，是洞藏奶酪，来料正宗，长时间恒温发酵。

找工作、做工作，是抱西瓜还是捡芝麻，就和上牌桌一样，各有各的心思，但每个上桌的人都想赢。什么是赢？如何才能赢？

我选捡芝麻，它开花，节节高。工作和投资一样，在长周期里，如何穿越时间的河流，比谁看得远，谁敢重仓，谁能坚持。

但斌先生给了我很大启发，他说一个人在市场里的输赢结果，实际上是对他人性化优劣的奖惩。有的人从来没有真正坚持过，因为他们从来没有真正思考过。

思考其实是一件可怕的事情。《金刚经》里有答案："云何应住，云何降伏其心？"工作不是一见钟情，无论做什么，都是在时间里打转，只是有人是在转山，有人是在绕圈。

佛说"照见五蕴皆空"，其实认识了工作的本质以后，依然可以持之以恒，敬业如敬自己，不畏将来，不念过去，什么妖魔鬼怪，都是浮云，你盘 108 颗佛珠，包浆只是表面，修内心的力量，才是真正的牛气。

职业精神并非说一份工作要做十年，而是持续做好手中的事。桃李不言，下自成蹊。

人生的确像滚雪球，巴菲特最厉害的不是天文数字的财富，而是他年轻的时候想清楚了很多事情，然后用一生的岁月来坚持。

这里的桌子、位子和茶，留给可以和时间做朋友的人。

∞ 内心的引力和我们的见识

见识是要分开来理解的，应分成“看见”和“知识”。参与过很多项目的人自然会有更多的见识，但是有见识的人不一定可以做出真正的好作品。不一样的人看同样一件事，“见”和“识”也是不一样的。

比如我们有越来越多的拜访活动，而拜访记录应该怎么做？考拉看看团队的李立做了一个范式出来，放在石墨文档上，大家可以借鉴和共享。借助于拜访记录，我们既可以查阅关键信息，又可以推动工作进展。

李立的这个基因其实来自腾讯，她在腾讯工作多年，是很出色的产品经理。她加入“考拉看看”后，最开始系统写的书就是《腾讯产品法》，这本书在中国大陆和台湾地区几乎同时上市。她把很多腾讯的思维带了过来。李立和团队里面其他一些成员相比，经历丰富，见识多，有很好的产品思维，所以她经常做体系性内容，比如作为研究员，研究一些重点作品的框架。

考拉看看其实一直在努力建立自己的体系，希望考拉看看团队有一个专属于自己的标签。团队的内心是尽力完善细节，所以吸收了很多办法，其中就包括团队范式分享。这给我们提供了一种路径和工作方式。然而，最重要的还是实践和坚持，还是内心的引力，愿意去尝试，相信办法总比问题多。

我们曾受委托做全世界第一部《大熊猫图志》，已经倒计时了，有人提出，一定要将中国送出去的24只大熊猫的图片搜集齐全。尽管数量不多，但是这些大熊猫的图片距今已经有几十年了，想要找齐这些图片很难。我们有从事记者工作的经验，有很多寻找的办法，但时间过去太久，想要找齐依然困难。我们过去的见识给了我们巨大的帮助，最终我们找到了24只大熊猫的图片，而时间最久远的图片，是我们从西班牙马德里动物园获得的。

细细思量这件事情，我们的寻找方法只是一个路径，很大的原因是项目牵头人追求完美，希望能以志书的形式将历史史料呈现。如果没有他的坚持，中国24只国礼大熊猫至少不会在2019年同框，如果后面有人要收集这24只大熊猫的图片，也肯定需要花很大的力量。

考拉看看接受越来越多的商务定制项目，但我们并非以完成甲方的任务为唯一要求，我们团队的要求往往要远远高于甲方的要求。说起来这个要求好像比较简单，可是它的内核并不简单。我们曾有感觉是，一些团队说用户要求是 60 分，他们就做 60 分。可是考拉看看的标准不是 60 分，而是 100 分，甚至是 120 分。

我们并不只是为了完成任务，而是希望把事情做好。

比如我们有接到一个政府部门的邀请，他们的杂志交给我们时，要求是提高设计效果。因为考拉看看团队做过很多杂志，经验是非常丰富的，我们当时就把这本杂志定位为政府机构的一流杂志。从内容到设计，从印刷工艺到用纸，甚至在保证质量的前提下如何有效控制成本，我们团队都提供了诸多建议。

我们的见识的确给了我们指引，但是真正指引向前的还是内心的引力，这种引力指引着我们要把事情做到完美。无论是拜访记录的范式，还是对优质内容的追求，我们的见识都只是一块垫脚石，而真正让我们跳跃得更高的是我们内心的引力。

∞ 认识愿力

我花了一整天看完季琦先生写的《创始人手记》，这本书里有他创业的心路历程，也有他对人生和管理的理解。

季先生是一位非常成功的连续创业者，从如家到汉庭再到华住，这些连锁企业无一例外都取得了巨大的成功，他可能是为数不多连续把三家公司做成行业翘楚并带进资本市场的企业家。

回顾季先生的历程，专一是其显著特征，他在自己熟悉的领域，持续耕耘。他并非一帆风顺，但是在酒店这个领域，他用专注抵御了各种风险。

季先生的书里有很多他自己关于心的认识，他对修心的理解达到了很高的境界。比如他说自己做企业的愿力，是要给更多人带来美好的生活体验。他把这种愿力转换成了产品，比如汉庭会提供足够多样的枕头，房间不大，但足够温馨，接待大厅增加了咖啡吧，把功能性的接待空间变成了美学社交空间。

在很多酒店选址和装修的时候，他都要实地去看，而且是楼下、楼里和楼顶都要看，去思考如何切割、布局，去理解用户的需求。比如在禧玥酒店里，他坚持取消浴缸设计，既节省了成本，又不影响用户体验。

这本书有很多内容表达华住的影响力，同时，也有很多闪光点，比如介绍华住的愿景、使命、价值观和企业文化。

愿景：成为世界级的伟大企业

使命：成就美好生活

价值观：求真、至善、尽美

企业文化：一群志同道合的朋友 一起快乐地成就一番伟大的事业

这对我有很大的启发。来看我们考拉看看的愿景、使命、价值观和企业文化。

愿景：致力成为中国领先的深度内容创作与运作平台

使命：记录历史，传递价值

价值观：相信文化原力、内容引力、品牌动力，持续创

作和分享优质内容

企业文化：专业、务实、互助、分享、成长

虽然我们现在还不如季先生那样成功，但我们都在为这个世界提供美好的事物，他做的是酒店，而我们提供的是精神文化和知识产品。我们拥有一样的愿力，希望自己做的事情，可以成就更多人的美好生活。

因为经常出差的缘故，我有很多同事都是华住的会员，华住给他们的体验是小而美，比如多数房间面积不大，但是服务和体验感很好。

回头来说这本季先生的书。有一次，我住西安的汉庭优佳，在房间里看到季先生的《创始人手记》。我询问前台人员是否可以售卖，前台人员说不卖，但是后来他们送了一本给我。我当时因为一个项目进展不佳而郁郁寡欢，看了这本书有关心和愿力的描述后，豁然开朗，真是受益匪浅。

心和愿力的力量是很大的，我想在此之后，安排团队去研究季先生和他的创业历程，争取做出至少一部优质作品，让更多人来分享他的经验，尤其是那些正在路上奋斗的人。他们不仅可以在需要住宿时选择入住华住，而且可以看到我们研究的企业家的精神和力量。

∞ 一个人的基本

我时常在想，我们因何不同？是因为彼此从事的工作不同吗？为何经常有人从事着同样的工作，大家的状态却各不相同呢？有人愁眉苦脸，感觉背负着很大的压力；而有人不温不火，天塌下来好像也不受影响；还有人充满战斗激情，总是希望实现新的突破。

从我们团队来看一个人面对工作的状态，我认为最大的收获是：一个人做一件事情最基本和最根本的是态度，而非专业技能。如果一个人有足够追求做好事情的态度，那么其基本技能的不足是很容易弥补的。

我对此很有感触。若干年前第一次创业时，我去一所学校洽谈制作同学录的订单，当时我们没有样品可以给客户看，但是特别想接下这个订单。我们在现场用 A4 白纸临时折叠了一个杂志样品，然后用圆珠笔画了同学录的大致形状。后来客户又增加需求，说要加做一个 DVD 光盘。其实我们没有做过 DVD 光盘，可是客户有要求，我们只能硬着头皮说能做出来。后来我们找了很多渠道，终于解决了光盘的制作难题，非常圆满地完成了这一订单。

如今去看这件事，当时积极的态度远比技能重要。那时我们的技能距离今天尚有很大的距离，可以说是进入了自己完全不熟悉的领域，但是我们没有畏难，而是一次又一次地去寻找机会。

态度不一样，同样的事情，看起来也不一样，尤其是在创业时。观察团队中的人，乐天派和悲观派明显不同。面对同一件事情，有些人时常抱怨或者唉声叹气，既觉得压力大，又认为工作没有意义；有些人时常说要和伙伴沟通一下，但聊下来也没有解决实际问题。我一度无法理解这种状态，是不是没有被工作充实，才有时间来“无病呻吟”。如果每天都把工作排得很满，哪还有时间去胡思乱想、怨天尤人呢？

开始时，我还比较担忧团队成员状态，有时候甚至会因负能量太多了而发火。可是后来我慢慢观察发现，创业的状态就是这样吧。有人坚信未来，有人也仅仅只是叫一叫，冲锋陷阵的时候，又皆大欢喜了。

接受各种各样的状态，也是一种创业态度，既然选了这条路，无论压力大小，都要往前走。我给自己做心理建设，也告诉自己和团队成员，团队中出现各种各样的状态都很正常，如果没有问题，要么我们做到了极致，要么就是我们去解决面临的问题。显然不是前者，如果真的没有问题，估计是关门了吧。

态度这件事情，就是出发点，就是初心，从哪里出发，往哪个方向走，很多事情的出发点决定了我们能否如愿。相由心生，我们看到的这个世界，是我们内心的投射。

观察我们的周边，有些人只是为了生计而工作，而不是为了追求做好事情，而有些人热爱工作，因为态度不一样，这两种人明显有不同的状态。我认为自己是一个热爱工作的人，因为自己选了创业这条路，知道它有多艰难，所以总是默默地接受它。如果没有压力，也就没有了成就感，如果一切一帆风顺，就不是创业了。

当然，我会时常发愁，因为还没有找到解决问题的办法。然而，我想，既然是问题那就有解决办法吧，如果还没有找到解决办法，那就继续，不唉声叹气，徒增烦恼，让自己很快从忧伤中走出来。

∞ 朴实的力量

我认为朴实有很大的力量，这种力量在很多方面都有案例。我不是因为看到这些案例而想到这种力量，而是有了对这种力量的认识后再去看很多案例，越发认为朴实真的有很大的力量。

我和团队创作了一组关于褚老（企业家褚时健先生）的作品。在做最后的资料补充时，我又一次去回顾过往的点滴，发现褚老说的话都很朴实，比如“一个一个解决问题”“做企业要有效益”“管理要把人当人看”，等等。

这些很朴实的道理，并没有蕴藏着鲜为人知的秘密，在我们的生活、工作中随处体现着，是我们换位思考就可以很好理解的道理。我看到《中国企业家》的记者曾随企业家参访团到褚橙庄园做采访，因为褚老讲话很朴实，有人问这位记者：“褚时健讲话不高大上，文章怎么写呢？”后来记者的文章出来了，写得很朴实，基本上是谈话实录，但就是这个朴实的谈话实录，却有很多人去看。我在和褚老的多次聊天中，发现他讲的很多都是细枝末节的事情，比如小时候为避免挨饿而努力、一个月每天吃一餐饭等。这些故事虽很朴实，但是很有力量。我想，朴实的东西之所以可以保留下来，是因为它有普适价值，是有穿透力的。

就像穿衣服，我喜欢纯棉面料，或者是麻布面料的，又或者是棉麻面料组合而成的衣物，因为这些衣物面料都是天然材料。在过去很长时间里，棉和麻是人类重要的布料，也是很朴实的衣物材料。虽然现在的新面料很有特点，但是传统的朴实面料，总是会受到人们的欢迎。我想，这不仅仅是因为朴实的棉麻面料做成的衣服让人们穿起来感觉很舒服，而且它有朴实的力量。

朴实是常识。比如夏天晚上，打开窗户吹进屋里的朴实的自然凉风，它不仅比新风系统吹出来的风更好，也比人造空调凉风好。在夏天时，待在空调房的很多人会得空调病，或者感冒。反而是吹自然凉风的人，可以说是如沐春风。这就是朴实的力量，也是朴实的生活常识。

究竟什么是朴实？字面意思大约是说质朴诚实、朴素。朴实的力量是和心理连接在一起的。我们的感觉来自内心，和外界有关，但我认为，决定我们感觉的更大力量是和心连在一起的，而这种更大的力量就是朴实的力量。

我身边有很多回归传统生活的人，他们在开一家小小的茶馆时，装修得很朴素；他们在做文创公司时，会把工作场所布置得很质朴，地板用旧的实木，书架是旧木板改造来的，办公室可能摆放着旧时的茶座或者八仙桌……虽然这装饰可能和成本有关，但更和他们的审美有关。这些朴实的装饰处理，不仅让人感觉很舒服，更因时间的渗透，这些装饰之物散发着迷人的朴素之美。

有人很大声说话，但是说出来的道理很空洞，甚至缺乏常识，所以没有多少人听；有人只是低声轻吟，但是朝拜者众多。褚老就是如此，尤其是他晚年的时候，不怎么爱说话，即使开口说话，也是讲很多小小的、朴实的事情，可是四面八方的人仍会涌向哀牢山。见过褚老的人，很多会感叹，尽管有很多媒体报道他的故事，然而百闻不如一见。

我不由地想到了褚老的套头衫、草帽，这和多数聚光灯下的企业家的形象是完全不同的穿戴。可事实是，褚老的这种朴实已经变成了很多人的图腾。

大音希声、大象无形，我想这大约和朴实的力量是相通的吧。

∞ 创业的自由

我很多次都在思考，我当初为什么要选择创业，也有很多人问过我这个问题。多数时候我的回答都是："想换换环境，希望尝试一下新的事情。"后来我想，我选择创业应该是和追求自由有很大的关系。

以前看过的一篇文章说，一个人与生俱来会追求财富和自由。几年创业下来，好像钱拿到多少没有特别大的感觉，反复回忆自己做出创业的决定，和财富的关系不是很大。当然不是说没有关系，我同样要努力去实现财务自由，而且希望一起创业的人也是如此。

有人问我挣多少钱算是实现财务自由，这个问题看起来好简单，可是答案肯定不是一个数字。如果是一个纯粹的数字，要是突然做到了，后面难道就没有事情可做了吗？我想，简单来说，实现财务自由就是不会出现消费不起的状况吧？当然这种消费不是那种动辄超级大的开销。可后来，我又觉得生活要做减法，除去基本开销，平时好像也用不了多少钱，不知道这是否算是实现财务自由呢？

至于自由，我逐渐理解到，真正把创业做好，心里会更加自由，真正的自由是可以去做自己想做的事情，有勇气去拒绝那些自己不想做的事情。

我特别佩服一位朋友老朱。我很难给老朱下一个准确的定位，他既算是商人，也算是学者，身份太多，都比较厉害。我佩服他是因为他始终坚持几个原则：一是不参加应酬，二是不装“十三”，三是基本不在外面吃饭。我们认识很久了，可却真的没有一起吃过一餐饭。

什么是自由？我目前理解的自由是可以完全听从自己的内心。内心自由，是一个人最大的自由。

创业其实是很累的，尤其是面对订单时的心理纠结，真的非常不自由。比如要不要打破价格体系，要不要在合同上做出让步，虽说不是非黑即白，可是很多时候对于要不要妥协的纠结，还是让人觉得异常难受。如果不接受合同，订单少了，经营压力会比较大；如果接受合同，订单虽然来了，但也有可能埋下隐患。

如何选择、如何决策，这肩负着很大的责任，但问题不能拖，我们必须做出决定。我有很长的时间里一直在看《金刚经》，而且是看各种版本的，我从中受到很大启发。可以说，我从里面找到了力量，专注去解决问题，也是另外一种“定住”的自由吧。

我算是一位连续创业者，信奉“企业必须有效益”的经营思想。也因此，在初创项目时，对于甄别订单是否要合作我感到特别困惑。可是随着团队成长，特别是团队的整体能力和财务状况好起来以后，当团队可以对订单说不的时候，我突然觉得有了一种心理上的自由。

2019 年 4 月，我们接洽了一个百万级的订单，双方就合同沟通了数次，虽在价格和大的原则方面达成了一致，但潜在合作伙伴一直以各种理由要求更改合同细节，合同屡次发生变化。我想，合同不仅需要注意各种条款，也是君子之约。对于无信的人，合同不过是一纸空文，定下来的合作，却反复纠结于细节，当项目执行起来时也会有很大的问题。所以，后来我很客气地直接和对方的董事长沟通，说以后再合作。

我相信，我们不做这个订单，对方也能找到别人做；同样地，我们可以做其他订单。一个简单的合作，双方却要用更多的时间来臆想风险，这个过程是比较累人的。我们既然花很多时间在臆想风险上，为什么不把这个时间用去做具体项目呢？

面对很大的诱惑，可以放弃，这个是自由。面对别人的误解，可以不解释，这个是自由。

面对纷繁复杂的问题，可以不发愁，一个问题一个问题地解决，这个是自由。面对过去的那些纠结、那些无奈，回头来看，不过是一种经历，这个是自由。真实面对自己的内心，这也是自由。

回到上面这个订单上来，其实最后也成交了，立好规矩以后，执行起来还是十分顺利的。

∞ 热爱才是动力

做好一份工作，解决一个问题，支撑着人们这样做的动力究竟是什么？我想，一定是热爱，而且这种热爱是发自内心的，而不是外界施加压力逼着我们去做。

热爱来自喜欢，也就是认为做这件事情有价值，可以实现自己内心的充盈和快乐。就像你碰到一个你喜欢的人，然后你想尽一切办法去争取。这是我喜欢，我选择，我负责。

负责是一个很重要的出发点，尤其是内心并非热爱这件事情，但又不得不去做这件事情的时候，比如很多人做的工作。我们团队里也有这样的成员，他们是为了工作而工作，而并不是真正喜欢这份工作。因为工作可以给他们提供生活保障。

在我看来，但凡把工作看成工作，而非真正喜欢这份工作的人，内心一定不自由。因为他们总是要纠结这样的问题：我的时间是否工作时间？我所承担的工作是否属于分内之事？当接到自己不想做的事情时，他们会纠结于如何礼貌地拒绝；不想加班时，他们会考虑如何找一个合理的理由。但愿这只是我的错觉，仅是我的一人之见。

我认为自己很幸运，我发自内心地热爱工作，除了睡觉，我多数时间，都处于工作状态中，或者在思考如何改进我的工作，甚至经常在梦中找到解决问题的方法。我从未感觉自己的工作有多累，我可以非常自信地说，在团队里，无论是时间还是心力，如果我不是付出最多的人，那么超过我的人一定不多。而且我并不觉得工作会拖垮我的身体，相反，工作会拉长我的体验。把大量的时间和精力投入工作中，看起来好像是我受到工作的束缚，但实际上我发自内心地认为自己获得了自由。一个人可以全身心地投入一件事情，这就是最大的自由。

有人可能会问我，我如此热爱工作，是因为自己在创业，是公司的合伙人吗？我想说的是，我曾在职场工作多年，对每一份工作，无论收入高低，我总是充满激情，富有责任感，并勇于解决问题。

就工作来说，我现在所处的是创业场，而以前所处的是职场。换位思考，我希望团队里把团队当作职场的人，能理解应该努力付出，这是基于责任，基于信托，受团队之托。负责好手中的工作是底线，而这个底线是职责所在，使命必达。如果一个人基本的工作没有做好，那就是有负团队托付，那就并非合格成员。本职工作是最基本的工作，所以我不能容忍也不接受那些不能把本职工作做好的人，也不能接受那些不尊重基本规则的人。

热爱是最大的动力，如果你热爱一个人，就不会觉得疲惫；如果你热爱做一件事，就一定会尽力而为，会竭力去解决所面临的问题。

一个人的时间总是属于自己的，它不属于任何一个人，我们常说的一个人拥有另一个人，其实是时间的转移。而一个团队的组合，是大家把时间叠加在一起。在这个时间轴上加一个专业能力线，就构成了团队的奋斗边界，而奋斗边界和我们每一个人有关，因为大家在一条龙舟上，每个人必须全力以赴，否则自己就会成为团队负担。所以，你不努力，是对努力的人的最大的不尊重，你不仅是为自己而努力，也在为团队而努力。只有当这条船足够稳、足够快时，在你累了、想休息的时候，你曾经的付出，才会转化为团队成长给你的红利。到那时，你、我、他才会成为“元老”，成为资深的人，说小一点，才可以不工作，但仍可以获得团队成长的回报，看远一点，才能形成体系和传承。

时间轴＋能力线构成的奋斗图谱表明，我们越往后走，会越自由，就像打游戏一样，我们练级越高，随着时间轴的累积，只要能正常运作，能力线就会提高。能力线的提高会对冲时间成本，时间和能力的互补会把我们从初入江湖的小白带到大侠的境界。这是更大的自由，也是专业带来的自由。

我时常想：一个人的生命有多长？如何才能让自己的生命更长久？如果人类的平均寿命是 90 岁，而我们要打破这个时间，就要有更多的生命体验，如果热爱工作，就要更多地去工作；如果爱晃荡，就要抽出更多时间去晃荡。

我想，工作能力的提升依赖于我们的付出，而这最大获益者也是自己。也因此，我热爱工作，我需要工作的成就感带给自己更大的快乐。

我喜欢和有激情、富有责任感的人一起工作。我崇尚专业主义，因为专业的人肯定热爱他的事业。热爱是工作最大的动力，尤其是有激情的人，我很乐意和他们一起工作。在干成一件事情面前，有激情的搭档值得托付，也更容易让我们取得成功。

我真心地希望，我的搭档是真的热爱工作，在团队里工作是真正地感到开心，开心工作、工作开心！心是我们的归属和出发点，时间飞逝，生命有限，我们内心一定要有真正的快乐。

[何谓正确]

把简单的事情做到极致，功到自然成，最终“止于至善”。正如古大德云：“成大人成小人全看发心，成大事成小事都在愿力。”

——秋山利辉《匠人精神》

∞ 一块砖的逻辑

2019年初，蓉漂团队计划围绕采访过的手艺人做一个特辑（图书和纪录片），暂定名字叫“我在成都做手艺”。手艺这件事情比较有趣。观察日本，我们会看到，东方人追求生活美学成为人们物质达到一定条件以后的常态。关注手艺人群体既是关注生活美学，也是对传统文化的热爱与弘扬。

这几年，团队采访的蓉漂人物中，有一部分是手艺人。我们发现，这个城市的传统手艺人似乎正在消失，即便有些手艺人成了非遗传承人，或者有些手艺人可以靠手艺养活自己和家人，但有些技艺的传承还是出现了困难，比如很难找到接班人。

当然，我们也看到，在手艺传承难的另一面，成都也聚集了越来越多的新手艺人，他们开始新的手艺创作和研习。不少新兴手艺人在生活必需和创意美学中找到了结合点，进入木作、陶艺等行业。他们通过影响文艺青年，进而影响到更多的人群。传统手工艺名气虽大，但却价格不菲，不如新兴手艺品那么亲民。

为什么会出现传统手艺式微，而新兴手艺不断涌现的情况呢？原因之一可能和很多人追求自我成长有关。相比传统手艺，新兴手艺多数是年轻人在做，这些年轻手艺人往往会选择不同的营销方式和用户连接起来，比如借助互联网通道，借助大数据。

说传统手艺没落是不够准确的。事实上，我在朋友圈里，看到了众多朋友和手艺大师正在为推动传统手艺而持续努力，而我们的团队也正为这方面提供更多的助力。

蓉漂是我们一直在孵化的一个品牌，它长期报道和关注人的故事。在我看来，蓉漂更像是一个手艺，它的制作团队通过图片、文字、声音、影像等，表达着与众不同的人的故事。我们很珍惜蓉漂的独立性，在创作“我在成都做手艺”之前一直没有进行商业化运作，即便是经常做的分享活动，也是公益性质的。

“我在成都做手艺”是蓉漂团队第一次打算尝试用商业方法来进行推广的活动。手艺人需要做品牌，手艺人和爱好手艺生活美学的人需要更多的连接。我们的计划是把“我在成都做手艺”做成一本手艺美学图书和一部关于手艺人的纪录片，并在全国推广和发售。

关注、追求和参与生活美学的人越来越多，有关手艺美学的作品越来越受欢迎。无论是在成都还是在中国其他城市，关注手艺人的人越来越多，更多的人都希望从手工艺中找回记忆，并加入手工艺事业中来。

我们准备为“我在成都做手艺”挑选商业合作的时候，我首先想到的合作伙伴是久善家居。我对这家公司的了解来自偶然知道的一些细节，正因为这些细节，我才觉得双方可能会在向国家手艺工作者致敬的路上一起做些事情。

2019年初，我参加了久善家居公司的年会。年会的一个环节是对贴砖的工人进行特别表彰。这让我印象特别深刻，一家公司对一线员工的重视显示出了它的生命力。可以贴好每一块砖的手艺人，就是蓉漂要寻找的手艺匠人。“我在成都做手艺”是对手工艺人的记录和致敬，我们希望通过这本书，能让更多人对手艺有更深刻的认识——手艺就在我们身边，美学涵养可以从尊重一块砖和一位贴砖的匠人开始。

做手艺需要真诚，我们乐于和真诚的手艺人合作。我在久善家居感受到了手艺人的真诚。久善家居在他们内部刊物上说，没有完成2018年的销售任务，而在年会上，总经理周军先生直言不讳地谈到公司面临的问题，提出“精实增长”（我非常赞同这个新词，这个概念有机会我会和他探讨，争取写一篇文章）。2018年全年，中国实体经济不好，房地产业不景气，瓷砖行业自然受影响。后来我了解到，在全行业业绩不好的情况下，久善家居2018年的销售额同比上年继续增长，远远领先于同业。

周军先生告诉我，他们多年来只干一件事情：搬砖。这个说法很有趣，我有必要在这里做一个解释，久善家居是一家代理瓷砖销售的公司，它只代理了一家品牌的瓷砖，而这件事情已做了20多年。

专注于主营业务，围绕一块砖做好服务，久善家居解决了大约1000人的就业问题，这是很了不起的。我认为，看企业好不好，要看企业是不是在解决就业问题，这是一个很好的指标。久善家居年会节目的演员都是员工，在这里，大家在一起，感觉特别开心。久善家居是我们这个时代需要的企业样本。2018 年，我接触了不下 200 家企业，最直观的感受是，真正脚踏实地的企业“活”得都不错，而出问题的企业其最大原因不是大环境不好，而是管理上有问题。

做企业也是一门手艺，把手艺做到极致，企业自然就做好了。

贴砖是一门手艺，一门被我们忽视的手艺。这门手艺看起来很普通，可是每个家庭用到的地砖或者墙砖和我们的生活息息相关，贴好每一块砖，有助于为每个家庭创造美好生活。“我在成都做手艺”中，也有类似贴砖师傅这样的人。我们应该去关注更加宽泛的手艺人人群，要知道，手艺并非高高在上的，而是与我们的生活相依的，很多手艺连接着很多家庭，关系着一个家庭的幸福。

久善家居的人是真正让手艺说话的一群人，如果要表达久善家居构建的生活美学，那就是借助手艺之美，向用户更加精准地传递品牌价值。

无论是我们做“我在成都做手艺”，还是久善家居团队借由一块瓷砖经营生意与生活，在美学春天到来之前，我们都要干意义相同的两件事：一是持续精进手艺人的手艺；二是在纷繁复杂的时间里，借助巧妙的方式，促成手艺之花绽放。

如果我们要做关于久善家居的图书，我想这家公司无论是在细分行业还是在更大领域，至少有三个内容有很大的分享价值，值得深入研究：一是如何从一块砖的服务，实现匠人精神和生活美学的更好连接？二是基于精实增长的专注角度，从搬一块砖成为运营砖的“砖家”，这是技术需求驱动还是管理精神驱动？三是如何在细分领域成为更好的经销商或者超级代理商？

《金刚经》说，不念过去，不畏将来。而我希望，久善家居能保持匠人精神，无论在是“搬砖”方面还是管理方面。

内容创作和运作也是一门手艺，虽然在很多人看来它是一个风口，可是对于我们来说，最大的风口是：持续做好手艺，争取在这个细分领域逐渐领先。蓉漂和“我在成都做手艺”都是考拉看看团队的手艺之作，是一群人搬的另外一块“砖”，希望这块“砖”可以给更多人带去帮助。

∞ 丁丁糖的敲打

我前几天接触了一个拜访者王先生，他陪同另外几个人一起到考拉看看，在聊天过程中，王先生一直安安静静地听大家聊天。后来经介绍我才知道，王先生是一位非遗传承人，他在成都做丁丁糖很多年了。

丁丁糖是一种小吃，它用一个小小的铁锤敲打铁片，把成片的糖凿成小块再售卖。卖这种糖自带场景，一边敲打一边发出声音，其大约也是因此得名。在我的印象中，丁丁糖很便宜。可是据说，王先生凭借这门小小的手艺，不仅解决了自己的生计，而且还买下了别墅和几辆车。

这是一个强烈的冲突。我在想：要敲打多少次，要发出多少遍叮叮的声音，才能换来美好的生活呢？类似的故事在日本经营界也不少，比如一家小小的门店，可能会做出几千万元（人民币）的营业额。这些多数人看来的小生意是如何成就了不起的传奇的呢？思来想去，我只能归结为坚持。丁丁糖的技术并不复杂，只要坚持将这件事情做下去，其竞争力自然就有了。

考拉看看团队一直在锤炼写作能力，对逐渐增加的合作伙伴也最看重这种能力。写作这件事情在多数人看来就是在敲键盘，实际上我们敲键盘和王先生家用小铁锤敲铁片是一样的。当我们招聘时，有人听说是招作家，就打退堂鼓了。有些人在加入考拉看看团队以前，并没有接触过写作，可是通过三到六个月时间的锤炼，他们的文章已经写得不错了。我们培养团队尽管有一些方法，可是说到底，核心还是刻意练习，不断试写，坚持写。

我想，没有谁是天生的匠人，王先生敲下的糖块大小均匀，而这个看起来简单的工作，我们却做不好，这是因为术业有专攻。假如我们重复练习，肯定可以接近他的水平。当然，如果王先生换到我们这个行业，长期坚持下来，他敲出来的文字，也可以很漂亮，也可以实现生活理想。

在我们这个行业，那些十年如一日坚持敲打键盘的人，如我所熟悉的吴晓波先生和叶檀女士，都成了影响我们这个时代的人。无论是作为财经作家还是作为新媒体人，吴晓波一直坚持写作，从未停过。我曾和叶檀在同一间办公室工作，她中午吃盒饭，但风雨无阻，坚持每天写作，我看到岁月和坚持带给她的不仅有日渐优美的文字，还有那些世俗定义的成功和她个人内心追求的进步。后来当她决定创业时，她依然选择的是敲键盘的行业。我去上海拜访她时，她正在热烈地敲打键盘，这和我多年前见到的那个还不太出名的叶檀相比，没有什么变化。

坚持做一件事情，坚持己念，就能与众不同。罗胖 60 秒的音频就是一个典型的例子。考拉看看团队能够活下来，有什么诀窍吗？其实也是坚持。

在距离考拉看看办公室不远的老街上的一个老小区里，有一家一楼“住改商”的饺子店，无论天晴下雨，食客不断。对于食物，我算是一个挑剔的人，但是就我在成都吃过的饺子店，他家可以排前三，所以我总是乐意把这家店推荐给朋友们。这家小店已经开了十八年，主厨阿姨退休前在成都钟水饺已工作了几十年。如此，做饺子这门手艺，有几个人可以和她比拼呢？

我并非说坚持一定能获得好的回报，但不坚持，肯定不能到达目的地。

∞ 不要迷信大师

内容行业藏龙卧虎，但它也和任何一个行业一样，头部效应明显，如果不进入前三强，即便功夫厉害，也基本会被淹没，光环好像只属于“高个子”。然而，我们需明白的是，即便是名气大，也并不一定是真正的大师。即便是真正的大师，我们可以羡慕，但他的技艺始终是他的，并不一定适合我们，我们的路需要自己坚持去走。

这里并非要给某些所谓的大师或者大咖唱反调，只是我自己有一点小小的感受要分享。有人曾要卖一把铜壶给我，据说是“大师作”。我恰好比较关注这类器物，看过一些资料，买过一些残件，算是略为熟悉。即便如此，这位朋友向我推销大师作品时，我也十分诧异。

“一张打”技术在日本制壶领域也广受关注，这种技术需要匠人在一张铜片上打造出完整的壶身、壶嘴，也有人称它为“一片打”，这种技术说来简单，但是铜壶制作起来并不容易。日本茶器的源头在中国，但是日本匠人坚持到今天，有相当多的技艺超越了中国。

朋友向我展示的铜壶开价几万元。这个价格在新壶市场上不算低，尤其是工艺造型并不复杂的一般壶。他最初说这个壶是大师朋友的“一张打”，大约捶了半年时间才捶打出来。

这把壶的壶嘴较长，腰部开口，壶嘴斜出与壶沿齐，壶嘴能出这么长，真的是超级手艺了。我想看个究竟，便仔细观察壶身和壶嘴的接口，粗看还真是“一张打”，可是细看却发现有打磨焊接的痕迹。

朋友见我看得仔细，突然又改口说：“我们这个行业，‘一张打’都是骗人的，我们不说‘一张打’，而说‘一体壶’，说‘手工壶’。”再聊下去，我就对这个壶没有多少兴趣了，因为它和我了解的高段位手工壶相去甚远。

如果我迷信所谓的大师，买了这把壶，然后和他人谈它的传奇手艺，估计就是“外行看热闹，内行看门道”了，肯定会被专业人士笑话。

我有做记者的经历，也就常常抱有质疑态度。常言说，“耳听为虚，眼见为实”，其实有时候我们看到的东西也不一定是真实的，就像镜子里面的图像，看起来逼真，却是“镜中花，水中月”。这个道理也告诉我们，在面对某些大师或大咖时，我们可以佩服，但是深究下去，可能就会浪费时间了。

做内容行业很有趣，会碰到各种各样的大咖，当然这其中有真正的大咖，也有虚假的大咖。特别是有一类人，总认为自己是了不起的大师，与众不同，甚至有人对我们的产品经理说，给了我们机会。我很好奇，不知道他们这种自信是从哪里来的。

某天，我去参加了一个活动。活动主办方此前特意拜访了考拉看看，他们曾趾高气扬地说，在活动策划方面有丰富经验，是“腕儿”。此次活动，他们特意邀请我们去观摩。我们去看了，只有八个字的总结：不去，期望；去了，失望。

考拉看看有一个特别简单的方法来分辨一个人是否大咖，那就是问自己三个问题：这个大咖的内容读者会关心吗？如果读者关心大咖的内容，那读者愿意买单吗？如果这个内容今天受到了读者的关心，那它能穿越时间，成为人们长期关注的内容吗？

隔行如隔山，每个行业都有它的属性。在多数行业，我们是陌生人，我们在仰望大师时，既要向真大师学习，又要避免被水不多但响叮当的大师忽悠。

在自己选的领域，脚踏实地，慢一点也没有关系。

∞ 真正的大师

我时常想：何谓大师？比如工艺大师，他们在某一个领域的技艺已经炉火纯青，而达成这种技艺效果一方面是他们长时间的坚持，另一方面则是这种技艺和他们的身心已经融为一体，达到了一种很高的境界。

2019 年 4 月 1 日，我因参加大熊猫科学发现 150 周年座谈会，碰到了仰慕已久的国学大师谭继和先生（谭老）。团队一直在做落下闳的研究，因此有一部作品一直希望请谭老审阅。我没想到居然可以这样碰到谭老，这真是一种缘分。我想，很多事情是有连接的，只要你尽力去做一件事情，各种相关的资源就会聚集起来。

谭老年近八旬，满头银发，但他依然承担着很多大的研究工作。座谈会结束后，大家吃饭小聚，让谭老发言。他只说了一句话："今天是愚人节，是一群大智若愚的人的聚会。"

说话真的是一门艺术，大师说话，一句顶一万句，娓娓道来亦掷地有声。谭老并非恭维大家，饭桌上的确是大师云集：活动组织者孙前先生，是中国大熊猫文化研究的翘楚；谭楷先生是资深的大熊猫文化的推手，在大熊猫文化内容圈子里，早已大名鼎鼎；周孟棋先生，是中国拍摄大熊猫的超级大师；司徒华先生，是影响甚广的艺术家；还有艺术家童昌信先生……

真正的大师是经由事业持续锤炼，进而在意识上领先的人。一桌的大师之所以成为大师，是因为他们有一个共同点，那就是持续的精进和修行。

周孟棋先生专门拍摄大熊猫已经接近 30 年，我们团队所做的《大熊猫图志》第一稿，就选用了他的近百幅作品。可见，大师不用说话，他们的作品会说话。

大师的话和普通人的话有什么区别呢？他们不用华丽的辞藻，但说出的话有很深的道理，有很强的穿透力。谭老在座谈会上分享了一篇他十多年前研究大熊猫的文章，当时他认为，各个区域要协同大熊猫保护。而后来国家推动的大熊猫走廊建设和大熊猫国家公园建设，都有他多年前研究思路的影子。

时间是检验专业的标准之一，多年前的研究随着时间推移，既是预言，又依然拥有现实价值，这是很了不起的。外行看热闹，内行看门道。倒回去看，大师是可以带领我们穿过时间迷雾的人。

我们为什么希望请到谭老审核有关落下闳的书稿呢？因为我们相信他可以给我们以专业的指引，让我们更加明确自己的判断。尽管谭老与我是第一次见面，但是对于我的请求，他还是欣然应允了。

落下闳这个题材，很生僻，尽管他是四川的十大历史名人之一，但相比诸葛亮这样的人物来说，其知名度要低很多。也因此，研究落下闳的学者很少，而谭老却为他写过研究文章。

迷茫可怕，不知道如何是好也可怕。我们通过大师的帮助，持续精进，持续去寻找答案。我想，时间终将把我们推向更专业的高度。专业之路，即是努力成为大师之路。

∞ 真正的匠人

和我一样有广泛的爱好、有充沛精力的人一定很多，可是如把爱好、专业和匠人放在一起，我觉得最难的是做一个匠人。而如果真正说到爱好，可能我们很多人对某个领域的爱好并不算是爱好，最多是抱有兴趣罢了。

前段时间，我去一家旧物商店的货场看货，碰到了一位做家具的匠人，姓杨。我和他坐下聊天，结果一聊就聊了几个小时。通过对杨先生的观察，我看到了匠人的力量。杨先生做家具几十年了，一说到家具，就滔滔不绝。而他也并非讲大道理，只是讲自己的经历。

杨先生年轻时入行即开始做家具，做出好的二手木质家具，一般都有几十年历史。为什么会有这么长时间？以前木制家具基本都是定做，如某户人家有小孩出生了，父母便会购买一批树木搁置在那里，等到小孩成人时，木头的“木性”便稳定了下来，不弯不曲，不再变形。此后就该杨先生这样的木匠上场了。

一户人家做完一套家具，大约需花费一两年时间。杨先生每做好一套家具，便有周边邻居推荐，说这师傅手艺不错，或哪里有家具需要做。然后杨先生就再去新的一户人家做家具。

真正的家具匠人，在卯榫之间穿越。他们一生做不了多少套家具，基本就老去了。他们的品牌靠的是口口相传，也就是用户推荐。而这最终，还是靠产品说话，好产品的背后，自然是活儿好、技术好。

再来看木头。很多大的木头的存在时间比多数人的生命更长，好的实木 + 好的师傅，基本就构成了好的家具，而这套家具是有持续的使用价值的，所以即便过了很长时间，其流通价格依然不菲。

我想，如果我和杨先生同时做一张桌子在市场上流通，那一定是杨先生所做的桌子远超我所做的桌子。在木作方面，他是专业人士，是匠人，而我则完全是一个菜鸟。

匠人赋予木头全新的生命，木头变成家具，为使用者带来极大的亲切感和舒适感，自然也就受到市场的尊重。

见杨先生之前，我恰好和朋友在青城山看一家叫“六善”的酒店，这家酒店房间内的家具都是实木制的，酒店的价格远超周边酒店，可它的生意却很好，住宿的人们需要提前预订。

匠人所做的产品和普通人所做的产品真的不一样。市场的长效机制会给予匠人更大的回报。

考拉看看也是如此坚信，希望用匠人的精神去打磨作品，以做出最好的作品。在很长一段时间里，考拉看看是没有销售团队的，新的订单一是老客户的自然延续，二是来自客户的推荐。

在我写这篇文章之前，考拉看看没有做任何商业类推广，而是通过作品吸引喜欢优质内容的人群和产出优质内容的人群。从这个逻辑来看，“考拉看看”的经营是有效的。

∞ 什么是你想要的工作?

人们辞职或参加面试时，都会说到一个问题：是什么原因让我们不再继续原来的工作?

答案不一：有的人说现在的工作不是自己想要的，需做新的选择；有的人说现在的工作不是自己兴趣所在；也有的人说现在的工作和自己的专业不匹配。原因很多，总之工作是非换不可。

什么样的工作是自己想要的呢？或者什么样的工作是自己喜欢的呢？选择去做自己喜欢的事情就是判断一份新工作好坏的最佳策

略吗？

工作的本质，其实是分工协作，一个团队共同完成一些目标和使命，就是合力。团队协作，会有很多规则，规则与兴趣很好地匹配真的很难。工作是理性的，即便是兴趣所在，也需要理性的兴趣，知道如何在工作的规则和兴趣之间做好平衡。

我们团队有一个很大的兴趣是记录历史，可是我们团队做了四年之后，才敢谈我们的这个兴趣，才真正开始形成体系地去做这件事情。任何事情，谋定而后动，这既需要积累，也需要理解。

凡是工作，不仅需要个人做评估，更需要团队做评估。凡是工作，就会有分工，分工就需要协作，自己喜欢的工作和自己想要的工作其实是和团队平衡的结果。

选择工作这件事情，有两种比较有代表性的情况。一种情况是，有的人选择一站到底，他们很多年只做一件事情，在行业里建立起自己的信用。这种人即便没有成为大师，但他们的工作卓有成效。另一种情况是，很多人像猴子掰玉米，总觉得后面还有更大的机会或者后面才是自己的第一选择。事实真的是如此吗？

如今每个人看起来都拥有很多选择，可以有机会去尝试各种各样的事情，尤其是刚刚毕业的人，他们似乎有足够的时间去试验。但是对于那些不停换工作的人——尤其是每一份工作大概都只做几个月时间的人来说，我们在查看简历后，几乎都不会考虑他。因为这么快速地换工作，表明他很多时候并没有真正进入一份工作，也就谈不上进入工作状态和拥有职业精神了。

选择一份工作和一个人是否进入工作状态、拥有做好工作的能力，完全是两回事。

工作需要职业精神，做任何一份工作，首先需要愿意踏实努力做事情的心态，其次才是不断提升技艺，将工作做好。

当然，把兴趣做成工作，是一件很愉快的事情。我一直很热爱自己的工作，开始时我认为这是我的兴趣所在，可是后来当我决定换一个行业时，我回想自己的工作历程。比如在同一家机构换过很多个岗位，才发现多数负责的事情已经和自己当初的兴趣没有多大关系，驱动我去努力的是把事情做好的职场精神和对未知世界的好奇精神。

在工作场中，职人精神特别重要。工作是一个团队的事情，而生活则是个人的事情，如果说生活可以随意，那么工作则需要刻意。

工作的理想和生活的理想，简单看起来好像可以统一成一份自己喜欢的工作，可实际上，工作的理想和生活的理想有很大区别。

很多人找一份工作，并非为了养活自己（他们即便不工作，也可以生活得不错），而是看到周边多数人都在工作，所以自己也决定去找一份工作（如果不工作，就无所事事）。并不为生计而奔波的工作，其工作意义好像发生了很大变化。这种看起来充分的自主不过是工作选择的第一步，和工作本质相去甚远。

我们很多人都知道能量守恒定律，其实工作也有守恒定律。尽管我们有很多职业可以去选择，可是无论怎么选或者选什么，归根结底只有两个指标：第一个指标是工作时间，无论我们做什么工作，都会花费时间，这个时间无论怎么用，每天也不会超过 24 小时；第二个指标是工作成果，无论做什么工作，评估的结果都是工作是否完成、工作是否有成果。

所以无论我们做什么工作，需要用时间来完成，需要用结果说话。对于拥有较多时间的人——比如刚刚开始工作的人——喜欢一份工作和有能力做好一份工作相比，如果可以把一份自己不喜欢的工作做出成绩，才是有极强的工作能力。大多数人，稀缺的是做好工作的能力，而非兴趣和爱好。兴趣和爱好对人是有激励作用的，但当我们真正进入工作，考验我们的是我们是否有足够的决心努力做好所选择的工作和是否具备做好工作的专业能力。

不同的人有不同的专业，职业现实和生活梦想多数会有错位。如果要给职业现实和生活梦想排一个顺序，那首先是愿意为工作付出努力的决心，其次是职业和生活结合，尽力去寻找做自己喜欢的事情，同时卓有成效地完成自己不喜欢的工作。

做喜欢的事情是生活的理想，理想的工作和生活的理想其实有一个平衡。一个人只有用能力去证明自己可以将本职工作做得足够好，才能真正拥有更多的主动性。对于一份工作，相比浅尝辄止，认为芝麻不是自己的兴趣，而不断去寻找下一个西瓜，远远不如把芝麻先种好，这样既可以享受节节高的芝麻花，又能有足够的资本去扛西瓜。

∞ 何谓正确

“何谓正确”这个词组总要加一些后缀，比如“选择”“决定”“做法”。

我们多数时候认为，选择不同，结果不一样，都希望做正确的事情、正确的选择。而究竟什么是正确的事情、正确的选择呢？它的标准又是什么呢？

在这里，我又会谈到合同。甲乙双方谈条款都会往利己的方向去谈，双方都会担心是不是有“坑”，是不是会给未来埋下了“雷”，也因此双方都在争取做最稳妥、最正确的选择。

可是事实会证明，无论合同条款多么细致，都没有办法锁定所有的意外情况。也就是说，无论合同条款多么完美，也都不会抵达所谓的极致正确。

我们总是徘徊在有限的理性和有限的正确之间，实践才能检验我们所做的事情或选择是否正确。而等结果出现的时候，诟病当时的错误已没有任何价值，反而容易激化矛盾。

比如，我们在讨论一个项目要不要做时，会讨论做这个项目的利弊，这其实是我们在做选择，在尽力去找对的可能。究竟有多大的风险，如何更好地合作，只有等这个项目真正开始后，其结果或者进程才能昭示我们当时的决定或选择是否正确。而当我们发现先前的决定有误时，我们所面对的环境也不可逆转，此时我们需要的不是纠结过去的对错，而是去解决面前的问题。

所以当团队咨询我的意见做决定时，除非有明显的不妥当，我会提出问题和解决方式，其他多数时候，我都是鼓励大家全力去做。“智者千虑必有一失，愚者千虑必有一得”，决定或选择是否正确，在自己无法想得非常透彻的时候，我们只要有一个合理的理由，那就是正确的。可能这只是我们想到的一小点，但不管怎样，“一得”也是正确与否的一种评判标准。我们需要大胆去尝试。

选择意味着结果。我认为，如果非要用结果来评价，要想做成功一件事情，先前可做出的选择是很多很多的，而不是单一的决定，对比来看失败的项目，我们会更加清晰正确的选择是什么。就像发射一颗卫星，需要很多方面的准备，决定要做N次，如果一个失误就会导致失败，那么成功则需要所有的选择都成功。如此说来，某些所谓重大时刻的关键决定一定不是一蹴而就的，而是若干决定的组合，这个组合背后有很多个正确的决定。

我想说的是，无论是团队管理还是做某个项目上的决定，都需要大胆决策，既要有信心赢得这个选择，也要有心力和能力去承担这个可能是错误决定的后果。

何谓正确的选择？首先要看的是心力上的历练和认识，看我们是否可以豁达接受自己和自己的选择。换句话说，我选择我承担，我相信我可以，我决定我负责。以这样的态度，再具体到更多具体事务中，我们就可以驾轻就熟地做出正确的选择了。

当然，在具体事务上，有很多的价值观。比如团队价值第一。一个团队有一定的规则，需要有参考执行体系，而这些都是更加具象的选择。像下棋一样，棋行盘中，既有横竖线的虚拟边界，又有无限种可能性，这更多的是对我们心力和技巧的考验。

不在乎一城一池得失的做法，又或者步步为营的策略，哪一种选择是正确的呢？实际上，对错是相对的，同一处风景，看的人心境不一样，评价也不一样。比如有人看到一墙，认为不可逾越，有人看到一墙，则说有墙就有门。

《金刚经》在讨论如何做正确的选择时，有这样一个认识：当我们面临选择的时候，不要纠结于对错，而是专注于尽最大努力处理好这件事情本身，把心定在这件事情上。即便未来评价说这是一个错误，又有什么关系呢？时间不会倒流，它会把过去洗刷得干干净净，关键是当时间流经我们当下时，我们要抓到其中一面，这其实就是很大的正确了。

∞ 亮点一直都在

如果有成都人不知道双流，肯定会被笑话，外地来成都的飞机基本上都在这里落地。可是知道槐轩文化的成都人恐怕并不多，至于了解双流和槐轩文化渊源的，估计是少之又少了。

双流和槐轩文化的关系，一言以蔽之，就是清代四川学者刘沅生活在成都双流。他的《槐轩全书》可谓是鸿篇巨制，用大儒来形容刘沅亦不为过。

时间似乎冲淡了一切。我偶然认识的赵敏博士在研究这位大家时发现，即便是在双流这个遍布槐轩学派创始人刘沅足迹的地方，经过100多年的岁月，这位大儒也已成了这里的陌生人。

2019年2月14日，我应四川大学钟丽霞教授邀请，到双流参加双流区的乡村振兴规划文旅内部沟通会。在这个会上，钟教授特地邀请了社科院的赵敏博士来介绍槐轩文化。

会上，大家讨论的焦点是，双流地区可能会推动三个方向的文化振兴：槐轩文化、码头文化和古蜀文化。

这三个文化方向，如果讲特色，码头文化显然不如双流区的空港文化有底气——双流并没有大江大河。放眼四川，如果讲码头文化，泸州港、宜宾港肯定比双流区有更好的基础。而古蜀文化代表地，已有三星堆，有几个地方能超越它呢？倒是槐轩文化，可圈可点。槐轩文化和槐轩学派影响了太多人，比如后来的四川大家李劼人、蒙文通等。

有人说刘沅是川西夫子，这看来好像已经是极高的评价，可是当我们真正认识了槐轩文化，就会发现，可能用“夫子在川西”来形容更合适一些。

我们团队有机会深入参与成都双流、四川广元以及其他一些地方的乡村振兴规划，尤其是文旅板块。类似讨论会，几乎每次都提到需要找地方亮点。我越看越多的感受是：很多地方的亮点一直都在，尤其是在地方文化的挖掘和再认识方面，只是好些亮点被我们忽视了而已。

之前，三苏祠的相关负责人请我们去沟通如何做文创。作为旁观者，我们很是羡慕，觉得苏东坡真是一个超级亮点，有太多的文创可以去做。

双流也是这样。和很多地方比较，槐轩文化的历史基础很好，既可以走出去，也可以引进来。但是在过去比较长的时间里，槐轩文化没有被挖掘和记录过，而今，我们最需要做的是对槐轩文化进行抢救性记录。从这个亮点出发，我们唯一需要去做的就是唤醒沉睡的文化原点。

新造亮点，我们需要看亮点能不能经得起推敲，是否可以经得起时间的检验。很多时候，我们都看到，一些所谓的文创，只是热了一下，而没有真正热闹起来，真正的热闹是有市场的。

在我们看来，槐轩文化的运作几乎没有起步，有太多内容、较多点可以去挖掘、传播和运作。我打算针对槐轩文化做一个小小的投资，至于这个投资会不会带来好的回报，还是让时间这个朋友来回答吧。

∞ 热爱我们的选择

2019 年 3 月 5 日，褚老走了，我和马玥赶去云南见他最后一面。凌晨 3 点，空旷的殡仪馆停车场上在飘雨，灵堂外主要是他的部将和一些亲戚。此时，人们三三两两地聚在一起，一些人在车里休息了，一些人在灵堂隔壁的房间里靠椅而眠。我们算是突然到来的闯入者，自感不知如何是好，对于生离死别，明明知道无能为力，但是依然忧伤。

围绕灵柩的人们一直在诵阿弥陀佛。各地送走亲人的形式和传统各有不同，但无论什么形式，都包含着人们的不舍。灵堂里的照片上，他目光如炬，而躺在灵柩里的他，异常安详，似乎只是在睡觉。我们知道，此时是永别前的倒计时。

以褚老之经历成就，91 岁离开，算是喜丧。但此时初春夜深，乍暖还寒，冷雨飘零，想到英雄之躯，征战沙场无数，终被岁月带走，悲更涌来。

谁也无法抵御时间，我们最终都会被时间带走。那我们因何而奋斗？褚老静静地躺在那里，他那跌宕起伏的人生自此画上句号，他那人生的遭遇与荣光都浓缩在这个临时准备的房间里。我曾试图找到和褚老一样的企业家，可在中国企业家群体里，难以找到可以对标的人。看日本的稻盛和夫，他们倒是有相似之处，可褚老的人生更为跌宕。褚老是独一无二的褚时健，而现在，一切归零。

事情再大，大不过生死，除去生死，其他皆小；事情再难，难不过知行对错。人非草木，孰能无情，生离死别都是关，如何去看？如何去过？如何才是不负时光？这是个很难的问题。无论我们曾经多辉煌，最终都归于平静，我们何不轻松度日？但究竟什么是轻松呢？

我前段时间碰到了“四川最会说话的人”李伯清。他给他所有的朋友说，过了古来稀后明白人生有两件事情最重要：健康、开心。或许是我还没有到他的那个年龄阶段，每个人的经历也不同，对健康和开心各有各的理解。而我的理解是，任何选择都是关口，想什么、说什么、做什么，都是闯关。只是我们选择自己的路，褚老选择他的路。

龙应台告诉儿子，可以去动物园给河马洗澡，也可以去华尔街银行工作，关键是要选择自己喜欢的事情。褚老选了儿子褚一斌接班，虽然褚一斌开始不想回国接班，可他最终还是选择了回来。我看到他去基地，脱了鞋子，直接赤脚上阵。而现在他管理的果子基地已是硕果累累。

选择意味着结果。我常想我们要有游戏精神，游戏也好，社会治理也好，关键是讲规则，在这个规则里，把事情做到极致，就是超级玩家。

我曾极度悲观，感觉生离死别，人生是苦，并在 9 岁时想过出家。后来又想，此做法是逃避，苦转亲人，不能去。2017 年 12 月 31 日，那时的我感觉内心极苦，但当我和妈妈无意之间转到文殊院，在玉佛殿看到楹联“有因有果有菩提，无是无非无烦恼”时，我豁然开朗。我重新认识了世界，世界并非非此即彼。

褚老曾跌至人生低谷，他曾自评，功是功，过是过。我联想到出世和入世。一个人要做到出世太难，因为凡在世上行走的人，都有七情六欲，也因为此，我们才成其为人。无论世人如何评说，我们在做选择时，关键还是看自己的内心接受与否，至于其他，都是浮云。

我认为自己是一个极度崇尚自由的人，当我成为一名管理者时，我更乐意选择放鸭式的管理。让团队成员认同目标，把团队目标当成自己的选择，我想，这比任何规则都有动力。

我选择，我接受，我努力，这既是责任也是使命，当然也是权利。

顺带说一下，褚老这一生，贡献极大。他发心是要为国家、为民族、为人民做一些事情，他热爱我们这个国家并不是一句空话，而是有实际行动。褚老总是谈到，企业好不好，纳税是一个很重要的指标，企业应该给国家多纳税。这是他的选择，是他的热爱，是他的责任，也是他的使命。

褚老也是这么做的，他不断地给国家创造税收。管理烟厂时，他投资修建了昆玉高速，修建了很多电站。前者算是布道，后者则是给更多人带去了光明。

热爱我们国家的最好方式就是热爱自己的选择，即便这个选择不被多数人接受，但我们的方向是要成为这个选择的超级玩家，用事实说话。

∞ 中国需要“写客”

看到读客准备 IPO 的消息，我比较开心。读客在出版行业的名气很大。读客在出版方面做了很多创新：比如一句话文案，让读者容易辨识；在作品下面加有格子条，是很有代表性的创新视觉。读客的这些努力验证了这样一句话：累积小的成功，可以获得大的成功。

读客的模式主要是找到好的内容，然后出版销售。纸质书的市场份额约占他们销售体系总市场份额的 85%。而在看起来十分热闹的新媒体领域，读客的业绩并不突出，这或许是术业有专攻，不能说新媒体的市场不好，关键是要找到适合自己的路。

读客做的事情和它的名字一样直白，他们大约有 2500 个 IP，实现的年销售额大概为 3 亿元，平均来看，每单 10 多万元，而在这里面，很大部分销售额来自内容，即一本书销售几百万册。读客这次募集资金是为了建版权库，这和考拉看看团队在做的内容逻辑是一致的。

中国有读客这样的公司，那就有“写客”需求，所有出版社和出版公司，一定需要优质内容，而优质内容是需要作家和写作者的，所以“写客”在当下和未来都有很大的市场空间。

中国需要好的出版公司、好的内容公司，或者说需要像考拉看看一样的写作团队，优质的深度内容源总是有市场需求的。如果没有好的内容源，出版社、出版公司就会缺水。当然，优秀的出版公司可以在全球找水，可是中国写客一定更了解中国市场，中国这个大市场，需要的是中国写作者。

现在的人工智能发展很快，已经可以写唐诗，甚至让人无法甄别到底哪个是机器人的作品。而在更为体系化的深度写作上，机器虽是可以写作，但其想象力和独特的视角，还是要依托人的思维和随机性。

未来内容的呈现方式还会发生变化，但是优质的内容源肯定是稀缺的，写客们有一天会在资本市场上露头，市场会给写客们足够的回报。写作行业已经延续数千年，而“作家富豪榜”的出现还不到20年。当前作为写客的这群人的价值远远被低估了。

中国的出版公司很多，为什么读客能IPO？我想这取决于团队的创新，他们可以找到优质的写客和作品。未来，写客市场一定会充满竞争，那什么样的写客才能在市场中脱颖而出呢？

根据考拉看看写客团队过去7年的经验，我想，写客市场至少会有四个发展趋势：一是写客正在崛起；二是团队写客综合领先个人写客；三是写客的价值正在提升；四是资本的阳光正在照进写客市场。

虽然至今中国仍然没有一家写客公司实现IPO，但是这并不表明写客公司没有机会。实际上，写客市场让人充满想象。哪一家公司可以成为写客第一股？这个答案，我们还是交给时间吧。

行
[直面创业]

“我理解的创业是建立一种规则，它能接受市场的检验，取得一定的经营业绩，这种规则可以规模化，也就是说可以适应更多市场，或者引领更大市场。这个规则的核心是通过创新，给更多人创造价值，它是一种美好的商业。”

∞ 何谓创业

究竟什么是创业？是把一件事情做成吗？是解决一个问题吗？显然不仅如此。比如，我们去餐厅吃饭，是为了解决能量问题，可我们只是一个顾客，是增加消费，而不是去餐厅创业。同样是开餐厅，海底捞的几位创始人创业很成功，可是世界上也有很多餐厅经营者，我们不说他们是在创业，而是说他们在做生意。虽然做生意和创业都需要经营，但创业在于一个“创”字，这个“创”表明了开创一种新的规则，然后让世界接受它，或者说给世界带来新的价值。

我们说摩拜的创始人是在创业，就是因为他们建立的规则是一种新的出行方式，这种方式给很多人带来了新的价值，解决了过去的问题。

我理解的创业是建立一种规则，这种规则能接受市场的检验，取得一定的经营业绩，这种规则可以规模化，也就是说可以适应更多市场，或者引领更大市场。这个规则的核心是通过创新，给更多人创造价值，它是一种美好的商业。

回到餐厅经营上。我也曾想去开设一家餐厅，可是我没有找到新的突破口。如果我只是复制餐饮业过去的经验，那我最多算是一个该行业新进者，是一个小小的竞争者。看看大众点评和美团，同样是餐饮行业，它们却建立起了新的信用规则，让餐饮从业者可以更好地预算，让顾客们的时间更加灵活，这些就是新的价值。

加入一个行业如果没有建立新的规则，没有创造新的价值，那最多是成为行业里面的竞争者或参与者，即便经营规模很大，也仅是做了一个大的生意。可是反过来想，但凡一个企业能把一个生意做到更大规模，能服务更多用户，这个企业多半有创新的地方，只是还不为外界所熟知而已。所有成功的创业，一定是有新的突破弥补了旧的缺陷。

尽管考拉看看出发的第一天，团队规模和团队业绩都特别小，但是我坚持认为这个团队是在创业，它在改变创作内容的生产方式，它的一端连接着内容输出端，通过新的工作方式和规则，让优质内容呈现出来，这些优质内容会惠及更多用户和读者。

在过去很长一段时间里，内容创作是一件个人化的事情，但是随着人口增长、消费升级和新技术推动，人们需要更高效的方式来生产优质内容，内容行业的生产关系随之改变。比如市场上出现了很多超级头部微信大号，这些微信大号的追求是极快、更快地生产内容信息。然而消费是会分层的，信息大爆炸使得信息价值判断的成本不断提高，逆趋势的长周期内容又开始呈现。

内容行业的创业者要么抓住快的趋势，要么抓住慢的机会。和其他行业的创业者一样，内容行业的创业者之所以不断出现，一方面是时势造英雄，另一方面是英雄造时势。

不管怎样，创业都离不开创新，创业离开了创新，就不是创业了。

∞ 从 0 到 1

我这里说的“从 0 到 1”和《从 0 到 1：开启商业与未来的秘密》这本受到欢迎的书是否持有同样的观点，我不确定，因为在我写这篇短文的时候，我尚没有阅读这本书。我说的“从 0 到 1”是提醒自己，要有效益心态，做一个项目，实现“从 0 到 1”的标准是，该项目的团队可以实现自我造血。

我为成为投资人做了较长时间的准备，同时我也把自己定位为连续创业者，当然这和被迫成为连续创业者不一样。我渴望的连续创业者的模式是将一个项目从 0 带到 1 以后，把它交给团队和新的管理者，这样既可以稳步交棒，又可以让它长大。

实现“从 0 到 1”，有人说商业模式不重要，重要的是干出东西来。当然，所有的事业都是干出来的，它不能像孙悟空那样，从石头里蹦出来。再好的创意、再好的商业模式，也需要实干。

可是与此同时，我越发地认为商业模式才是一个项目成功的关键。龙生龙，凤生凤，如果作为“父母”的龙凤，即商业模式有问题，那么即使用试管技术，如果没有龙的基因，能造出龙来吗？

“从 0 到 1”的过程，是商业模式被验证的过程。如果商业模式是适应市场的，接下来就能被复制和扩展，如果商业模式不能适应市场，那商业模式就没有机会继续扩大。如何证明一个商业模式已经实现了“从 0 到 1”关键看这个商业模式有没有效益。

效益并不完全是指现金效益，但在 1.0 阶段，如果一个商业模式不能产生现金效益，或者说这个现金效益在未来无法作出相对准确的预期，那这个商业模式肯定是有问题的。

“从 0 到 1”可以是小试牛刀，从小的范围内开始试验——这个试验是带有随机性的。但是就像打仗冲锋一样，一鼓作气，往往第一次就可完成冲刺。如果第一次冲刺效果不好，那么后面想要把士气提起来，则需要费更大的力气。这也很像开一家门店，在开业这个特别重要的阶段，需要尽力去争取一炮而红。

当然“从 0 到 1”是一个持续的过程，创业不是一蹴而就的，它是一个需要坚持的过程。这个过程的执行，是不是尽力而为，和执行团队有直接关系。很多早已被验证的方法在新团队上并不奏效，最大的问题就出在执行上。

我在创业中，也曾数次出现这样的问题，也因此人变得比较谨慎。有些看起来并不复杂的事情，在没有找到合适的团队之前，按兵不动反而是上上选择。贸然进入一个市场，除了会浪费现金成本、时间成本外，还会花掉信心成本。

我这样说，并非说所有的事情一定要在有很大的把握之后才开始，而是说要尽量在前期做好充分的准备，避免剃头挑子一头热。虽说万事开头难，可一旦开始，就真的是“开弓没有回头箭”了。后面要终止，就真的成了试错。

创业是不断地试错，有些经历必然需要自己体验过，才能有更深的感触。从0走到1，我们要勇敢出发，尽快证明效益。

“从0到1”是我研究褚时健先生的经营方法所得出的经验，这既是他的总结，也是我的理解。褚时健先生数次创业，带领不同的项目，都取得了极大成功，而他成功的背后则是采取了一个很好的方法，那就是先小范围试验，验证可行之后再铺开。

∞ 善待每一部作品

我们团队曾花很长的时间来研究招商银行迅速发展的原因，得出的结论是，它的“葵花向阳”战略起到了很大的作用。简单来说，招商银行认为用户就是太阳，而银行是葵花，葵花总是要向着太阳的。

同样的道理也适合应用在创业实践中，虽方式不一样，但道理相通。比如在“书服家”团队中，理念就是团队善待每一部作品。

作品连接着作者，对一部作品的最大尊重就是对作者的最大尊重。经营好每一部作品，团队自然就成长起来了。

“书服家”1.0的商业愿景可以用一句话来描述：专业的出书服务。当然它还有更多的商业机会，而专业的出书服务是“从0到1”的，是它的核心所在。专业的出书服务至少包括两层逻辑：第一层逻辑是把出书这件事情的专业做好，这是基于技术的；第二层逻辑是把服务做好，这是基于技术而又超越技术的。

“书服家”的经营是从善待作品开始的。在初始阶段，团队通过各种力量汇聚了一批作品。但凡作品都有优劣，况且很多作品多年出版不了，的确有它的问题所在，但每一部作品都凝聚了作者的创意、精力和时间。姑且用一句回收行业的话来说：“垃圾”是放错了地方的宝贝。我不是说这些作品不好，没有贬义，只是借助一下这个说法。相当一部分的作品是因为没有精准地匹配，有些作品并不一定要面向大众市场，面向特殊领域的作品一样拥有很大的价值。所以“书服家”团队的工作是从认真阅读作品开始的，而这种阅读不是浏览式地看，而是结合作品特色和作品的潜在人群进行研读。

对作品的判断和把握，是需要专业技巧的。认真研读每一部作品，既是对作者的尊重，又是对市场的研判，同样地，更是对团队的负责。这些作品与未来的出版和团队发展休戚相关。

比如“书服家”曾接到一部100万字的作品，这部作品，作者大约花费了十年时间。但通过书服家的技术检索，这部作品有大量的资料引用几乎没有注明来源。直白地说，这样的作品如果直接出版，肯定会有很大的版权问题。善待作品，也是对行业负责。所以我们针对这部作品首先给出的意见是修订资料并补充索引，进而才探讨如何出版、发行和推广这本书的问题。

这个案例给我的印象很深。作者知道自己作品的问题所在，也想了很多办法来解决，甚至考虑自己打印作为资料发售。可是即便不公开出版，以发售资料的方式呈现也是侵权的，所以我们很直接地提出问题，并给出了解决方案。

作品的质量是第一要务，所以编辑要监督作者对质量把关。编辑和作者其实是在一条线上，大家都希望出版好的作品，而不是低劣的作品。但凡打上“书服家”标志的作品，团队都是按照精品来做的。在我的印象中，有好几个项目，团队都是补贴了经费来做的。也因此，我们内部有过这样的提议，要不要考虑设立一个类似“中国出版基金”的基金来支持小众优质内容的出版。

上述这些善待作品的做法和想法，使经由“书服家”编辑的每一部作品都得以优质出版，进而让团队和合作伙伴的价值得以实现。我想，这也是利己利他的事情吧。

∞ 对小而美的好奇

在创业数年之后，我发现相比出发时的宏大目标，在某一段时间里，我对小而美的项目和管理产生了浓厚的兴趣。我不知道这样的兴趣以后是持续下去，还是会回到出发时那样关心宏大目标，但对“小而美”的关注，给我带来很大的帮助。

某一段时间，“小而美”是一个很热的词，大意是说规模不大，但经营很好的项目，比如小到一家咖啡馆、一家小餐厅、一家旧物店，又或者是一个细分领域的某个项目。这些项目有些是网红店，有些则从很小的体量发展到有比较大的影响力。

我在成都看到的具有代表性的小而美项目是“无早”，它从一家小小的独立书店发展进入小食和民宿领域。考拉看看在明确主体业务以后，也开始在细分领域去做小而美的努力，比如成立专注于出书服务的“书服家”和专注于财商教育的“钱瞻”等。这些小团队的启动既体现出考拉看看的“龙舟”策略，又是考拉看看受阿米巴思想影响而推出的矩阵项目。

“小而美”看起来不复杂，但是真要做好还是比较难的。如果选择做行业的跟随者，那就要追赶前面的同业。如果该行业没有特别大的创新，幸运的跟随者可以跟在同业后面，但多数跟随者是很难存活下来的。当然，如果一开始就做差异化努力，试错的成本也很高。

有一天，我在成都路过一家知名企业的物业时，同行的朋友对我说：“你看，还是体量大的企业扛得住压力，这栋楼已经闲置很长时间了，如果是一般的小企业，早就扛不下来了。”她的话给了我很大的提醒，一个团队要去做“小而美”的事情，有两种方法：第一种方法是在主营业务做得比较强大，拥有比较强的抗风险能力后，再去试水小而美的项目，按照新项目思路去孵化；第二种方法则是看好一个小而美的领域，全力以赴。

也正是因为有了这样的理解，我们团队在后来就是否要深度进入音频制作领域进行了探讨。当时我们顺便做的几款音频产品，在“喜马拉雅”上销售得还不错，各方面也鼓励我们进入音频制作领域。但在后来团队开会时，我首先否定了团队兼职做音频的设想，而是提议，如果确定要进入音频制作领域，就要由专业团队来做，独立核算，独立运作。

如果我们仔细去观察那些小而美的项目，就会发现，它们不是表面上看起来的那么简单，我们不能低估它们所需的创新能力。如果没有找到小而美项目成功的真正原因，我们就贸然跟随，那一定会死得很惨。即便是看到了小而美项目成功的关键所在，我们是否能借鉴其成功之法也是个未知数。所以对于“小而美”的诱惑，我们要更加冷静，即便是心中有万千想法，下手时也要慎重慎重再慎重。

我这样说并非害怕失败，而是表明做事要遵循审慎的原则。很多小而美的项目看起来很美好，但是多数人真的是学不会的。如果任何一个小而美项目都那么容易让人模仿，那“小而美”就不是“小而美”了。

但是保持对小而美项目的好奇对于我们团队还是有很大的帮助的，小而美项目有很多创新之处是值得我们学习的。考拉看看旗下的蓉漂团队关注的创业者之一就是把项目做得“小而美”的人。仔细去掂量这些人取得的成功，我们会发现他们都有创新和独到之处，尤其是他们的思维方式，是真正值得我们学的“渔”。

∞ 不要轻易创业

我在想，把“不要轻易创业”这样的内容放到关于创业的书中，是不是不太合适？

这似乎是一个带有负能量的想法，可我想说的是，它是一个负责任的表达。如果世界上的大多数人都选择去创业，那职场的工作难道真的都由机器人来完成吗？

有一次看内容创业项目，我看到两个小朋友坚持要创业，问他们为什么这么选择，他们说就业很难，不如就创业了，自己给自己创造一份工作。

创业是一条完全不同于就业的赛道，虽然会给自己创造一份工作，可是这个工作的责任要远远大于职场的任何一个职位。但凡创业，都是去建立一个体系，而多数人胜任本职工作都需要比较长的时间，至于建立一个体系，创造更多的就业岗位，这种压力是成倍数级增长的。

在一个职业体系中，很多人都干得不错，包括我自己，也曾在职场中如鱼得水。而这种顺境往往给很多人带来很大的错觉。他们往往在一个体系里做某一个环节的工作，看不到体系的强大支撑，多数时候认为自己起到了很重要的作用。当真正告别这个体系，去选择做“从 0 到 1”的创业时，他们就会发现以前那些信手拈来的支持突然就没有了，要什么缺什么！这不仅考验着一个人的心理能否平稳着陆，也考验着一个人真正的创业能力。

创业是九死一生的事。我有时候看访谈节目，主持人总是会问那些耀眼的创业者：“如果重来一次，你还会选择创业吗？”答案很励志，但是不是他们内心真正的答案，各人自知。现实很残酷，多数创业者最终与理想渐行渐远，成功者寥寥。

当然创业精神是必须具备的，我是坚定的创业者。尽管创业很难，充满不确定性，每天总是面临各种突发情况，可是如果让我重回职场，我反而没有了勇气，也无法适应那种可以随时预见未来的生活。

不过我还是认为，如果没有足够的深入思考和比较充分的准备，不要轻易去创业。因为一旦开始创业，你所要承担和肩负的使命是很大的，对外需要对用户负责，对内需要对团队负责。

尤其是那些对创业充满渴望，但是不能胜任自己本职工作的人，更不要轻易去尝试创业。创业不仅要求我们做好很多本职工作，而且也需要我们在多方面取得平衡，面对众多博弈。

创业最大的不确定性是能否让企业真正走向良性运转。要让企业实现从 0 到 1，到 100，甚至是到 1000、到 10000……巨大的收益面临着极高的风险，比财务损失更大的不确定性是机会成本。尤其重要的一点是时间的损失，时间宝贵，流失便无法弥补。

我们在创业之后，核心团队几乎都是“白加黑”“五加二”，没有了周末和休息的概念，总是围着工作转。很多人说我们太辛苦，可是我们喜欢这样的生活，自己选择的路，自己要去负责。

把问题想得多一些不是坏事情，就像沙盘演练，明明不是真的，但是我们会预见到足够多的困难局面，只有这样，胜算才会更大一些。

在时间的长河里，创业就是做选择。站什么位置，选什么方向，是逆风而行还是顺势而为，谁又真正知道何为正确呢？

门外看热闹，做了才知道门道。听从内心，不要顾虑太多，人生只有一次，还是大胆去做吧。

∞ 不要轻易去融资

考拉看看团队拒绝了很多次融资机会，但后来还是没有耐住寂寞，接受了一笔投资。当然我很感激给予我们投资的人，这段经历对我其实产生了很大影响。事实上，团队进入第三个年头的时候，现金流已经很不错了，尽管公司盈利能力还不强，但团队的福利一直在提高，项目回报在持续提升，且公司财务报表一直是有利润的。

估计很多人会反对我的观点，认为应该拿投资人的钱去创业。这个说法没有错，如果一个项目一开始就有投资人参与，那么启动资金就没有了问题，而且可以分散财务风险。当然，如果创业者是真的靠谱，无论是用他自己的钱还是用投资人的钱，他都会特别珍惜这些资本，无论是在创业早期还是在公司有一定的规模之后。

为什么我说不要轻易去融资呢？尤其是创业早期。这不仅是对投资人负责，也是对团队负责，一个项目如果没有被验证，那么风险是很高的。我一直认为，处于创业团队 1.0 的时期敢于用自己的钱的创业者，值得投资人多加关注。

投资人有自己的投资逻辑，他从投资角度来参与一个项目，是要寻求回报的，况且投资人的选择需要特别慎重，一不小心就会踏入很多陷阱。我有一个做早餐项目的朋友，她很快拿到了投资，可是后来才发现，这个投资里面有很多“坑”。它是明股实债，有很严苛的对赌条件。后来我朋友非常麻烦地才把这个投资纠纷解决掉。

还是说回我们团队的这次融资。我们的运气很好，投资人既对团队放心，也十分支持团队。

我们的投资人投这个项目的确没有太多考虑短期的现金回报，而是认为这个项目值得做。当然事实证明了他们的眼光，这个项目是一个好的投资项目，成长性很好。

其实我们融资的时候，并没有想得特别清楚，当时我们团队看到周边公司都在不断融资，感觉我们也应该融一融吧，考拉看看的成长性不错，各方面指标也很好，怎么就一直不融资呢？所以，当时引入投资的冲动比较大。

我们的天使轮融资大约只约谈了两次就落地了。投资人自然是要关心投资回报的，作为团队带头人，融资以后我还是有很大的压力。

新的投资进入后，在相当长一段时间里，这些资金并没有发生实际作用，一直迫不得已地趴在账户上。这可能和考拉看看有比较好的现金流相关。现在想想没有用好融资的钱，有一些遗憾。

有时候看新闻，某某项目烧了多少钱，然后又倒下了，我就会反过来思考我们自己的进程。

内容行业是一个长周期的行业，需要和时间做朋友。我们作为操盘手，花钱十分谨慎，资金重点都放在主营业务的进步上。主营业务强大，团队才是真正的强大，因此，创业团队的核心是突击主营业务，把主营业务的发展通道打通，再逐步扩大。

我想，此后遇到合适的机会我们还是会继续融资的。我们不排斥融资，但是因为我们的融资经历，我们对融资保持谨慎。

后来有段时间，我们陆续接触了新的投资人，看到了很多意想不到的现象，所以慢慢对融资变得比较谨慎了。

在未来，我们如果要融资，首先要考虑让团队里的干将转变为合伙人，让团队成员一起努力，一起参与分享团队果实。

∞ 发现缝隙市场

内容的创作能力是一种稀缺资源，考拉看看团队首先是从创作开始的，然后才逐渐进入更高层次的内容市场。当我们在一个细分领域有了更加专业的分工以后，我们就开始寻找更多的缝隙市场。

我们努力的方向之一是在内部形成阿米巴模式，让各个团队可以自我造血，比如原创中心的目标是成为中国深度内容生产的领先机构。深度内容的变现周期比较长，如何打破传统实现内容更快的变现呢？

来看看通讯社的经验，比如彭博通讯社的终端，其实质是为用户提供优质内容。多数通讯社竞争的是提供好的内容和快速生产内容，所以彭博通讯社向很多平台供应内容 / 文章。考拉看看可以向彭博通讯社学习，给更多需要内容的机构供应内容 / 图书。

我们第一次短平快的试验是向一家杂志社供应特刊 / 文章，因为我们有自己的创作团队和创作方法，所以杂志社看到我们的作品以后，决定采纳。随后我们开始与更多的杂志社合作，向他们提供优质的作品。

很多人觉得传统媒体下滑得很厉害，可是多数人没有注意到，市场总是缺乏优质内容的。我们在传统媒体不景气的时候，可以向他们批量提供文章。新媒体往往用流量置换了我们的内容，而传统媒体却愿意付费购买好的内容，这是一个很奇怪的现象。

从短小的内容提供开始，我们逐渐增加了该细分领域的覆盖。缝隙市场看起来很小，竞争并不太激烈，让我们有着比较稳定的现金流回报。

在这种思路下，内容生产机构 1.0 阶段瞄准的是为更多的平台提供定制稿件，2.0 阶段则是可以售卖内容终端，也可以成为超级通讯社的内容提供机构。

打开缝隙市场的口子，我们面临的是继续复制扩展，形成内容生产—供应的生产线。

很多新媒体变现比较困难，是因为他们不知道如何变现。他们往往只采取广告、内容电商的模式，反而忽视了自己生产内容的能力。而我们的新媒体，却在持续增强内容输出能力。

细分市场的拓展，倒过来推动着我们团队生产流程的改造，比如蓉漂的采访对象变得更加多元化，除常规的经营方式外，这个团队越来越多地承担起内容输出的功能，结合我们打造的“作文君”品牌，在内容输出上，让“作文君”逐渐形成规模。

我们的内容得以输出到更多的媒体机构，而这是我们开始创业时没有想到的。创业开始时，我们更专注用大部头的作品来和出版机构合作，但熟悉这个市场以后，我们看到了更多的细分市场的机会。

所有的努力都不会白费，关键在于尽早看清方向，像《精益创业》所讲，小小的实验在成功以后，可以迅速复制拓展。

∞ 方向和方法

创业一开始是选方向，方向定了，然后就是朝前走的方法了，比如出行，是选择步行，亦步亦趋，还是选择坐车？采用不同的方法，结果也不一样。

可能很多人会说，只要开始创业了，方向就定了，这个方向是大方向。但是方向定了能不能很好地坚持呢，尤其是受到很多诱惑时？比如关联业务做不做呢？这样的问题不解决，我们很可能走到另外的路上去。

我们先做内容创作，然后进入了出版业务，这时时常有人要求我们增加设计业务。后来我们尝试进入图书和杂志设计领域，一开始是做很小的业务，但却占用了我们很多时间。比如有段时间我们在制作一个主题项目内容，设计的订单数量超过了我们的内容创作，看起来似乎有很多业务，但却和我们努力的主营业务越来越远，占用了我们大多时间。于是，我们决定迅速调整，将设计分拆出来，成立独立的团队，要求大家自我造血，而原来的团队迅速回到既定的路线上。

创业公司首先要追求活下去，不管是依靠主营业务活下去还是依靠融资活下去，都是一种路径。而突然捡到的一些“过路”业务，甚至会让人忙得不可开交，看起来是赚钱的，可是持续性却有问题，所以走着走着可能就“出轨”了。

当然并不是说要一条路走到黑，而是我们要用最大的努力去验证自己的选择，主营业务要十分清晰，尤其是初创期，因为初创期面临着更多的考验。

大的方向确定以后，最重要的是找到合适的方法推进主营业务，方法对了，事半功倍，如果方法有问题，则会走很多弯路。我们做浙商研究的第一年，采用的是密集型的人海战术，可是效率并不高，因为有比较多的重复劳动，没有按期推进工作，尽管书籍质量不错，但综合评估我们当时的方法还是有问题的。第二年我们继续做浙商研究时，我们首先梳理了操作办法，然后进行议程设置，这样效率就提高了很多。

我们有一次做一个中英文项目，中文稿更新了 20 次，翻译也跟着更新了 20 次。这个工作首先是我们获得校对稿，然后把更新内容放入文档，再修改设计稿，接着再次核对，翻译穿插其中，且每一次修订都要经过以上几个流程。暂且不说大家辛苦，还容易出错。

对于这个项目，后来出版社还向甲方抱怨我们不认真。其实他们不知道，这个稿件有不同人员在审读，背后的工作极为繁复，大家虽做得非常辛苦，却也都希望把项目做好。我必须承认，在这个项目早期，我们的工作方法是有问题的。

后来我们重新梳理方法，首先确定中文稿，然后进入翻译流程，这样翻译的效率就高了。反复核对后，再分阶段集中进入下一个流程。

方法是经验的累积，创业有时的确需要走一些弯路，但是我们也需要善于总结，形成体系。这样总结出来的方法、体系不仅可以提高团队的工作效率，而且可以让参与者站在过去的基础上更好地工作。

做成功一件事情，真的很难。首先方向要对，其次方法要对。所以有人说，失败是必然的，成功是偶然的，创业更像是独孤求败。反复试错，再在错中找到对的方法，这个过程很痛苦。很多人说享受创业，这可能是有些人创业比较顺利吧！但我想，多数人的创业是很艰难的，而享受创业多半是苦中作乐吧。

∞ 重构内容生产力和生产关系

写作多数时间是很个人化的事情，可是随着市场变化，整个内容写作市场的生产力和生产关系都在发生改变。我们有一个重要使命是重构内容写作行业的生产力和生产关系。

过去很多年，没有“内容行业”和“知识付费”这个说法。当然，有一大批人在做这件事情，不能说这个行业不存在，但是远没有发展到今天这样专业化分工的程度，而且这个专业化的细分市场今天走到了一个全新的高度。

过去存在一部分内容创作机构，但是国家队居多，比如各种出版社、报社和杂志社，其余则是个人，比如自由撰稿人、写作爱好者。很少有人组团来进行深度的内容创作，即便有，多数也不是为了商品，而是做成公益类内容或者是带有一定行政色彩的内容。

简单来说，很长时间以来，内容行业主要是由个体户构成的，而现在的内容行业则在朝着公司化方向挺进，尤其是在更细分的领域，比如各个细分领域的公众号，这些公众号背后多数是团队在操作。内容生产者从单一的个体逐渐变成了群体式和公司式的团队，这种组团式的生产力明显更具竞争力，且催生了较多的超级 IP 团队。

内容生产关系方面，同样也在迅速地重构和重建，这种新秩序的建立过程，对我们既是机遇也是挑战。比如写作从个人自主变成了

OEM（定点生产）、专业分工，UGC（用户生产内容）、PGC（专业生产内容）、OGC（职业生产内容）等各种新的关系，生产力组合带来的质量提升让生产关系变得更为细分。以一本书的出版为例，一本书从写作到出版，到推广，几乎每一个流程都在进行商业化操作，比如有人负责口述，有人负责速记，有人负责整理资料，也有人进行二次创作……一本书（或者说深度内容）的“出笼”被分拆成若干环节，且每个环节的分工和执行打破了时间和空间的阻隔，带有全球化的性质。

比如我们所做的一本图册，中文内容是考拉看看的作家们和多个专业机构联合创作的，而这个内容的采购则来自两个政府部门。这本图册一开始就被规划为中英文版本，翻译工作是由重庆、四川、北京和纽约的团队联合完成的，制图和设计工作也是由多个团队同时进行的，出版工作则由北京的出版社具体负责的……这本后来被证明是十分成功的作品，从零开始，整个周期大约是 90 天（其中还因为一些非市场因素而浪费了比较多的时间）。

重构内容生产力和生产关系，产品质量和效率是重要的指标。所有的重构都围绕着这两个指标在不断迭代，以实现更高的质量和效率。

当我们向潜在客户介绍考拉看看团队最快可以在一周左右即能创作出一部高质量的书稿时，大多数时候，这些潜在客户既不相信又感到吃惊。在很多人看来，慢工才能出细活，一本书的写作往往需要数年。

慢功是否能真正地出细活？高效做出来的书籍是否就会质量偏差？显然，答案并不是肯定的，生产力的融合效应不仅带来工作效率的提升，而且可以推进内容质量的提高。

实际上，今天的内容行业已经发生了巨大变化，新的技术推动内容行业整体效率提高，比如要查询学术论文，仅仅是电子文档节约出来的时间，就已经为创作带来了巨大的空隙。实际上，在你周围的人都进入快车道、跑得更快的时候，你同样会进入快车道，跑得更快。

生产力在变，生产关系在变，内容行业和其他任何行业一样，考验的是团队的适应能力。我们是否可以拥抱这种变化和不确定性，这才是巨大的考验。这种拥抱不是偶然的、一时的，而是持续的。一方面，我们要积极拥抱变化和不确定性，另一方面，我们必须积极推动行业转型升级，引领行业生产力和生产关系的变革。

考拉看看的使命之一，是要改变写作者的命运。如果非要用“生产力”来总结，写作者就是生产力。考拉看看团队表面上看起来是一个内容创作与运作团队，其实是带动、引导和哺育写作者们的生产机构，它可以推动内容行业的生产力和生产关系向着更加健康的道路发展。

∞ 尽力降低风险

为什么有那么多人愿意去创业？创业是一件充满诱惑的事情，大多数人并不富裕，而创业可能是实现财富自由的一条捷径。不过一旦我们真的开始创业，相对内心的理想状态来说，我们需要时刻去尽力降低风险，尤其不要只考虑收益最大化，这极为容易失去平衡。

我曾经历的教训是：在做一个单品时，我预感这个单品的市场会有很大潜力，所以单次预备了大量产品，却没有仔细去评估潜在风险和我们可以承受的财务压力。后来的市场证明，我们的乐观是亏损的源头。

比较讽刺的是，很多人认为失败是成功之母，可是成功也可能是失败之母。活在过去成功的经验里，依据过去判断未来，这种做法可能一开始就错了。

评估一个订单或者一项合作，一方面要制定利润指标线，另一方面也要设置风险控制线，要尽力去降低风险。如果风险在可控范围内，那么我们再去评估可能获得的利润。这虽只是一个小小的财务算法，但是对我们做选择十分重要。

考拉看看有一部分业务是出版，因此我们时常会收到一些合作邀请。比如在我们的部分作品上市后，有机构会联络我们，表达合作意向，想通过我们向出版社以较低的折扣购买一部分图书。但是该机构的要求是，付款需要三个月的账期。

这种合作看起来很好，但问题在于，该机构要求我们扮演“转手”角色，需要我们垫资买书。后来我们要求该机构提货时结款，而我们不赚取任何差价，以保障最基本的财务安全。

我们理解的逻辑是：虽然我们可以拿到更低的折扣，但我们并没有在中间赚取差价的想法，这样利润就为零，甚至还会产生税金成本。一旦这样的合作出现了坏账，承受最大损失的还是我们的团队。因此，我们遇见类似项目，往往是撮合相关方直接交易，我们不去赚中间的差价。

有所不为而有所为，这种做法，从表面上看，我们好像失去了赚取差价的机会，但是和面临的风险相比，可能赚取的利润非常不对等。一个坏账可能抵消好几个合作项目带来的利润，公司要追求盈利，就要高度重视财务风险。

尽力降低风险不仅包括降低财务方面的风险，还包括降低管理方面的风险。比如考拉看看不断建立和提高审稿的门槛，常规出版一般是三审三校，而考拉看看团队采取六审制度，甚至可能会做十二次审读。内容风险控制和财务风险控制同样重要，控制问题和解决问题，可以说是硬币的两面。拥有解决问题的能力是进取指标，而尽力控制风险，则是防守指标。

向市场要利润，向发展要市场，这是有道理的，这是公司开源的策略。尽力降低风险，是为公司修筑护城河，既可节流，又可开源。我们尽力降低风险看似是趋于保守的一种经营方式，但是创业过程就是不断解决问题的过程，规避出现问题的可能，才能实现公司的持续运转。

∞ 成本的维度

创业，或者经营企业，要么开源，要么节流、两者都是利润之源。成本维度，既有当期财报，也有远期预报，如果不把账算清楚和明白，企业估计很难持续。

算成本不仅要清楚明白，而且是越清楚越好。判断一个人对一个行业是否熟悉，换一个维度来看，就看他是不是真的可以把自己的账算清楚。

小到一个项目，也是如此。如果不清楚成本账，尤其是不清楚行业预期，经营到最后可能会入不敷出。我们有这样的案例，有些图书因为用纸差异，纸张价格波动较大，造成一些项目在运作的时候出现严重的收入倒挂现象。

带领一个团队做一件事情，肯定没有人愿意把大家带进泥潭。但是有时候往往会事与愿违，创业最大的问题就是没有持续的收入，没有办法节流，没能清晰认识成本这个维度。

成本并不仅仅是指现金上的投入，还包括特别昂贵的时间成本，尤其在劳动和创意密集型的行业，做项目时如果把控不好时间，对于用户和团队来说，都可能丧失最好的机会。

时间维度往往会被很多人忽视，很多人没有倒计时观念，等项目结束时统计成本，你会发现成本增加了很多。如果把时间作为第一维度，我们会发现，一个项目的成本持续上升很大原因就是时间成本管理出了问题。显而易见，同一个团队，同一件事情，三个月做完和五个月做完，成本肯定是不一样的，单位时间创造的价值明显会随着时间流逝而递减。

关于时间维度，我有过反思。慢工可以出细活，但“细活”并不一定是用户认同的“好活”，而以更快的时间实现项目交付，不仅可以为用户节省时间，还可以为可能会出现的问题赢得解决的时间。

任何一个项目都有各种成本，我们常会对照成本和收益，这是天经地义的事情。

也因此，后来我们在做项目时，都会问自己：做这个项目的价值在哪里？是为了当期的收入和现金流，还是为了在未来有实现收益的可能性？如果这单项目不直接赚钱，那我们是减少一个赚钱的机会，还是把它作为锻炼队伍的一次练习？

创业者如果没有情怀，那就不会成为创业者；如果创业者总是讲情怀，那创业失败的概率就会很大。我们团队是有很大情怀的，比如做了很多抢救性的记录，如果没有这些记录，很多历史和人的故事可能就掉进历史的尘埃里了。但是讲情怀是需要成本的，所以我们做决定时有一个前提，那就是其他项目的收益必须足够覆盖我们讲情怀的成本。

控制成本，追求收益，这是公司存在的价值之一。财务指标是评估公司利润很重要的指标，但也并非唯一指标。在公司经营活动中，非财务指标同样重要。比如我们在做“东方口述史”这个项目，尽管我们认为它有很好的前景，优秀的内容会随着时间沉淀出意想不到的价值，可是开始做的时候，我们最大的考量是把这个项目作为训练新人认真做记录及练习如何和采访对象聊天的机会，借以让新人可以持续进入记录式写作的状态，以适应快节奏、高质量的工作状态。

每个人心里都有一本账，每个人的账，都需要一本更大的账本。而作为团队的负责人，出于对团队负责，也必须有一本账，必须努力赚钱，合理控制成本。

很多人都会有这样的经历：如果你持续做一件事情，周边的朋友就会就该事情找你帮忙。有一段时间，我特别困惑，是否应该让朋友支付费用？但这好像很难开口，因为有人情在，大家都在做帮忙的事情。

后来我决定改变。对于朋友寻求的帮助，如果是我个人可以做的，我尽量帮忙；如果要动用团队力量，我则会给出报价，要求对方支付费用。我并非放弃朋友感情，而是想着每个人做任何一件事情，都有成本，无论朋友找何人来做，都应该支付合理成本，尤其是做的事情要动用团队的时间和资源时。我想，朋友们心中自有一个平衡，那就是如何在可以承受的范围内，做一个最优选择。

∞ 业务和财务的常识

常识的力量很大，往往是我判断情况最真实的依据，无论做什么事情，如果不太符合常识逻辑，那肯定是有特别情况。当然，常识依赖于专业，它看起来是一种直觉，但其实和专业是连在一起的。

创业团队，业务和财务是两极，如果团队的财务很好，那团队的业务自然是很不错的，可是如果看财务只看报表，显现的结果并不一定最真实。有一次，我向股东们报告经营情况，一开始给大家发过去的是报表，他们看后都很吃惊，因为业绩很一般。于是他们纷纷来询问。可实际上，我们团队每天都很忙，业务也很多，这些情况并没有在报表中反映出来。

我们的财务很规范，没有两套账本，向监管机构报的报表和公司内部的报表是一样的，可是为什么报表显示业绩很一般呢？

原因是内容行业是比较特殊的行业，收益来自客户定制或向出版社售卖我们的版权，尽管合同签订了，但是从图书制作到完成，或等出版社结款，其周期是比较长的，报表反映的是当期收入，而我们确认收入的方式是开出发票或者收到款项。

款项都是逐步结算的，尤其是公司创业早期，我们坚持两条腿走路，一条腿做现金流业务，一条腿做未来市场铺垫，所以开始的报表显示出的收入，基本只是略有利润，但上一年度我们已经交付了大量作品，而今只是在等着逐步回款。

如果用财务常识来看报表，可能会觉得公司经营得不好，如果足够了解内容行业和公司业务，拥有更多行业常识，就不会觉得奇怪了。

常识是需要积累的，我们不是一开始就有了常识，它需要经过一定时间的训练和积累。

拿业务和财务来说，它们是团队最重要的构成板块，如果“两务”做得好，那么经营肯定是比较理想的，大多数生存艰难的公司没有什么业务，或者说财务不行。我曾在创业中，做过连锁店的项目，彼时，我们尽管做了很多创新尝试，在开始做项目之前也做了非常深入的市场调查，可是当我们去实施计划的时候，业务始终没有起色，后来因公司财务紧张，融资在关键时刻终止，项目就不得已停下来了。

创业就是经营团队，要让团队有业务做，进而培养团队，让业务可持续。创业同时做好业务和财务之间的平衡，公司处境艰难时，可能什么业务都做，熬下去了，财务就支持公司做一些布局，即未来的事情，风物长宜放眼量。

无论是财务还是业务，都像一个跷跷板，如何达到一个很好的平衡，我想至少需要我们有一点常识，那就是保持比较合理的财务回报，这个回报不仅是给投资人的，还是给业务团队的。在财务回报中拥有竞争力的价格体系比较重要，这个价格体系既参照市场，又参照业务本身的，尤其是参照团队自身的实际情况。只有综合考虑这些维度，才能保持财务与业务的良好。

∞ 认真对待财务上的细节

财务无小事。一个团队的“两务”指标，就是指财务和业务指标，因此重视财务是自然而然的事情，尤其是财务上的细节，我们必须认真对待。

大的方向上，任何一个团队肯定都会重视财务，但重视不一定都会有结果，只有产生良好的结果，才会让财务管理卓有成效。财务必须达到一定的平衡。公司经营希望获得丰厚的利润，但并不是暴利，可持续的利润远比暴利来得重要。合理的利润，才是相对平衡的业务指标和财务指标。

财务的合规性尤其重要，任何经营都要在合规的前提开展。只有在这个前提下，才可以继续谈论如何提高财务效率。

利润数字的增长显示出成本的降低和营收的增加，团队收入有了合理的增长，对应的是每一个成员的收入的增长和他们的付出得到了合理回报。我们的目标是让成员的收入首先达到行业平均水平，然后逐步领先于行业平均水平。当然这一定不是吃大锅饭，而是按劳分配。

重视财务，首先是财务数字本身对应的业务状况，关照财务和业务的运行，是最基本的要求。与此同时，财务数字对应很多流程，比如发票收付环节。有的合作伙伴要求先开具发票，再付款，而我们希望对方先付款，再开发票，因此这些流程既有严苛规定，也需双方商量。而交付发票的过程中有很多细节也须注意，如通过快递寄送发票，则需要随时跟踪查询发票在哪，并做好发件记录；如果是亲自上门送发票，那么我们则索要一张签收单，确定发票交付没有争议。在邮递发票时，考拉看看会把发票装进塑封袋，避免路上出现意外而让发票浸水。

这都是和财务相关的一些细节，说起来和做起来都是很小的事情，但改进这样的细节，是对财务管理的完善。发票管理是财务工作的重要内容，财务人员或者行政人员在考虑将其流程标准化的时候，既要考虑发票遗失风险，又要考虑如何不给对方造成不必要的麻烦。如果平时不注意这些细节，一旦异常情况出现，不得不由团队其他人来处理。

财务管理说起来像是行政工作，但它的功能强大到贯穿公司经营的全部，公司的任何一件事情，都和财务有关。我们加强团队建设，比如增加培训和增加运动项目，都需要有财务预算。而这些投入是有必要的，因为只有优秀的员工才能最终支撑团队走得更远。

有人说“财务报表不会撒谎”，可是略有财务经验的人都知道，看经营不能只看财务报表，还要通过团队的财务管理细节来看这个团队是否在健康地运行。

财务不仅是报表上对应的数字和这些数字背后的实务，它是一个综合体系。“降低成本、增进营收”虽只有8个字，但要让它真正落实，则需要我们改进工作的各个环节，以尽量让这些环节做到精益求精。

关注财务细节会让我们发现很多问题。有问题不要紧，重要的是，我们去直面这些问题，然后一个一个去解决它们。

∞ 做减法

“做减法”说起来很简单，但要去实践，还是不容易的。比如，你喜欢收藏某个物品，就可能一直收购它，但这种收藏品真的收不完，收藏永无止境。更重要的是，我们可以用到部分是很少的。

我之所以选择“做减法”，一方面是觉得要降低自己的物欲——当然人都有自然属性，都有欲望，且欲望很多。因此，我做减法是有所选择性的，特别是对于很多物化的东西，如一些不是强需求的工具，就适当减下来。另一方面是想给自己做心理建设，给自己建立起一个适用和可接受的标准，后者比前者重要，心即理，心无外物。我们做各种加减法，都是自己心里的一本账。

在我看来，“做减法”最重要的是从自己的内心或者团队的使命开始。明确一个目标，去达成它，至于周边各种纷繁复杂的事情，尽量少触碰，这也是专业主义精神的一种表现。

我们看好很多战略内容品牌，认为这样的内容在未来是有很大市场的。有一段时间，我们团队一半以上的人员都参与到未来的内容项目中，即使如此，人员还是感觉有点紧张，大家天天忙得脚不沾地。

然而，当期的业务量激增，我们不得不赶紧刹车，让团队主要的人员重新回到现金流业务上来。

加法是很容易做的，尤其是有了一定的现金储备，觉得公司账务还好的时候。如果能一直做加法当然好，可是多数时候我们是做不好加法的，尤其是创业团队。它需要我们全身心投入，项目才会合意，但多数时候，即便我们全身心投入，还是会失败。一个人或者一个团队，其能力和精力总是有限的，加法做多了，必然会稀释人或团队有限的能力。一份茶叶刚好泡一杯茶水，而如果用这份茶叶泡十杯茶水，那每一杯茶水的味道必定就淡了。

有一段时间，我们按业务板块等方向注册了很多商标，希望能尽快把团队做成阿米巴模式，这个愿望很好。但各个板块的基础不牢固，我们先在两个部门进行了测试，结果问题一下子就冒出来了。没办法，我们赶紧“做减法”，等一个业务板块成熟之后再改变运作模式。

“做减法”是一个聚集时间的概念。比如很多匠人，将一辈子的时间注入一件事情，然后就成了一个领域的传承人或代表性人物。一个人或一个团队的有效时间是相对固定的，项目是有时间价值的，足够的时间量带来项目品质的变化。

我有一个明显的感觉是，自己的时间被碎片化了。我似乎每天都很忙，可真正落地的事情并不多，于是总是感叹时间都去哪儿了。我想，如果我对时间“做减法”，减少碎片化时间，如减少看手机的时间，那么我的时间一定会成为巨大的能量，让我完成更多的事情。

后来我决定在“在行”上开设一个收费聊天单元，把很多陌生沟通转变为收费项目，再把获得的费用悉数捐赠给安徽一所留守儿童学校。这给我带来了较大的帮助，让我更好地管理了自己的时间，减少了无效社交。

∞ 拒绝是一种美德

为什么说拒绝是一种美德呢？因为做每一件事情都是有成本的，一个人的时间是有限的，一个团队的时间是大家累积起来的，不把时间浪费在不会落地的事情上，这既是节约团队的时间，也是对潜在客户负责。

考拉看看时常会收到来自细分领域的合作邀请，通常这些领域是很有成长性的。可是对方在提出合作形式上往往会说："我们一起做吧，边做边看这个市场是否有机会，后面再决定是否要增加投资来继续做。"这种心态一方面体现一种信任，他们认为考拉看看团队做内容是很有战斗力的，可以弥补自己的短板；可另一方面也表明，他们缺乏信心，需要找新的伙伴来合作。

我们在进入内容行业时，它远远没有今天这么受到关注，但是我们很多人都义无反顾地决定进入该行业。对于全新的细分领域，我们有着敬畏心理，也认为，“考拉看看”的主营方向是认真做业务，而不是以实验心态 + 投资形式不断进入细分领域。我们如果要做，一定是全力以赴——在财务可以承担的范围内。所以，遇到上述情况，我们会直接拒绝这样的合作邀请。

我们直接拒绝最多的情况是那些看起来没有办法落地的事情，务实精神在有所不为而有所为上是一个很重要的表现。

当然，在拒绝别人时，我也要考虑对方的感受。市场一直在变化，用户和我们也都在变化，今天我们可能无法合作，但是未来也有合作的可能性。所以对于合作方，甚至对仅仅只是询价的人，我们都心存感激，相信在合适的时候，我们还是有可能合作的。

对于那些直接拒绝我们的人，我们同样心存感激，尤其是告诉我们真实原因的人。如果说接到一个任务能直接锻炼团队的手艺，那么被拒绝的真实原因和接单一样重要，更多地了解用户对我们的看法，可以直接帮助我们更好地认识自己和团队。

拒绝别人是一件不容易做好的事情，一方面，我们的心里会挣扎，想着是不是可以调整标准来合作，另一方面，坚持一定的行为准则的确是要付出代价的，我们会很纠结到底什么是真正合适的标准。在犹豫是否做决定的时候，我会想：这个决定是否有利于团队？是否有利于延伸团队的可持续价值？是否把团队的利益放在了第一位？只有这样，才能做出更好的判断。

比如有一次我们团队在讨论一个订单要不要做时，发生了很大的争论，争论点在于价格很低，要不要做这项业务，后来我坚持了一致性的价格体系。按照我们团队的操作能力，这个订单我们可以做，也略有利润。但是在这个订单所在的领域，我们制定了一个定价规则，这个规则既参考了行业情况，也参考了我们的历史水平，因此，这个定价是相对合理的。如果我们以特别低的价格接下这个订单，对团队成员的回报并不合理，对于选择我们的同业用户，也有失公允，不利于我们和行业的持续合作。

我们拒绝了这个订单邀请，也可以说是我们坚持了已有的价格体系。虽然我们当时失去了这个订单，但之后接受了一个新的订单。所以，祸福相倚，“塞翁失马，焉知非福”。

这样看来，拒绝或许是为了更好的机会吧！无论是我们拒绝别人，还是别人拒绝我们，对彼此来说，都有了新的可能。

∞ 所有的合作都是谈出来的

谈合作特别有意思，比如我们时常会感觉谈不下去了，再比如，到了沟通合同文本的阶段，彼此依然有很多分歧。合同语言和日常说话有很大的不同，它是书面语言，有很多专业词汇，双方都得锱铢必较。尽管大家都说要恋爱结婚了，可是又特别担心有了一纸婚约后，因不愉快而分手，所以在婚约生效前大家都需要特别认真。

这种矛盾与生俱来。合约能把双方连接在一起，这种合约均衡也是有限理性。如果大家都把合约弄得透彻到底，肯定也不能达成合作。

协议是用来管君子的，但它管不住小人。在签合约时，大家期待的是君子，但又必须提防遇到小人，所以双方往往是大的合作方向定了，在沟通合同细节时，又开始很艰难地谈判。当然合约需要双方彼此的妥协让步，才能签字画押。

谈合作，首先是谈，然后才是合作，但凡作为商务驱动的团队，谈合作都是比较痛苦的。合作就是买卖，和购买股票其实没什么两样，高卖低买。我有一次看到一个签名特别有意思："价格便宜的你说品质不行，品质好的你说价格太高。"这的确是一个矛盾，要达成一致，需要大家反复沟通，找到大家能互相平衡的共识。

很多版权经营机构，要求作者的授权长达 50 年。我们也希望作者能增加授权期，可又觉得这样的时间太长，所以我们把自己作品的授权期调整到了 30 年和 20 年。有些作者，对这个期限很不理解，说如果作品授权出去，没有经营好，这么长的周期，作品就被埋没了。我们的想法是，作品孵化一般都需要比较长的时间，大家都希望让作品孵化以后可以获得长期收益。因为有了更长的授权期，双方紧密度高，我们更愿意对长周期作品进行投入。一部作品是否投入更多力量去运作，差别是很大的。双方肯定都希望作品获得更好的市场，所以写下合约，是为了期待有个好的未来。

如果真的因我们的运作能力不够而让作者的作品蒙尘，作者也可以主动提出解约，而不是说签了的合约是不可撤销的。

把分歧谈到双方可以接受的范围内，这就是谈。谈话的方式很重要，同样一个问题，站在自己的立场上，我们往往只看到利好的一面，而没有看到问题。在合作谈判中，尽力往双方共同的利益点去谈，才能更好地促成签约。

彼此理解很重要。谈合同可能是我们创业中让人印象特别深刻的事情。搭档马玥告诉我，有一个项目她的计划是谈 50 次，因为她预估很难谈。我比她乐观，我估计只要谈几次就能谈好。当然，她所说的谈 50 次是自嘲的说法，也是一种心理准备。后来我们得出一个共同的结论，但凡沟通很不畅的项目一般都谈不成，三下五除二地谈的项目基本有戏。为何如此？凡是有合作诚意的项目，双方都会尽力从对方角度考虑，促成合约达成，而不是一味地纠结于文本本身。在合约谈判中，面对非原则性问题，我们都愿意让步，可是真要突破底线，我们则会主动放弃合作，转而寻求新的机会。

尽管我相信所有的合作都是谈出来的，但是谈合作的过程也是很辛苦的，且总是充满变数。我时常提醒自己，如果一个项目谈了三次不能进入实质性阶段，那就基本不用谈了。可能这样很武断，是我个人的理解，但我又想，一个项目的合作不外乎是专业能力、成本和契约精神的判断。考拉看看团队不用自己为自己说话，而是会用作品来说话。我们一直在做专业内容，结合创作体系，我们的专业能力是毋庸置疑的。至于成本，我们倡导优质优价，相信一分钱一分货，客户很聪明，会做最优选择。关于契约精神，我们过去是信用＋执行，但关键还是看我们怎么做。

谈合作是一个过程，是一个不断磨合、彼此适应的过程。天下没有谈不成的生意，只有谈不拢的价码，很多合约的分歧除了价值观就是价格。至于其他因素，凡是奔着成功合作的甲乙方，大约都是很容易达成一致的。

说服对方，说服自己，接受对方，接受自己，理解对方，理解自己，这些都需要很多沟通。签成合约，我们既要高效又要有足够的耐心，相信只要双方真诚地谈，签订合约其实都不难。

∞ 分成的沟通

版权和内容的经营，需要拉长周期，是可以穿透岁月的事情。内容创作公司需要长期经营，所以采取分成的方式，其好处是，让努力的各方均可以在足够长的时间里获得回报，同时各方也会更加为公司成长而努力。

内容和版权经营，就像中国农村土地的“三权分置”，所有权、承包权和经营权是可以分离运行的。当然内容行业有自身的特点，版权的拥有方可以授权给其他机构来经营，比如考拉看看就代理了很多版权，然后通过经营开发成不同的产品，当产品变现以后，就会和版权所有者进行收益分成。

这种分成经营的深度和其他行业有很大不同，有些版权内容，如个人 IP 的运营不仅有图书和出版物，还有微课，会协助某些专业人士每周开设课程，专家作为主讲，考拉看看团队成员协助其进行相关服务，并帮助其实现商业运营，这其实就是通过收取“学费”，帮助双方变现。

如何分成不仅是一门艺术，也是一门技术，行业通行标准大约是 5:5 的分成比例，但也有打破惯例的，主要依据双方沟通确定。考拉看看团队为某位专家做服务已经有三年了，但其分成比例远远低于行业不说，而且一直按照三年前的收费标准在分成，且不考虑通货膨胀和物价水平，仅仅是考虑服务人员的投入增加，我们也希望调整分成比例。

这位专家是每周开课，通过考拉看看运营多个粉丝群，其每期参加微课的人数相比之前已有大幅增长，所以公司需要不断增加人手来负责。当考拉看看团队提出希望按阶梯以激励机制的方式来调整分成比例时，这位专家非常生气，甚至双方的合作都谈不下去了。

我们当初做这个项目，更多地是从培养成员的角度出发，按年度计算，因为分成比例比较低，是纯风险代理方式，利润有增长，但是并不多，同样的成员配置到其他项目上，收益会更大。双方合作比较久了，我们还是希望双方能有持续的合作。

当分成直接涉及双方的利益分配时，难免会碰到沟通上的障碍，可是无论如何沟通，行业是有标准可以参考的，合作一定是双方的妥协，达到双方的平衡。

如何把分成的调整沟通做得更好？清清楚楚计算投入产出比和双方收益的变化是一个好的方式，但首先我们需要注意的是彼此的态度问题，相互之间需要冷静、换位思考。对方虽然会有不乐意的地方，但合作需要的是双方公平。

双方的沟通一度僵持，按照新的算法，我们最重要的是把业绩做得更好，这对双方都是一个激励，如果激励措施失灵，对双方也都是损失。所幸尽管争议很大，甚至已经到了说“分手”的地步，但在没有确定“分手”前，我们给了对方足够的时间，同时也没有搁置手中的工作，而是继续全力以赴。

分成只是谈价格的一个缩影罢了，任何一个项目能合作一定有最基本的底线，无论项目大小、公司大小，都要实现互惠互利。尽管有些项目的收益或分成可能不会参照市场水平，但在更长的经营周期里，市场价格是相对公平的。

随着我与人的沟通和谈判的增加，我越来越认为，在沟通中，很多时候态度比利益本身更重要。有话好好说，有理不在声高，收放自如的态度可能在谈判中发挥更大的作用。

∞ 当猪飞起来

时常有人说，"风口来了，猪都会飞上天。"可问题是，猪飞起来，是风吹的，猪没有翅膀，风停以后呢？猪肯定要掉下来，摔得很惨。

这个说法不是我的原创，而是借用来的。掌管褚氏农业的褚一斌先生到成都来，我们去爬青城山，然后聊到了关于"飞猪"的问题。这是他的观点。

很多人真的在抢风口，希望做"飞猪""飞象"，可是商业是有基本逻辑的，既然有风口，就有风停的时候。我们很难把握风向，它要往哪里吹，人是很难决定的。追风或许能阶段性成功，但如果脱离了基本的逻辑，风口过后，追风的人定会跌回地面。

褚先生的话体现了他家经营企业的传统，当然也是他自己的理解和总结。他告诉我三个观点，第一个观点是关于基本的商业逻辑的，也就是没有风的时候，商业模式是不是依然成立？风来了，可以走得快一点，没有风的时候，依然可以朝前走。第二个观点是关于战略高度的，战略高度是机遇，是大的趋势、大的把握，实质也是逻辑是否有持续性。第三个观点是关于坚韧的精神。

这三个观点其实涉及了经营事业的本质。我也曾做过追风的创业者，但是后来真的输得很惨。当时我们也很努力地追风，可是进入之后，行业风口很快就过去了。在风来的时候，没有把基本的商业经营做好，团队的翅膀没有长出来，也就没能持续地经营。

至于战略高度，这其实是个选择的问题。大的趋势很重要，它和风口无关，体现着长周期的逻辑，并由持续性作支撑。比如食品行业肯定有商机，在未来比较长的时间里，这个庞大的消费市场肯定是存在的。拿生鲜行业来说，生鲜的风吹了比较长的时间了，有一些“猪”飞了起来，可还是掉下去了，因为生鲜本身是一个长周期和大投入的行业，很多初创团队并不能很好地完成业务闭环。再拿生鲜行业的新鲜果汁生意来说，无论是做产品还是做流通，很多创业团队在这两头都不占优势。创业公司在上游产品没有管理能力，下游流通，也没有大的资金支撑。至于说创业的坚毅精神，很多人都觉得自己有，但是等真上了“战场”，在接二连三的挫败打击下，多数人是不能坚持下来的。

回到考拉看看的商业逻辑上来。它所在的内容行业其实是一个古老的行业，现在人们多称之为知识付费行业。现在知识付费的平台和表现方式变化很快，文字、声音、视频，各种创新形式都有。有人说知识付费风口来了，因此很多人充满焦虑。而这个行业的基本逻辑是，市场永远需要优质内容源，考拉看看一直在集中力量做内容源，在我们进入这个行业的时候，知识付费的说法都还没有出现呢。我们团队坚信优质内容的潜力和价值，所以无论是不是有风口来，考拉看看团队始终保持初心，我们做好内容，也因此，考拉看看一直活得不错。当然这也是我们对大的趋势的判断，这个判断是有战略高度的。而所谓坚韧的精神就是大家一直在坚持，一直走到今天。

尘归尘，土归土，太阳底下没有新鲜事，追风少年是一道风景，追风也许是创业者的必经之路。但是真正拥有生命力的企业，一定是拥有基本商业逻辑闭环的商业，风可以加速发展，但我们能存活下来关键还在于我们所在的这艘船是否拥有内生动力，在于我们这些划桨的人是否有清醒的认识。

我认识褚一斌先生很多年了，曾看到他赤脚下地，带着团队种树，且团队里的人都认真对待每一棵树。如今几年过去了，在褚先生的基地，果树已开始挂果。早先那些加入公司的新人逐渐成了管理者，且开始独当一面。褚橙真的是一步一步走过来的，无论市场好与坏，他们一直坚持种好橙子，从褚时健到褚一斌，都是如此。

我想土地和市场一样，一定会回报那些真正回到商业本质、用心经营的人。

∞ 究竟什么是成功？

我一直在想，一个创业团队究竟做到什么样的程度才算是成功？我是一个连续创业者，对成功的理解随着岁月的流淌发生了很大变化。在创业早期，我更多地认为财务上的成功就是成功，可是越往后走，我对成功的理解就不再那么狭隘了。

我之所以用“狭隘”这个词，是因为我曾在比较长的时间里认为，自己在追求财务上的自由，后来我觉得这是一个伪命题。究竟什么样的状态才叫财务自由呢？说到财务，肯定就离不开数字，需要达到一个什么数字的收入水平才算是自由？这真的没有统一的标准，这个数字肯定会不断提高，会不断变化，而我认为自己应有一个内心的标准，内心的富足感和账户余额有关系，但这并不是必然的。

IPO 是成功吗？IPO 是一个目标，可是和成功来比较，它只是一个节点，这和达到一定的营收目标是一样的，最多算是公司治理阶段性的一个结果，算是一个公司的业绩，但这并非我理想中的成功。

在创办考拉看看之前，我用了几年时间来做褚橙的推广和销售，同期也花了一定的时间来经营“优果仓”这个连锁项目，但是这个连锁项目却失败而告终。我因而深感不安，在很长时间里都处在阴影中，反复去复盘究竟是哪里出了问题。后来，我意识到这些弯路也是一种创业经历，虽然这些经历的结果不好，但在走过这些坑后，我更加清醒地认识到了自己的问题所在。

从表面上看，我们失败是因为没有很好地实现财务计划，没有达到理想的财务预期，为此，后面的融资没有能够推进。但是优果仓项目失败的真正原因是我们在生鲜领域的专业性不够，对生鲜连锁业务的理解没有达到可以盈利的深度。

有了各种经历之后，我除了关注事件本身，还要从另一个重要维度去思考：究竟什么是成功，什么是失败？

所有的失败看起来都是有原因的，有些失败的事情并不尽是失败，比如有些失败使我对财务和专业的平衡有了更好的认识，使我更加理解关键时刻应该如何选择，如何看待团队价值，如何让自己更好地在失败和成功之间做到平衡。

我的看法是：达到合适的目标，实现相对的价值，就是一种成功。这种成功和财务有关，和团队价值有关。

我并非要否定团队的价值和团队的成功，所有个人的成功都是与团队连接在一起的。个人和团队不断磨合，求同存异，从而在内心上真正认同团队。

现阶段，我理解的成功和团队价值是连在一起的，且团队建设至少有三个目标：

第三，培养和打造一支可以打硬仗的队伍，这是我们的根本，也就是说要有一个可以解决问题的团队。

第二，团队的整体价值要在财务上有所体现，团队可以创造市场，市场价值也可以反哺团队。

第三，团队可以创造出惠及更多人的价值，这种价值既有特定的内容价值，也有广义的普适价值。

∞ 搞清楚逻辑

逻辑说起来是一个很抽象的概念，可是如果具象到具体的事情上，就很清楚了，而且往往连接着常识。一件事情，如果可以回到常识中来，我们就能找到了理解的方法和解决之道。

比如新手做采访，讲一个人物故事，信息很多，往往不知道如何取舍，也不清楚如何遣词造句才能把它讲清楚。我不是中文系科班出身，也并非写作专业毕业，但我写作已有十多年了，且尝试过不同的写作方法，越往后走，越觉得写作应理清楚逻辑再动笔，哪怕是最直白的口语式描写，至少应该把事情讲清楚。

考拉看看经营着公众号“蓉漂”，主要是讲述成都一些有着特别经历的人的故事，关于文章需要把这些人的来龙去脉讲清楚。实际上，写这样的文章是有“套路”的，或者说是有逻辑的。出发点在哪里？任何一个作者都是第一读者，如果可以很好地转换身份，作者首先把自己当成读者，那么写作就能回答读者关心的问题。

比如写篇关于皮影手艺人的文章，肯定需要回答这位手艺人的皮影有什么特点，他是如何走到今天的，以及其他一些关联问题。如果一篇文章分几个部分，那每一个部分回答清楚一个问题就好了。

新闻写作上有 5W+H 的说法，也就是说什么人在什么时间什么地点发生了什么事情，是怎样发生的，结果怎么样。

写作逻辑不外乎是回答清楚读者关心的问题，或者说表达清楚作者要表达的意图。至于文笔，“人情练达即文章”“文无第一”，有些人喜欢华丽的辞藻，有些人喜欢直白的描述，无论什么样的表述形式，关键还在于把想表达的意思表达清楚。这也是写作的根本。

有人说写作很难，但其实如果掌握了事情的来龙去脉，或者是明白了事情的逻辑，写起来就不难了。不仅仅是写作逻辑，很多事情的道理也是一样的，当我们需要解决一些问题时，从逻辑出发，事情就会变得简单和清晰起来，比如我们说不会写文章，我们就要搞清楚写文章的目的是什么，要梳理写作的目标，分析不会写的原因是什么，然后依次把这些问题给解决掉。

再复杂的事情，多问几个为什么，逻辑就出来了。比如 HR 说不好招人，那她看了多少简历？ 10 份还是 100 份？如果说只看了 10 份简历，没有看到合适的，那可能是因为看的简历的基数不够大，如果说看了 100 份简历、几百份简历，依然没有看到合适的人，那就可能是真的不好招人。当然这个问题后面还有更多的逻辑，需要我们回到具体的场景中去。但无论多么复杂的问题，所有现象都是有原因的，有些原因一目了然，有些原因则需要我们抽丝剥茧，看清楚了事情的逻辑，原因自然就清楚了。

很多逻辑联系着常识，所以我们从常识出发来看逻辑可能要简单一些。

∞ 内容铁军

考拉看看的变现逻辑是在碎片化的时代为用户节省时间和增长知识，方式是通过优质内容创作和运作。基于这样的逻辑，我们需要一支内容铁军。

内容铁军是有几个维度的：一是对内容的认知和判断能力，这支队伍要像“天才的捕手”一样，可以发现好的内容，判断什么是有价值的内容。二是具备对优质内容的呈现和落地能力，让知识成为产品，让想法成为现实，具备捕捉好的内容、重组好的内容、创作优质内容的能力。三是极强的运作能力，可以实现用户和内容的精准匹配，传递内容价值，实现内容变现。

这里还必须说一下时间观念，“十年磨一剑”的时代已经过去，现代社会的效率显著提升，比如汽车取代了马车，其实是效率的提升。

认真负责的精神永不过时，但是它需要我们无限提高工作效率。深度优质内容创作和高效率并不冲突，相反它们是辩证统一的。一个内容再好，如果不能及时传递到用户手中，那么价值也会递减。就好比你想吃米饭，可是这碗米饭经过很长时间才到你面前，尽管米饭真的醇香可口，但它的到达的时间超出你的耐心，它就很可能变成剩饭了。

时间在我看来可以说是生命线，内容铁军首先要有时间纪律。即使你很优秀，但如果你不遵守时间，你去赶动车时，动车肯定是过时不候了。这就是代价。管理任何一个项目，如果不放进时间的度量衡上来看，它就失去了意义。

铁军的培养和团队的领头羊有直接关系，比如团队文化的建立、团队氛围的营造、团队规则的制定等，都需要领头羊的介入，好的队伍一定要有超强的执行力，要有超高的价值创造能力。

创业公司时常面临人员规模，以及突破业务利润线的考验。我也曾被问到，某个项目利润不高，要不要继续下去？从培养团队的角度来看，即使利润低也能培养团队，人才培养起来，他们就能积累经验，也就说是养兵千日，用兵一时。如何抓住这个“一时”，既是对铁军的考验，也是对团队能力的检验。

∞ 所有的进步都是创新

发现问题，解决问题，任何进步，都是依靠创新在推动，而且这种创新不是凭空想象出来的，而是在具体的过程中摸索出来的。

很多人谈论改革的方式，基本观点有两种：一种观点认为改革是自上而下的，一种观点认为改革是自下而上的。如果你熟悉中国的改革史，就会发现很多大的改革，比如家庭联产承保责任制，都是从基层开始的（从小岗村开始），然后进行经验推广，由自下而上变成了自上而下。这说明所有的事情都是变化的，并不是非黑即白，而是辩证统一的。我们再回到有关创新的话题，几乎所有的进步都是创新，土地的家庭联产承包责任制是创新，中国土地的“三权分立”，也是创新。不断解决发展中的新问题，自然也要依靠创新。

创业总是和创新连接在一起的，同样一个行业，因为新的方法进来，新的思路进来，就有了新的可能。比如以前的写作，基本都是一个人在战斗，而现在这个行业有了很大的变化，出现了专业分工的集体智慧，有人专门负责思考，有人专门负责执笔。同样地，出版也有了专业化分工，且这种分工越来越细，比如，有的工作室只做封面，这就像日本的铁壶制作，一把壶分壶身、提梁和盖子，有的人专门做提梁，有的人专门做盖子。

社会的进步靠的是创新和分工，比如蒸汽机取代马车，内燃机取代蒸汽机，这些都依靠创新的驱动。科技领域的创新最容易理解，比如麻醉药可以说是革命性的创新，病人躺在手术台上，打了麻醉药，手术结束时也感觉不到痛苦。微信替代了短信，成了现在人们最常用的沟通方式，这也是创新。

创新会带来很多机会。同样一个项目，为什么有的团队能做好，有的团队却把项目做死？这一定是因为有的团队能创新地解决问题。

我们时刻提醒自己的团队要创新，不仅要关注管理上的创新——比如引进 / 改善合伙人制度；还要关注内容方向的创新，要把握前沿内容等。比如在大家关注 5G 之前，考拉看看很早就开始布局 5G 研究了，并在第一时间推出了深度研究作品。这其实也是一种创新。创新无处不在，创业则是把各种创新用到解决问题的实践中来，所有的创新都是为解决问题服务的。

创新不是空洞的，为创新而创新不是创新，真正的创新是为了更好地解决问题。可以说，创新向好，创新让未来变好，让团队变轻松。

整个世界都讲创新，可创新绝对不全是高大上的。对多数人来说，创新是从微创新开始的，比如考拉看看做文字，是内容的创新生产、创新运作。内容行业虽大，但落到小处，则是要求写文章的角度要创新，一个封面的设计要创新，一堂知识付费课程的搭建要创新。

考拉看看团队大约用了四年时间，在传统内容生产行业做了一个创新的梳理和总结，形成了一套可以用以培训和复制的方法论，这就是创新。虽然这些创新并不大，但它形成了新的方法论，对市场有效，这是很重要的。

每个人都可以去想很多新东西，但重点还是要能落地，要说到做到，要被实践验证。

∞ 大趋势和小机遇

但斌在《时间的玫瑰》里说，投资要看到大趋势，也有很多成功的投资家说看好中国的国运，国运其实也是大趋势。我有机会和一些经济学家进行过交流，真的很佩服他们的眼光。

人们常说“时间会给人想要的答案。”有一次我读周其仁先生编的《中国区域发展差异调查》，发现这本书是牛津大学出版社于1994年出版的，记录了周先生和他的朋友们在中国多地走访后对“三农”问题的总结（“三农”这个概念很多年后成为中国最为热烈的话题之一）。现在看20多年前的观点发现那时周先生已经看到中国农民、农业和农村的未来。我是在2019年上半年读到这本书的，后来我联络周其仁先生，希望读到他更多的作品。

经济学界普遍认为，经济学进入了解释时代。回头看这本书的内容，它在20多年前就准确看到了未来的大趋势。我不确定这本书是否是最早提到“农民企业家精神”的图书，但在此书出版之后，中国第一代企业家里面，不断涌现出农民企业家和乡镇企业家。

这本书看到了大趋势，是一部好作品，它让很多像我一样的普通人看到了趋势，且时间证明了这些判断是正确的。对于作为个体的我们来说，关键是如何抓住小的机遇。在过去几十年时间里，但凡取得成功的企业家，都是在历史的大趋势中不断抓住小机遇的人。

比如鲁冠球先生就是这样的人。考拉看看团队曾对其进行系统研究，发现他和同时代的企业家相比，一大特点就是他胆大心细，善于抓住机遇。今天的浙商被誉为“天下第一大商帮”，考拉看看团队和浙江大学管理学院的教授们一起，持续研究这一企业家群体，发现无论是新浙商还是老浙商，他们能在短时间里取得成功，都是在大历史趋势下，不断抓住小机遇。

所以我赞同“成功是需要运气”的说法。当然在运气到来之前，我们需要做好准备，拥有迎接好运气的能力，只有这样，才可以抓住小机遇，持续取得小的成功，进而获得大的成功。

我曾做过比较长的时间的财经记者，然后才开始创业，因为时常和上市公司打交道，所以经常有人来打听消息，但证券市场是有严苛的信批制度的，真要有消息泄露，那极容易触犯内幕交易的违规行为。再来看股票市场，股民的赚钱逻辑是高卖低买，这说起来很简单，任何一只股票都有波动，有高低起伏，理论上讲，我们买任何一只股票都有赚钱的机会。但即便是在股市看涨大的趋势，还是有不少人买股票会赔钱，为什么呢？这当然是因为他没有抓住小的机遇，没有在恰好的时点买入。

创业也是这样。很多人喜欢引用狄更斯的《双城记》中的一句话：“这是最好的时代，也是最坏的时代。”我也曾引用过。但后来我想这是废话，因为这句话放在任何时间都可以，每个人对好坏的定义是不一样的，在别人认为很差的事情上，有些人却取得了成功。对于我们来说，坏的时代或者好的时代是无法选择的，抓住身边的小机遇，把握当下的时间，才是正确的选择。

我看一些有关创业者的节目，发现有人喜欢算一个行业的大账，将现实看作一个巨大的蛋糕。蛋糕确实存在，问题是我们抓得住分蛋糕的机会吗？看得见的东西很多，可并不是每一个人都可以去调配这些资源。抓住属于我们的，看到属于世界的。还是那句话，“胸怀梦想，脚踏实地”。

∞ 累积小的成功

我很喜欢看“荒野求生”类的节目。要在荒野里真正生存下来，的确要面临着各种各样的风险，有来自自然气候的，有来自动物的，还会遇到各种意外，所以必须时刻保持警惕，不断地解决一个一个的问题。生存下来的最大考验可能就是找到食物，找到水源，不断取得小的成功。

人是一定要吃东西的，人需要补充碳水化合物，荒野里的食物从哪里来？比如棕榈树的茎多数是可以吃的，而且很多森林里都有它们的身影，因此在求生节目里，这种植物有时候成了求生者的主食。把荒野求生的道理对照到创业公司的经营上来，创业公司的探索就像一个团队在市场荒野里求得生存，首先是活下去，然后才能进入舒适区。

那么，创业公司的主食是什么呢？当然不是棕榈树的茎，而是求生意识。创业公司必须有持续经营的意识，尽快明确主营业务，然后尽一切可能把主营业务搞起来，之后再继续寻找利润之水，一个公司没有利润是活不下去的。尽管在资本市场上，很多公司持续亏损依然可以获得资本支持，但是多数公司活下去的逻辑是有效益，而非持续亏损。

考拉看看在重庆孵化新的团队时，曾面临很多选择。比如有一家机构希望考拉看看在考古领域做社群铺垫，从志愿者的聚集开始做。以当时的情况分析，即使照这样做下去，也不明确到底需要多长的时间才能盈利，所以我提出意见，不同意这样的布局，而是要求团队在6～12个月的周期里从有现金流的主营业务开始。做这样的判断是因为我认为在这个行业创业，团队要围绕主营业务来拓展，长周期不确定性且和主营业务关联度弱的项目在初创期并不适合。

重庆团队需要实现自我造血，要从累积小的成功开始。做好小的产品、小的项目，通过这些小而美的事业，让团队成员获得进步，让团队逐渐成为有竞争力的团队。

荒野里有很多取水的办法，无论什么样的取水方式，目的都是让人生存下去，但是首选的办法一定是相对明确地找到一条流动的河。

不断累积小的成功才能让创业团队找到效益的河，每取得一个小小的成功就会距离河水更近一步。当然每一个小的成功是有逻辑的，要有方向判断，相比爆款式的大成功，小成功的机会明显会更多一些，而这些日积月累的小成功最终会组成利润的河流。

之前曾和投资机构沟通考拉看看团队的经营逻辑，其实我们就是不断累积小 IP 的成功，然后最终形成“考拉看看”的大 IP，所以我们一直坚持“苗圃思维”，而非“大树思维”，坚持“森林的思维”，而不是一棵“大树的思维”。

累积小的成功，每天都是一小步，也会达到新高度。每一个人或每一个团队都是和自己竞争，今天比昨天好，明天比今天好，这种累积的效应不仅是时间的红利，也是团队成长的红利。

∞ 时刻关注主营

一个人参加一个团队，其实是合营时间，大家一起做一件事情，重要的是把时间聚集在一起，解决具体问题，所以要时刻关注主营业务。

我是一个兴趣很广泛的人，有很多爱好。有人把爱好当创业来做，也有人说创业一定不要选择个人感兴趣的事情。我想事情不是固定不变的，没有所谓的标准答案，所谓选择的对错，是要看时机的。就像买股票，买入的时点不同，风险与收益也不同。但是无论我们选什么，都需要聚焦于主营业务。

这个世界上最公平的是时间，时间面前人人平等。一天只有 24 小时，除去吃喝拉撒的时间，把其余时间投入做自己喜欢的事情中来，这相对来说就是把时间最大化。如今大家都觉得很忙，都感觉时间不够用，很大一个原因是时间被碎片化，我们没有真正回到主营业务或主要使命上来。当然我们的时间被占有，是有被动的原因的，但是更多的还是我们主动分散了时间。

考拉看看总是遇到很多机会，我们在做内容提供服务时，经常有人来沟通关于个人品牌和内容运作的事情。有一段时间，几乎每周都有拜访者提出希望和考拉看看成立合资公司，经营细分领域的市场。这些看起来都是机会，可是我们却几乎拒绝了所有的邀请，而选择继续在内容创作领域发力。

团队的时间和个人的时间一样，是有限的。挡住诱惑是需要魄力和毅力的，所以我们不断地减少无效社交，减少面谈机会。有些人说我们会因此丧失很多机会。的确，沟通和交流会带来价值，但我们坚持有所为有所不为，我们相信，真正的机会是留给具备专业能力和专注精神的团队的，尤其是处于初创期，我们更加需要全员聚焦于主营业务上。

每次面临外界邀请的机会的时候，我都问自己，考拉看看的主营业务是什么？我们的主营业务已经强到可以三心二意了吗？如果我们现在分散精力，主营业务是否有风险呢？回答了这些问题，我的头脑就会更加清醒，不会再东张西望。

创业团队应该做好一件事情，那就是专注于主营业务，只有把所有的人力、物力和其他资源都投到主营业务上来，真正让主营业务转动起来，创业才算是基本进入 2.0 阶段。

团队专注于主营业务，也可以让每个人在团队里面聚焦于自己的专业，让每个人都发挥自己的长处。而且在考拉看看团队成员略为宽裕以后，我们一直在想办法培养团队的专业化分工，让不同的成员专注于某一件事，这也是专注主营业务的体现。

∞ 失败之心

每个人做一件事情肯定都藏有成功之心，至少自己内心会期待成功。我为什么说要怀有失败之心呢？这也是我们摸索的一种心理建设方式，就是说凡事要尽全力，然后顺其自然，即使失败了也不要太计较，这也就是所谓的“尽人事听天命”吧。

这个观点似乎可以和博弈论联系在一起，也可能是次优结果的一个准备。比如考拉看看经营一段时间以后，希望做一些名家的内容经纪。内容经纪和房地产等其他行业的经纪是一样的，说起来模式是比较简单的，执行的逻辑也不复杂，但是要把经纪做好，则需要我们时常怀有失败之心。

这个道理和创业多半会失败的道理是一样的。在没有资源，没有熟人推荐的情况下，一个全新的品牌要说服很多名家，请他们把内容交给我们来运作，是需要技巧和时间来建立信任关系的，所以一开始我们遭遇到很多拒绝，或者说经受了很多失败，可是因为已怀有失败之心，也就并不气馁，我们相信在下一次的沟通中，机会或许就有了。

我们还遇到一种特别的情况，有时接触到陌生内容源，即便是事先做很多功课，依然可能不了解对方的设想。这时，我们团队往往需要做更全面的准备，比如整理编辑出几十万字的内容，甚至做好封面设计与版面设计，只等对方点头，合作就可以开始了。

内容行业的版权保护的确需要加强。我们准备好了这么全面的内容，如果对方不和我们合作，而是拿着这些策划和设计思路，寻求与其他机构的合作，我们基本也没有办法保护我们的创意。可是我们做这些事情之前抱有失败之心，即便没有达成合作，我们也认为这是一种锻炼自己的方式。

当然，考拉看看做的这些功课真的没有白费，很多人看到我们的努力后，就开始尝试性地与我们进行合作，这样合作的口子就被打开了。当然我们也曾碰到过花了很大力气，依然没有合作成功的案例。但这些失败的案例给了我们很好的提醒，让我们不断优化流程，最终形成了一套属于考拉看看的特有的方法论和操作体系。

如果说考拉看看几年下来有什么特别好的积累，那这些方法论和操作体系，就是我们的“术”。任何一个团队都是需要“术”的。而从“道”的层面来看，我们也在追求“明道”，我们所追求的道就是坚持抵达胜利，但是也抱有失败之心，相信所有成功必经考验和努力，必须不断去试错，通过试错积累经验和教训，以获得更多的机会。

回顾这几年的创业路，我发现，几乎每一次进步都和试错相关，我视这些试错为必经之路，即便是不能和对方达成合作，考拉看看成员也会极力表达想法，至少把我们的这些想法尽力传达给对方。

∞ 处处是机会

无论是平台型公司还是商务驱动的团队，都需要发现新的机会，不断去寻找新机会，然后把这些机会落地。

究竟哪里有机会？其实处处都有机会，关键在于我们思考的角度和发现的眼光。比如我们去看招投标，即便是单一采购，一般人来看，没有机会了，但实际上其中可能还有很大的机会，就像汽车后市场，车卖了，但买车的人还需要配套的服务。即便是没有机会参与招投标，但是这个项目信息完全可以成为重要的机会来源。

一个招标信息，会指向很多机会，这类似媒体安排不同的记者负责不同的新闻条线，无论哪一条线，都需要记者花时间去累积，才能发现真正的好线索。这取决于他对行业的熟悉度和对各种资源的积累程度。媒体的记者跑条线，也是一次特立独行的销售，记者发现新闻和商务人士搞销售一样，都是寻找机会。

当然，同一件事情，不同的人做起来会不一样。有人问我：内容创作的市场会不会太窄？这个问题回答起来很简单。我从未怀疑过这个市场，而是对它满怀信心，且不说大的机会，即便是缝隙市场，真正做得好的团队根本不缺乏订单，甚至很多订单会自己找上门来。内容创作是个大市场，仅仅在经济领域，如果任何一家企业都希望将自己的企业宣传册做成畅销书，那么这个市场就足够养活很多家内容创作公司，而目前仅有小部分公司在从事这项工作。

发现机会需要有准备之心和专业的眼光，同一件事情，有人认为机会已经失去，而我们认为这是机会之门，如何看？怎么做？很多机会是创造出来的，可以说，创业就是创造机会，创业就是平衡各种机会。

周其仁教授总结褚时健先生的成功之道，认为是善于发现问题，并解决问题。在我看来，发现问题，也是发现机会，有问题的地方就有机会，服务的本质就是解决问题。所以哪里有问题，哪里就有机会，机会就在问题背后。

当然看到机会的专业眼光有些人是与生俱来的，他们似乎天生具备发现机会的能力，但多数人还是需要后天习得。所谓“三十而立，四十不惑”，很大程度上就是拥有足够多的积累之后，我们看事情才会更全面、更深入。

有一句谚语是这样说的：机会总是留给有准备的人。任何真正的大机会的来临，都是对有专业能力和专注精神的人的奖励，他们在过去很长时间里的累积，才让那些看起来理所当然的机会终于来敲门，所以能否抓住机会，其实还是考验我们的专业能力，考验我们创业长跑的持续性能力。

创业给了我一个很大的感受，那就是很多时候，竞争绝对不是眼前的竞争，而是持续性的竞争。机会是不是来了？来了能不能抓得住？这很多时候是需要我们平时的累积的。我不相信所谓的运气，我信奉专业主义。

有了金刚钻才能揽瓷器活，有了火眼金睛，才能更加看得清世界。如果到了这样的境界，那么我们不需要寻找机会，机会就应该来敲门了。

∞ 信息—信心—信用

2019 年是大熊猫科学发现 150 周年，受四川省地方志工作办公室的委托，考拉看看团队对《大熊猫图志》内容进行编创。这个产品本身做得很好，从内容创造到最终呈现，这部作品在大熊猫领域肯定属于翘楚，放到其他行业，也堪称精品。后来我们团队在对这个项目进行总结时，做了很多分析，其中一点是，以后做类似项目，需要加强对一个行业的串联，也就是要把该行业的信息和人连接起来，让这些重大项目可以实现更多的横向联系。

比如，借助项目的运作，建立细分行业的专家资源库，借助专业资源，提升团队的专业能力；搭建细分行业的沟通和交流平台，让更多信息实现互动；加强行业横向联系，为新的合作做链接。

如今时间和信息都被碎片化，信息要连接起来，才有价值。当今社会每个人的自我意识都很强，从而形成了很多信息孤岛，而要真正实现合作，就要把信息连接起来。

任何合作，都是从交流开始的，走出去进行交流，才会带来信心。这个信心一方面是向外的，另一方面是向内的。很多领域因为缺乏沟通，彼此缺乏了解，信息的交互效果不理想，这使得大家对市场的判断也会缺少信心。而考拉看看团队在做大熊猫项目的间歇，走访了蜂桶寨保护区管理局，联系了美国史密斯学会档案馆、中国驻西班牙大使馆，获得了很多支持和帮助，这给操作团队带来了信心。这种信心是信息交流推动的。

这里还要说信用。从信息到信心，再到信用，是商业完成闭环的过程。我认为，团队需要信息，更需要信心，也需要信用，我们把这三件事做好，基本的运行就没有问题了。获得更多的信息，包括各种引流信息，商业才有了可能。而信心真的比黄金还贵，如果说信息是物质层面的，那么信心就是精神层面的，而信用则是交易的闭环。

从一个人到一个团队，从就职到创业，我认为都需要这三个“信”，且任何一个“信”都不能少。如果要说哪一个最重要，那还是内生动力的信心排在第一位，有了信心我们才会尽力去寻找重要的信息，同步建立良好的信用。

在做大熊猫项目的同时，我们接了一个高校的内容创作项目，做了一个政府机构的项目，尽管项目完全是不同领域，但委托方都有一个要求，希望团队负责人能亲自参与。而同期的另一个执行项目，却因信息沟通不对称，出现了误解，从而让对方认为我们的专业能力有问题。

仔细一想，这说明我们团队的信用还需要继续建设，要把团队负责人作为个体的信用，再逐渐提升到团队的整体信用。同时不同的一线小组的信心也需要加强，尤其是小组成员本身有实力，但因信息沟通不畅而造成误解的，需要在信息传递上有所突破。

我一直认为，尽管这个世界上唯一不变的就是变化，但很多时候，同类的事是有共性的。比如从信息、信心到信用，它们的互相传递肯定有一些标准化的方式。我们在努力做好产品和服务的同时，也要致力于找到标准化的信息传递方式。虽然这个过程会很艰难，但也很有趣。

[团队的力量]

“一个团队是有基因的，一个团队是有规则的，创业可以活下去，是因为这种基因和规则在适应我们的环境。”

∞ 联合创始人的使命

联合创业的人很多，但是能称得上“黄金搭档”的肯定很少，为什么呢？我相信和而万物生，这个“和”并非只是和平的意识，而是一种互相调和的状态。创业不成功，至少有 90% 的问题出在几位联合创始人身上，有些创始人团队的分崩离析，尤其可怕。当然有些人是独立创业，在公司略有规模以后，才有高管或新的搭档加入，这些也可以理解是联合创始人。创业，肯定是离不开团队的，一个人孤掌难鸣，阿喀琉斯也需要有大军的配合，单干是个体户，是匠人，和企业级创业还是有很大区别的。

汉字很伟大，比如“和”字，是“禾”和“口”的组合，是粮食问题，又是话语权问题，既有物质基础，又有上层建筑，物质和意识完全统一在一起。联合创始人的使命就是互相促进，让团队进入一种和的状态，进而可以派生万物。

要达到“和”的状态，首先需要大家对团队有共识，团队是一个平台，大家在这个平台上做事情，如果没有这个平台，每个人就都成了孤岛，个人可能在某一个方面很强，但并不能形成新的力量。即使你很强大，但独木不成林，很多事情需要团队来合作完成。创业就是后浪推前浪，这是一个动能组合，联合创始人需要尊重团队成员，尊重其他联合创始人。

当然联合创始人自己必须有很强的能力，至少是某一方面的“将军”，而不仅仅只是“大侠”。联合创始人应该具备领头羊的素养，所以优秀的联合创始人不好找。有人说靠感觉，但这个感觉也必须基于对历史的判断，才能让人相信他可以弥补短板或者增强优势。

联合创始人带队往前走，要有豁达的心态，要能往前冲，也要懂得在适当的时候往后退，愿意站到幕后，甚至有时候愿意发力而不发声。这是我自己的判断。让一个人往前冲不难，让一个人往后退则很难，这需要这个人有豁达的心态，能屈能伸，能以大局为重。人都有七情六欲，也不会都是完美的人，所以豁达还有一层意思是，大家能够互相理解，能换位思考。

这里也要说吃苦的心态。何谓联合创始人？始事为创，做“从 0 到 1”的事情，这就是创始人要做的事情。这个过程肯定很苦，可以说会经历各种苦。曾有人说，身体上的苦是程度最浅的苦。苦有很多种，创始人首先要能承受身体上的苦，要作长期劳累的准备。其次是要能承受心理上的苦，如孤独、不被理解、面临各种艰难的抉择。这些苦一般别人看不见，即使看见了也无法提供帮助，这需要创始人自己走出来，扛下去。

我至今都不理解喜欢抱怨的人，有时间抱怨说明他比较闲，还不够忙。有时间抱怨，不如我们去做更多的事情，或者更难的事情。莎士比亚说“用新的火焰去浇灭旧的火焰”，或者和他人比较一下，你会发现这世上真的没有扛不过去的苦，只有改变不了的心。

找联合创始人，要找心态好的人、抗压力强的人，这样大家才更能互相理解，互相帮助。不过话说回来，很多人很多事是需要磨合的。只有走在路上，才会知道穿上脚的鞋子合不合适，所以我们还是要大胆去干。

考拉看看是我们的一个品牌名称，而我们文化板块核心公司的名字叫创生文化传播有限公司，这个名字是“创”和“生”的组合：始事为创，和而万物生。这也暗合着我们评价联合创始人的标准。2014年，我开始做考拉看看的时候，和马玥第一次见面，我们大概聊了半个小时，我就提议她来和我一起创业。等我们第二次见面的时候，事情就定下来了。为什么会是她？今天回想起来，我还是认为，直觉+专业很重要。

从考拉看看开始的那一天，几位联合创始人一路走过来，我感觉自己很幸运，尤其很感激马玥、熊玥伽和李开云。

∞ 如何和联合创始人相处

写这篇文章时，我有很大的犹豫，不知道曾经的和现在的联合创始人看到会不会产生误解。

我这里说的联合创始人有我以前做“i有机”项目和“优果仓”项目的联合创始人，也有现在考拉看看的联合创始人。非常遗憾的是，因为“i有机”和“优果仓”的波折，各位联合创始人后来都各奔东西了。那些珍贵的战斗友谊好像被时间吹走了，可是我却一直铭记在心，很怀念那些一起创业的日子。

在我早期创业经历中，我们联合创始人之间很少争吵，但是在考拉看看的某一年，大家吵得特别厉害，甚至彼此都认为到了要考虑散伙的程度。所以有很长一段时间，我很困惑，不知道该如何和联合创始人相处。非常幸运的是，我们都坚持过来了，没有停留在争吵阶段，而是回到了推进公司的事务上。

现在分析，我们发生争吵时很多时候是带着情绪的，这或许也是成长的必经阶段吧。一般来说，创业团队什么都缺，缺人、缺钱，相对考拉看看这个团队来说，其现金流还是不错的，没有为经营的现金流发过愁，大家的争吵更多地是源于理念上的争议。

创业公司的分工普遍都不细致也不明确，尽管我一直是考拉看看的执行董事，但我在外面经常介绍自己是业务员、销售员和服务员，既做业务又做销售，还服务于团队。我们的另外几位联合创始人也是如此，遇到问题的时候，谁有空谁就上前解决，所以很多时候人员和岗位的定位有交叉。很长一段时间里，考拉看看的创始人都是共同决策的，这自然形成了一个模式，那就是希望大家达成一致意见。

可是随着业务的增长和团队的扩大，这样的模式就有问题了，分工不明确使得管理界限变得很模糊，联合创始人之间的摩擦自然就产生了。所以后来我认为，联合创始人之间，要有分工，要有互补，彼此才会更好相处。

考拉看看真正意义上的联合创始人有四位：我、马玥、熊玥伽和李开云。我和马玥有一段时间经常争吵，幸亏有熊玥伽和李开云居中调和，尤其是熊玥伽起到了很重要的作用。

很多事情我今天已经记不起来为什么争吵了，但是非常庆幸，无论吵得多么厉害，我们都可以很快回到工作中来，没有影响到团队运作。我时常想，大家都是为推动团队发展，而非因个人私利而争吵，坏的情绪过去就过去了。

我想，但凡创业，就一定会有联合创始人或是重要的搭档，彼此之间如何分工，如何保持团队文化，如何形成高管之间的相处之道，这是任何一个创始人都要过的一道关。我的经验是，大家对事不对人，就事论事，总的是出于团队利益考量。这样大家相处起来会更融洽一些，也更容易理解彼此。

∞ 考拉看看的基因

我突然发现，考拉看看团队有比较大的进步，这真是令人快乐的事情。一年前入职甚至入职几个月的新人中，有一些已经可以带团队了，有一些人可以独当一面了。就在昨天（2018 年 10 月 29 日）：杭州小分队在做浙江企业的内容整理；云南小分队在褚橙基地调研；重庆分公司在做百年教育的题材；成都总部有人在广元配合四川大学做乡村振兴的内容，有人在做成都老兵的口述历史，还有人在做商业案例研究……

最近我们有一些新人加入，也有一些人离开。我对某些人的离开感到痛心，觉得比较可惜。但是后来又想，人各有志，人走不留，虽然遗憾考拉看看没有成为他们的理想职业之所，但我更希望自己可以尽力改变，找到自己的问题，和继续留下来的人一起创造一个我们喜欢的、承载共同理想的栖身之所。

对于那些主动离开考拉看看，或者被淘汰的前同事，我总是祝福他们，希望他们在新的职场可以发展得更好。毕竟他们曾在考拉看看工作，即便离开了，也还带有考拉看看标签的。人最宝贵的是时间，既然我们在考拉看看花了时间，肯定希望自己没有虚度光阴。我总担心别人说，考拉看看出来的人不行。我真心希望的是，别人说，考拉看看出来的人还蛮厉害的。这不是要证明我们有多厉害，而是希望，无论是我们被雇佣而投入时间，还是做创业而投入时间，我们都是在和时间做朋友，而不是被时间碾压。

回想我的职场生涯，我真的很努力。我曾以为我是为生活所迫或者是为不断增长的工资而工作，但后来我发现，我工作时最开心的不是账户余额增加了一个或几个零，而是我真的可以拥有这份工作带来持续的探索欲和成长感。

我曾努力思索我为什么工作。答案是：我工作不是为了一份薪酬和某些物质上的东西，而是为了满足探索未知世界的新鲜感和自立自主。薪酬或其他东西，不过是这种努力和探索的一种呈现方式而已。至于自主，这是一件特别难做到的事情，需要持续的努力。

无论就业还是创业，我总认为时间是一个人自己的，而不应该把时间交给老板、企业，甚至出卖自己追逐的梦想。

我坚定地认为，一个团队是有基因和规则的，创业企业可以活下去，正是这种基因和规则在起作用。那些因各种原因离开我们的人，有的很优秀，有的可能真有问题，而这些人的优点和问题，在我的理解，也反映了考拉看看的优点或者考拉看看的问题。我并不认为，看到我的文字的人、我认识的人或我所希望影响或改变的人，都可以理解我的认识。但我相信，每个人都有他的长处和短处，长短是相对的，无论什么人，都需要找到适合他们基因的团队，以找到一个合适的位置。

我经常复盘、检讨、反思自己的认知，并将之应用到管理上。这就是我们的基因和规则。在商谈新的融资的过程中，投资人几乎都会问到同一个问题：考拉看看是 2B 还是 2C？

现在，考拉看看每年大约产出 2000 万字的深度内容，在浩瀚的内容恒河里，只能算是小小的细流。它能 To 多少个 B 端，To 多少个 C 端？对我来说，回答投资人的问题，既难又简单。如果你的理解是考拉看看做内容面向的 B 端或 C 端，那你肯定只看到了表象。考拉看看立志要做的是建立并改变一群人的基因和规则，这种基因和规则是对内容的全新架构、理解，它绝不仅仅是简单的生产力的重组和生产关系的重建，它要聚合一批人，让他们成为世俗理解的厉害的人，将建立的新的内容基因和规则逐渐发展到更多人群中。

回过头来讲，在中国市场，每年产生 2000 万字的原创深度内容，至少可以排到前三位了。更兴奋的不仅仅是文字规模，考拉看看还投人、投时间、投钱，做了大量值得被记录的事情和大量没有人愿意去做的记录历史的事情。我有时候都不敢相信，这个小小的团队居然这么厉害，我不得不由衷地佩服考拉看看团队的成员。所以我时刻提醒自己，要向团队中的每个人学习，不要发脾气，不要骂人，要多看到成员的闪光点。

在考拉看看办公室，有人说我是老板，其实我特别不习惯这个称呼。原因很多，其中之一是这一称呼总让我想起“煤老板”。之二是真要说老板，我觉得团队中的每一位成员才是我的老板。我们这些股东、投资人，应该称我们考拉看看的一线成员为老板。

最近我经常想起我曾工作过的《每日经济新闻》团队，想起我的前老总雷萍，她给了我许多机会，中国那些被认为是一线的城市我几乎都工作过，她让我天马行空地去实践我的想法。我甚至觉得，如果她是考拉看看的董事长，考拉看看可能比现在发展得快许多。

我特别坚信马玥的一句话，一切都是最好的安排。最近我和马玥深聊了一次，也和考拉看看另外几位合伙人沟通过。尽管我们创业如履薄冰，但一切真的在变好，团队在成长。接下来，考拉看看团队的分工会发生一些变化，但不变的是，我们的坚持、信心和热心。

我特别佩服一句话：一个团队有新人进入，是对这个团队过去工作的认可。

一个团队必须有新鲜血液，必须有迭代性的成长。

我发自内心地认为，考拉看看现在的这批人很优秀，我看到了他们的成长。谢谢那些离开的人，谢谢继续在一起在战斗的人，也希望有更多的人加入考拉看看，成为适应考拉看看规则、建立考拉看看基因的人！

∞ 一群考拉

考拉看看团队推崇阿米巴模式，一直在探索管理的输出，输出试验最多的是队伍的输出和管理的复制，形象地说，就是从一只考拉到一群考拉。

这“一只考拉”是考拉看看团队的母体，是体系的原点和支柱，这个支柱必须先做强大，然后它才可以给更多的小考拉提供基础的营养，再让小考拉们去自己觅食，逐渐变成带新队伍的小考拉。

有时候我说考拉看看是一个苗圃，会孵化出很多树苗，尽管这些树苗和参天大树没有办法相比，但是树苗也有自己的内生逻辑，可以茁壮成长。这和我们的产品逻辑也是相通的，创业之初这个孵化思路就定了下来。考拉的体系孵化有两个方向：一是团队孵化，孵化出更多的人才，让他们可以独当一面，可以带新的团队，然后形成一个大的体系；二是作品和作者的孵化，或者说 IP 的孵化，逐渐形成我们的内容舰队。

有一次我对前来调研的投资机构说，如果我们做到一万个 IP，其中 8000 个 IP 沉没了，剩余还有 2000 个 IP，团队的运营也会不错。运营 IP 和吃苹果不一样，苹果是吃掉一个就少了一个，是零和博弈，而一个 IP 可以变成几万本图书，你看了，他还可以看，可以反复售卖，就算一个 IP 值 10 万元，那 2000 个 IP 也是 2 亿元的规模。这说的是作品孵化。

考拉看看的孵化有两条腿，一个是前述的作品孵化，另一个是人和队伍的孵化，这是考拉看看一直在做的，是我们打造内容铁军的执行路径。考拉看看在成都站稳脚跟以后，开始在重庆布局，而现在重庆市场足够使重庆的考拉看看团队活下去，且活得很好。作为母体的考拉看看团队为这个新团队提供基础的营养、机会，以及各项成熟的管理支持。

后来我们向杭州延伸，而且是从订单开始的，因为有订单导入，所以起点足够高。总部派出管理团队和核心成员，再配合增加新的当地成员，逐渐就形成了一个新的考拉分支，杭州团队拥有和考拉总部一样的基因，是考拉看看团队协作的新军团。

要把一只“考拉”变成一群“考拉”，首先还是要加强内容团队的建设，这是考拉看看最为核心的竞争力，一支队伍、一套管理体系+目标市场，就有了基础的想象力，但要让这个基础的想象力变成真正的生产力，还需要超强的执行能力。

所有的事业都是干出来的，所有的前进都是在解决问题的基础上发展起来的，很多事业的逻辑说起来都很简单，可是同一件事情，有人干成了海底捞，有人干几天就打烊了，成功的关键还是对事业、文化的认同和坚忍不拔的落地精神。

市场总是有的，但它只留给真正有准备的人，考拉看看要做的是提前做好准备，锻炼好队伍，站好位置，等待机会来临。我们相信市场总是会来的，市场总是会有的。

∞ 划龙舟+动车组

无论是创业还是做其他事情，但凡一个团队，都需要有划龙舟的状态+动车组的结构。

大家在一条船上的时候，要保证这条船走得稳、走得快，每个人就必须成为这条船的动力，必须撸起袖子加油干。

关于动车组的结构的理解是，传统火车是靠火车头来牵引的，而动车跑得快，是因为动车的每个车厢都自带动力。

创业团队尤其如此。团队成员必须都发力，如果某一个人不发力，那他就会成为团队的负担。

有些账是算在当下的，有些账是算在未来的。多数团队在创业初期，账是要定期算的，如果当期没有效益，就活不下去。即便是少部分子弹充足的创业团队，也肯定要算效益，只是考核维度不一样，但同样需要全员努力。

还是来说说多数捉襟见肘的创业团队吧。如何算效益？可以算到人均价值上来，那就是一个人至少要有一个工作底线，不能成为团队的负担，要给团队创造价值。作为管理者更要算效益，在日常中要看团队能不能自我造血，主营业务能不能给大家创造好的当期回报和好的未来预期。如果不能，那就要改变发展策略。用自己的钱？用投资人的钱？用主营业务的钱？最好的状态是用主营业务的钱。

思路决定出路。创业团队的内生动力才是其发展的最大动力，这是一种创业文化。大家如果认同这样的观点，那么在思路上就会有统一认识，所有的成员都会全力以赴。有人如果不认同这种观点，不把这种观点落实到具体的工作中，那么，这样的人——尤其是核心成员和初始成员——就不是一个合格的创业者，他就可以下车了。

有人会说我这样的要求太高了，有些人只是来找工作的，况且这里还有一个要求高低与回报是否对等的问题。我觉得，如果一个人仅仅只把工作当成一个任务来完成，那么他完成任务的时候保持好的状态就行了，但这是一种简单的职场关系，而不是创业关系。

褚时健先生说，他每天工作 12 小时。他告诉他的员工：“如果你每天工作 8 小时，那么我就给你 8 小时的工资；如果你每天工作 12 小时，那么我就给你 14 小时的工资。”这既是一种精神，也是一种管理方式。

按劳分配、公平分配很重要。让大家动起来，就要有动起来的理由。我们应让大家干得好拿得多，做得好回报高。

作为团队管理者，尤其需要一种精神状态，那就是既可以把大家带进动车组状态，又有管理能力，让大家全力划桨。如果团队中有些人总是无法改变（褚时健所说的那种上 8 小时班的人），那么要么限制使用这部分人，要么就让他们下船。

市场是很公平的，的确是一只看不见的手，会自己做出判断。而我始终相信，努力不一定能摘到好果子，但不努力的人，一定不会有好果子吃。

∞ 工作和上班

我问了我的搭档这样一个问题：工作和上班有什么不同呢？

工作和上班看起来好像是一回事情，但学哲学的人可能会问：如果真的是一回事，那为什么一个主体会存在两种不同的解释呢？其实仔细想想，工作和上班的区别还是比较大的。

在我看来，它们是两个不同的概念，一个更接近于描述做事情，另一个更接近于形容时间。

工作和上班都是两个字的组合。工作是工于作，这两个字，前者源于量尺、尺度。后者更加有趣，来自甲骨文中占卜师刻龟甲的演变。从象形来看，它们都和手有关，我们写作或制作一个物件，这是一个工作。

为什么它表达的是做事情的概念？这和我们的生活技能有关联，我们说“作家”，又说“手作”，我们也看到好多产品都在用一个词语——“匠作”。为什么一位大师制作的杯子要比那些流水线批量生产出来的杯子贵许多？因为匠人倾注了更多的时间在他的工作上，他的技术更加娴熟，他投入了专注的心力和爱好在里面，而不是简单机械地复制。

关于上班，它描述的是时间的概念，和上班对应的往往是加班。有个热词叫“加班狗”，用来形容下班以后还在工作的人，形容的是一个比较累的状态。我一位朋友在知道这个词后，灵机一动，决定创业，并把公司的品牌名取作“加班狗”，专门为那些加班的人提供配餐服务。

我们往往会说，有一个朋友参加工作了，又或者说某人开始上班了。这样看来，工作和上班似乎又成了一回事。这就是我们的文字和人情有趣的地方，我们谈论的是文字，理解的是人情。

我这样理解可能和我的状态有关。当我在职场工作的时候，似乎在职场周边会更多地接收到“上班”这个词语，比如打招呼问候会说：“你今天上班吗？”而当我开始创业时，这个时间概念就逐渐模糊了，我几乎没有停止手里的工作，包括我的这位朋友。他的模式是“5+2”和“白 + 黑”，没有严格意义上的休息时间和上班时间。

每当谈到我的工作时，我都会有一种自豪感。如果说我是在上班，却好像总觉得有什么地方做得不够。这可能就像《自控力》里面说的“心理赞赏”吧。

上班相对应的可能是朝九晚五，时间到了，就意味着要下班了。工作则打破了这个时间框架，如果到下班时间还没有收工，那就是工作还没有完成。

尽管有越来越多的人开始创业。有人选择用自行车改变世界，也有人用一把刻刀改变自己。但是从我们这些年的经历来看，身边上班的人仍是大多数，现在的世界，就业状态是超过创业状态的，所以自然而然地说上班的人比较多。

我很少说“今天在上班”，而是说“今天在工作”。开始创业以后，我几乎没有用过“上班”这个词，也没有用“工作到什么时间就休息”来约束做事情，而是更在意事情本身，做完一件事情，可以下班休息。

我想，无论工作还是上班，它都是一个自然而然的描述，关键在于我们如何去理解它，理解我们做的事情。

我很庆幸，无论是在职场还是在创业场，我都没有太在意上下班的概念，而是更专注于把手中的事情做好。过去那些我在职场的工作上，如果用上下班来分解，我的确投入了更多的下班时间在工作，这些持续训练的技能，给我的创业带来了极大的帮助。今天看来，从“工于作”出发还是从“上个班”出发，结果一定是不一样的。

我那个做“加班狗”创业的朋友一直在连续创业，几乎每一个项目都让他获得了不错的业绩。我建议他在“加班狗”之外，再做一个新品牌——“工作狗”。至于“累成狗”这个说法，我很纳闷：宠物狗就不说了，你看街头那些流浪狗，它们好像也是很快乐的。

∞ 努力的人才会运气好

团队里的严青青告诉我说，《我在成都做手艺》中的一个手艺人要参加出版众筹，这很令人惊喜。我前几天才和她说，可以试着和手艺人沟通，看要不要一起众筹出版。她觉得有一些困难，可是转眼间她就告诉我有人愿意参加众筹出版。我问她是怎么做到的，她却说运气好，碰到了合适的人。我想运气是不会自己找上门来的，所谓的运气好，其实是给过去努力的奖励吧。

严青青是蛮努力的，她经常去很远的地方拜访采访对象，然后回到办公室写文章，同时还要做排版的事情。有段时间甚至她负责的板块，只有她一个人，什么事情都要她做，而她总是有条不紊。我想我们选她进入团队，也是我们的运气好吧。

观察团队成员的成长是比较有趣的事情，我自己也在慢慢改变，比如关于团队管理，越来越觉得应该让队友们多尝试。我曾在团队成长和管理方面经常碰壁，到现在才知道什么样的方式更适合。有人说管理要细致一些，有人说管理要抓大放小，可没有什么方式是放之四海而皆准的，适合的才是最好的。比如，刚刚说到的严青青，她进入团队的时间不到一年，一直在做内容的事情，并没有接触过经营。而我让她尝试参与经营，并没有严格的要求，只希望她可以尽力而为，从用户角度来理解自己的创作。她后来告诉我，第一个众筹订单是她与 20 个对象沟通后才确定的。如果说成功是有概率的，那前面这些失败的沟通应该算是这个成功的订单的铺垫吧。

我从她的眼睛里面看到了光芒，她特别开心，这也应该是一种能量吧。其实我当时并没有告诉她，这个订单会有奖励。

有一段时间，我们团队每天都有新的订单进来，且都是客户主动联络进行合作的。这些客户朋友在上一年建立了联系，当他们有了合作需求，第一时间就想到了我们。

所有的美好，都开始于过去努力的铺垫。所谓的好运气，是对努力的奖励。

所有的偶然都是有原因的。我以前看过一部名叫《意外》的影片，这部影片有一点点阴暗，讲了好些意外事故，这些看似突如其来的意外其实背后都是有预谋的。

佛教讲因果，有因才有果。昨天过去了，今天为昨天买单，懂得了这个道理，我们就要做好今天的因，然后才可以在明天享受好的果。

∞ 尽力让员工成长

我为什么会来创业？当时原因好像不是很明确，现在也记不起来了，可是越往后做，随着团队的成员多起来，我身上就有了比较强的责任感和成就感。一群人坐到一起，大家把前途希望都交给了这个团队，如果这个团队做不好，自己作为这个梦想的发起人，自然会觉得压力比较大。如果说创业的最初动力更多的是来自个人，那么越往后走，动力更多的则是基于要把团队做好。

2019 年春节，我没有进行任何写作，一直在思考我们的团队该如何将业务做得越来越好，我认为，内容行业肯定会引入越来越多的人工智能。我们不会去抵御新技术，而是要发挥我们的想象力和创造力，在越来越快的社会变化中，心沉下来坚持写作、研究。工匠和普通手艺人的区别在于专业程度不同。现在的人都很聪明，没有人会比别人笨多少，但为什么人与人之间还有那么大的区别呢？这主要看他们是否在一件事情上坚持下功夫。

体验了考拉看看团队这几年的经历，我越发认为，队伍最重要。有一次我甚至发朋友圈说，在考拉看看的团队哲学里面，员工第一，用户第二，股东第三。这样的认识如果客户看到，会不会让他们担心？我想应该是不会的。如果我们的员工都变成了很专业的人，那么他们在服务用户的时候，自然不会让用户担心。如果我们的成员不专业，那么他们在服务用户的时候肯定会出问题。所以我认为，照顾好员工和用心于客户，两者是一致的。至于把股东往后放，并非我不尊重我们的股东。一家公司存在的价值，肯定是要力争实现商业盈利的，如果失去商业上的追求，这家公司就难以活下去了。其实我算是考拉看看的第一个天使投资人，尽管我一直在稀释我持有的股份，可是我的股份比例还是比较高。把股东往后排，也和我个人的利益相关。要想得到好的股东回报，前提是要有好的团队和好的用户。

作为创业团队中比较重要的人，我肯定是要考虑团队利益的，团队利益的第一位应该就是员工利益吧。在我上一次创业最终决定关停掉水果连锁店的时候，我真的非常难过。这种难过有面子上的原因，因为自己没有把这件事情做好。可是随着时间推移，我时常想起那些追随我们到最后的员工，这才是最让人难过的事，尽管当时我们用储备资金支付了大家的薪酬和所有应该支付的款项。我觉得自己没有照顾好团队。也正因为这段经历，我在新的创业以后，更加注重团队成员的价值。

考拉看看是一个内容创作团队，主营业务是写作、出版和基于内容的拓展，团队的高度决定了我们业务的高度，团队的专业度决定了我们的竞争力度。我们也尝试过融资，但好多投资机构总是问业绩增长问题，而我更愿意和他们沟通如何锤炼团队。如果要说一个公司值钱，那么有能力的团队才是最值钱的。

创业之初，我们内部开会时都说自己是一家“皮包公司”，多数人说这是个贬义词。可我们真的是一家皮包公司，基本没有固定资产，笔记本电脑大家自带，办公室都没有，大家就开展工作。我们依靠的是团队的智力和见识。刚开始时，我们的目标是成为一家“面包公司”。这当然不是说公司要卖面包，而是说大家一起努力的第一阶段是解决团队的吃饭问题。如果我们把面包公司开好了，就可以升级成咖啡公司或其他公司，也就可以买写字楼办公。几台电脑、几个人的公司，不了解我们的人，肯定会把我们当成“皮包公司”，可同样的皮包，有的只要几十元，有的却要几万元，那我们争取做几万元的皮包吧。

我们很幸运，和我们合作的用户，不论大小，即便是第一次沟通，也没有把我们当成社会上的皮包公司，而且随着合作深入，他们愈发尊重我们的专业能力。

回到 2019 年的实践上来，我们的计划是增加员工培训（包括专业技能培训、生活美学培训）、活动预算，以及员工福利。2018 年的年终总结检讨会上，大家提出的其中一条建议是对团队成员的身体关照要多一些，经过思考后，我们采取的行动是团队成员开始“五四运动”，即每个星期五下午四点，全体成员放下手里的工作，一起打羽毛球。

考拉看看团队的成员，大多是伏案工作，工作内容看起来很轻松，但是工作量很大，也很“烧脑”，大家都缺乏运动，也因此一些人体重增加了，如果持续下去，健康恐怕会出问题。我这几年也明显感觉自己的身体质量在下滑，且还经历了第一次躺床输液。前几年公司的条件比较差，没有能力更多地照顾团队成员的健康，现在实施这样的计划，希望不会太晚。

我们的“五四运动”是从 2019 年 2 月 22 日下午开始的，我希望这项运动能持续下去。第一次集体运动，大家都很开心，团队里的汪 sir 不想打羽毛球，其他人便监督她在院子里练习骑自行车。

我们之所以将集体运动安排在星期五，是因为大家运动完后，正好可以回家好好休息。当我看到多数人运动后没有回家，而是在办公室工作，我真的很感动，也很感激。

2018 年，我们和娃哈哈创始人宗庆后先生聊娃哈哈的历史时，他给我们分享的娃哈哈的管理经验，让我至今记忆犹新。娃哈哈有一句话：员工的事情交给公司，公司的事情交给员工。娃哈哈在杭州有一块地理位置很好的地，很多人劝宗先生将其开发成商业地产，可他坚决不同意，而是坚持修成房子给员工住。也因此，娃哈哈的中层人员和一线员工都在拼命工作，所以娃哈哈可以成为中国饮品界的翘楚。

我并没有把自己当成一个公司的带头人，而是把自己看作团队的成员，我在这个团队中需要什么，那就给员工带去什么。我提出的一个小目标是：在 2019 年，希望团队成员都有“成长感、获得感、使命感和成就感”。知易行难，关键还是要落地。

∞ 目标和结果导向

越来越多的人选择自由职业，但无论是创业还是职业的原因加入一个团队，都需要重点关注结果，把目标和结果作为导向。如果团队的领头羊不关注结果和目标，业绩就会很难提升。当然也要关注过程，这并不矛盾，有效的过程才能确保结果实现，而即便再努力，没有实现结果，肯定是不完美的。

举一个例证，如果你去赶飞机，需要 8 点到机场。那么我们需要比较早地起床，可如果遇上了路上堵车，你就费力改道甚至想办法叫专车。但不管你赶往机场的过程多么辛苦，如果你迟到了，飞机是不会等你的，结果自然就是糟糕的。

我们不能说运气不好，碰上了堵车。如果你足够早出发，是能达成目标，及时赶到机场的。团队中，有人喜欢迟到，而且每次都是迟到几分钟，我想这就是我们对开会准时这个目标和结果没有足够重视而引起的。如果我们对目标和结果有清晰的认识，就会去想办法改善过程，以实现目标和结果。

我们做刘诗白先生的传记，前期大约用了三年时间。其原因一是有浩瀚的内容和资料需要准备，而更主要的原因是我们的目标和结果导向不明确，没有严格的项目时间表和阶段性目标，团队工作方法基本是“天在哪里黑，就在哪里歇”，这就使得团队成了一盘散沙，除非有超强的自律，否则就不能及时交付作品。后来我们紧急刹车，要求以周为单位推进内容准备，目标是在 6 个月内完成后面的工作和计划。

针对目标和结果，我们需要有明确的工作时间和进度表安排。我们研究了马蔚华先生大约一年多时间，然后决定做有关他的内容，我们的目标是在半个月内完成第一部作品，大约 12 万字。针对这个目标，我们安排了项目负责人，以三天为一个单位，抽调人员成立专门的工作小组，每三天完成 3 万字的内容，然后滚动调整和修改，12 天后就形成了第一批次经过初审的书稿，接着用了 3 天时间来完成文本定稿。

目标清晰，流程化管理，加上执行到底的决心，使我们最终完成目标。

对目标负责的精神要传递给团队的每一个人，让每一个人都能成为团队的发动机。把团队打造成如一辆汽车或者汽车矩阵，让其从单一的前轮或后轮驱动，变成全时四驱。团队也像划龙舟，需要整体配合，团队中的每个人都是动力，都要朝目标发力。

谈论目标和结果的重要性似乎不是很必要，但我们的确需要随时有目标感和使命感，将其既要放在心里，也要落实到团队的行动中，并时刻提醒团队。

卓有成效地分解目标和实现结果的步骤特别重要，既要有实现目标和结果的精神动力，又要有可以实现的方法。而这个方法肯定因事而异，因人而异，所以过程管理需要尽量细致，尤其是具体的负责人，要随时清楚项目的进度和重点突破的关键，既十分清醒面临的情况，又对实现目标胸有成竹。

团队负责人的最大使命是带领团队更好更快地实现目标，在关键时刻挺身而出。

∞ “洗脑”不能停

马玥问我要不要给团队成员“洗脑”，我说：“你可以不洗澡，但是不能不给团队成员‘洗脑’。”“洗脑”这个词，我们经常会听到，但多数时候它表达的意义是负面的，比如说某人被谁“洗脑”了。我倒不这么认为，创业团队的负责人，如果不能给团队成员“洗脑”，那团队成员多半会比较松散。

我所理解的“洗脑”的意思应该是统一思想，建立文化价值观。它的主要作用是转换思维，统一认识，尤其是当团队成员之间有分歧、处于迷茫状态、信心动摇的时候，或是团队要推动一种理念的时候，团队全部人员就要换脑换思维，接受新的方式和方法。

团队和个人不一样，团队讲规则，个人讲自由，一旦开始一件事情，大家就要形成合力往前走。洗脑行为对不对，得看给团队成员洗的是什么内容，如果是好的内容，这是向上的培训，如果是搞传销，那就是干坏事，是把人带到坑里去。

一个团队没有洗脑精神，是很难做到令行统一的，在我看来洗脑是一个让团队成员转换思维、统一认识的过程。有些人觉得洗脑这个词不太好，但是创业路上进行团队建设，无论怎么说，话糙理不糙，关键是用语要有效。

我们团队曾有一段时间取消了每周的例会制度，因为大家觉得开例会比较浪费时间。当例会制度取消之后，我们开始反思，发现是开会的流程没有安排好，才占用了团队成员比较多的时间。

后来马玥担心，每周不开例会，分组开会会显得比较松散，她就问我要不要恢复例会制度。创业公司很灵活，开不开会也没有固定的范式，开会的目的是解决问题，如果不解决问题或者说没有问题，那就不用开。因此，我们后来优化了开会流程和内容。至于给团队洗脑，我始终特别支持。打仗要壮行，洗脑是建立士气，是关乎团队成长的大问题，建设团队就是要组建一群有共识的人。

开会如果不洗脑，那是浪费时间。一群人不管是用罗伯特议事规则还是采取小组会一对一交流讨论，都是寻求共识，这难道不是彼此之间相互洗脑吗？

洗脑成功是一件比较难的事情，因为要把自己的想法装进参会者的脑子里面去，又或者说是推动大家换一种新的思维。比如我们一直在用各种办法，提高工作效率，追求唯快不败，可是拖沓像是一种传染病，不随时提示大家，就会蔓延开来。所以我们需要反复提示，持续沟通，不断去要求。

洗脑不仅仅只是开会发言，它还会产生一种潜移默化的示范效应。比如在沟通中会问："我给你讲清楚了吗？你理解到我的意思了吗？"这两句话在我们做项目分工或一对一沟通时，是我总会问到的。如果我没给你讲清楚，那我需要讲到你清楚为止。如果你没有理解到，那你需要明确理解，只有这样沟通才是有效的。

这个小小的沟通技巧，我把它推广到团队中去。先让核心人员使用，再让团队成员用这种方式沟通，既说又做，让洗脑，不只是传话，而是有效。

推动团队达成共识，促进内外合作，沟通无处不在。说是洗脑也好，还是换思维也好，无论是润物细无声还是急火攻心，都是过程，都是一种方法，最重要的还是达成共识。

∞ 团队的成长

考拉看看是从一个方向和一个人开始的，然后才逐步成长为团队，逐步建立起一个体系，并持续滚雪球般变大的。滚雪球需要两个条件：一是长坡，二是足够的雪。内容行业的原力来自文化，这个“坡”已足够长、足够宽；至于足够的“雪”，进入任何一个细分领域，都可以说是“瑞雪纷飞”。

数次见投资机构的代表，谈到团队成长的过往，我都会分享三个成功指标，一是组建一个学习型团队，二是形成一套运作体系，三是初步形成作品矩阵。简单来说，这三个指标就是人、方法和产品。

第一个指标是考拉看看团队成长的根本，是考拉看看最重要的竞争力所在。我们时常说，我们团队没有固定资产，而最大的资产就是团队本身，团队里的人，就是考拉看看的“宝”。如果说团队有什么竞争力，那一定是团队的合力。

何谓学习型团队？考拉看看起家于内容创作，它的门槛既低又高，凡是会写作的个人都可以进入，这是低；但要达到高质量，创作的专业性和目标内容的专业性的门槛则比较高。通俗来说，写容易，写好难，写一般作品容易，写专业作品难，达成用户的要求更难。

内容创作行业已出现了很长时间，但都处于游击状态，稳定成建制的内容创作团队很少，因受制于服务内容的专业性，形成规模化团队是比较难的。考拉看看能在几年时间里树立品牌，形成内容创作的战车，核心的秘密就是将团队打造成内容铁军，从一开始组建团队，就构建起学习型组织。团队成员通过不断学习，来提高内容创作技能和专业领域的服务能力。

我们最欣赏保持学习力的成员，尽力去探索可以让团队成长的管理方式和培训模式。比如我们联合中太经济管理研究院杨明高博士推出了作品《学习力》，双方的研究共识包括，知识拥有时间价值，与一个人或团队的学习力和竞争力是紧密的正相关关系。

团队成长是团队里多数成员或全体成员的成长，它关乎每个人，其指标包括收入、通道指标和成长感。从管理角度讲，我们一直希望团队成员能获得体面的收入，拥有良好的晋升通道，感受到成长与成就感。我们在召开季度和年度总结大会时，会要求大家做自我评估，如果有人在团队里没有进步，没有持续增长的收入，缺乏晋升机会，那一定是某个环节出了问题，这就需要团队和个人一起找原因，解决问题。

战场是最好的训练场，培养团队，让团队成长，坐而论道，不如埋头结网。推动团队成长，必须落实到具体的事务中来，所以我们的核心人员，做给团队看，带着团队干，一个一个攻山头，一个一个敲订单。回过头来，一件一件的事情做好了，大家就都成长了，当然账户也会充实了。我想这是对团队成员的最好奖励。

考拉看看团队让我感到自豪，让我看到了很大的生长力。我们虽有人员流失，但也有人员加入，铁打的营盘流水的兵，任何一个团队都需要新鲜血液。

我时常会感到有太多的内容需要我们去做，可是团队人手很紧张。这虽让我感到很痛苦，但同时也让我看到，团队拥有了越来越多的机会，团队在不断成长，得到了更多的认同和选择。

建立一个优秀的团队，需要找到合适的方法，不断推出产品，从人到方法、到产品，是1.0的创业闭环。回顾我们这几年走过的路，可以说，我们就干了这么一件事情：证明内容创作和运作这条路是可以跑得通的。

因此，接下来我们要做的是，继续修筑护城河，提升团队作战能力，不断探索更适合团队成长的方法，推出更多好产品。

∞ 快慢之间

谈到快和慢，我们总会说到质量和速度的问题。团队成员加入视频组后，在沟通质量和速度时我发现，一段时间以来，我们的速度不够快，没有快速呈现出产品。而视频组的人员说，他们已经尽了最大努力，需要保证视频的质量。他们的理由是，采访对象总是很不配合，会花大量时间来沟通，并且要拍出好的内容，就需要更多的时间。

其实视频负责人对团队的理解进步很大，尽管他仍在读书，还没有毕业。但在考拉看看这条船上，我们一视同仁，他和我们一样，肩负着责任。我很欣赏他追求内容质量的出发点，但同时也发现，我们团队在项目操作上，还需要不断调整和精进，对速度和质量的认识还需不断提升。

探讨团队竞争力，其实是探讨内容生产的竞争力。我们的方向很明确，在同样的时间里，做出质量更好的作品；同样的作品质量，我们要在更短的时间里呈现。因为竞争主要有两个维度：质量和速度。

经过简单沟通和评估，我反思发现，我们的沟通是有问题的。首先团队没有一个量化指标，大家努力拍摄了不少内容，而成品好像却比较少。我说好像是因为没有准确的数据，这是个很重要的问题，如果没有量化和对比，也就没有所谓的快慢，包括质量这个指标，如果没有参照物，也是没有办法比较的。

如果明确了拍摄指标，就会有一个尺度，就可以对比。在视频团队成员看来，足够快的速度和靠感觉的预期是有敞口的，不过这个敞口是否合理，需要量化和磨合。

在谈感觉之外，我认为采访对象不配合是一个借口，并不是成品少的理由。如果视频组说，他们三天或五天做了什么具体内容，参考行业是一个什么样的状态，那就可以很清楚地说明他们究竟是快了还是慢了。

至于质量问题，同样是相对的，考拉看看得以发展的信仰是相信优质内容的生命力的，所以我们无论是对文字还是对视频，理所当然地希望都是高质量的。但质量也是相对的，理解质量就得理解目标人群和目标用户。

金杯银杯不如用户的口碑，质量很重要的一个指标是用户的评价。当然它不是唯一的指标，我们的质量首先得过团队内部成员的关。追求高质量是相对的，我们不能钻进质量的牛角尖，尤其是个人认为的优质，而非目标市场喜欢的优质。我们需要承认自己所面临的现实，比如硬件缺陷、经验不足等。

质量是相对的质量，时间却是绝对的时间，我们需要尽最大努力在有限的时间里拍摄出相对优质的作品。

有关质量和时间的沟通很有价值，有利于我们反思做事效率和质量。记得我们刚开始运作视频项目时，由于缺乏前期沟通和策划思路，往往是赶到目的地直接开拍，因准备不够，在现场不仅占用时间，而又因我们追求优质内容，需要反复拍摄。这些我们经历过的“坑”帮助我们成长。

建立时间和质量的评价机制是由我们走过的弯路和试水而得来的，有规有矩，才有分寸。视频组和其他组一样，要建立起作品质量的评价范式，明确高质量作品的维度是什么。比如画面感、内容指向性、声音配合……此外，时间依然是一个特别重要的指标。

我是一个典型的行动派，习惯了快速出产品，虽然很多时候担心会不会因为时间投入不够，质量没有办法保证，是不是再坚持一下就能出来一个好的画面。但我也时常想，如果只能拍摄一次，只有这一个时间段才能去做这件事，那么我们只有尽最大努力，即使结局残缺，也是一种美的呈现。

时间和质量就像两条腿，如果做不到自然平衡，走路就会一瘸一拐，不协调。相反，如果做事的时间和质量都比较高，就会像小跑快跑，我们究竟要跑多快，才会有一个节奏感，这需要逐步探索出可以相对量化的评估体系。

最好的速度是保持匀速，还是时快时慢？这是一条很长的跑道，需要我们不断实践。

∞ 聚合碎片化

大家的生活节奏真的很快，也都很忙，但忙并不是因为大家专心于某件具体的事情，而是大家的时间被碎片化的事情分割了。如果你去问周围的人，他们大多会说自己真的很忙，可是他们的专业却好像依然没有达到一个深度，甚至很少有人去系统地读一本专业书。如果再继续问下去大家每天都做了什么，估计很多人都在和手机"耍朋友"，很多的碎片时间被触摸屏占用了。

手机是功能性的，可以打电话、讲微信，或者看资讯，可是很多人不是用手机，而是被手机用了，花了很多时间在手机上。有这样一个讨论，机器人会不会攻击人类和控制人类？何谓控制呢？我想，占有一个人的时间就是一种控制吧，这样看来，很多人都被手机控制了。

我总感觉时间跑得真快，好像一转眼就到了下午 6 点，回想一下，却几乎没有干多少事情。想想自己做了什么，大概就是翻了翻手机。时间被碎片化真的很可怕，比如我们在手机上，不断去看新的消息，却突然发现，几个小时一下子就过去了，或是早上计划的工作还没有开始，就已经到中午了。可见，如果我们把碎片化的时间累积起来，是可以做很多事情的。

时间在碎片化，我们的思考也在碎片化。很多人会灵机一动，想到很多创新方式，可是如果只是灵机一动，却没有把这些创新方式搜集和聚集起来，这样是不行的。如果把这些灵感聚合起来，做下记录，也许就是很好的创新了。

我们团队一方面接受用户委托，帮助用户写作和出版，另一方面也设立有团队，专门创作自己看好的作品。见贤思齐，优秀的作家和出版人是很擅于聚合碎片化的创意的，我们自己生产的内容，很多原点都来自我们核心人员的创意，且很多创意是碎片化的思考，或是某些会议上，根据一线团队的经验而决定去做的一个想象。很多人会奇怪，为什么考拉看看团队有写不完的内容，这是因为我们很多人有一个习惯，那就是随时把临时想到的内容记录下来，这样就有了很多碎片化的思考。过一段时间大家集中，讨论讨论，看看这些碎片化的思考有没有办法重组或制作成一个内容产品。

不仅是有一部分选题来自我们日常的碎片化思考，我们的体系建设也来自日常碎片化的累积。比如我们每做一个项目，会把可以形成模式的范式记录下来，很多个碎片化的模式就组成了我们的体系，因此，我们把这叫乐高式创新。

乐高玩具是很多小朋友都会玩的，在很多商学院的沙盘演练课程里也会用到。一个一个的小零件是碎片化的，可是这些零件组合在一起搭建出来的作品可以申请吉尼斯纪录。

一个人或一个团队的时间是固定的，但碎片化的思考让我们意识到利用碎片化时间的惊人效果。让我们尝试拥抱它，尤其是用心去组合、搜集碎片化思考中的营养成分吧。

∞ 理解员工的心态和状态

我一直以来都希望找到像马云当年那样的十八罗汉的搭档。可是员工和创始人、合伙人是不一样的，越往后走，我越发地感觉到，我们对员工和团队的理解尺度在变得宽泛，不能用创业者的心态去要求作为求职者的员工。

有段时间，我的搭档问我："为什么在办公室加班的总是我们这几个人？"（这里说的这几个人，主要是指第一批加入考拉看看团队创业的人，比如我、我搭档、陈兰和汪智昊）。我也仔细观察过，夜晚办公室亮灯的地方总是那几个人，多数人都准点下班走人了。当然离座并不是说不工作了，团队里面也有一些人习惯了在相对固定的时间离开办公室，把工作带回家去做。

我们采取以时间和项目两条线来管理团队，日常虽没有执行严格意义上的上下班制度，但有上下班打卡制度。这主要是为了考察一个季度或整年里团队成员的出勤，考核其在一定的时间里是否完成了手中的项目。

上班和创业是两个不同的概念，它们的意义也是不一样的。我创业之后，就没有上下班概念了。多数时间是"白加黑""五加二"，累到没有时间去想累这件事情。上班肯定不一样，很多人上班的时间是朝九晚五，甚至一些人在应聘面试的时候会直接问，工作时间固定吗？

团队里的人主要有两种心态和状态：一种是和团队创业，把自己定位为创业者；另一种是基于职场而加入团队的，把自己的工作定位为一个职业。仔细观察抱后一种心态的人的上下班时间就可以发现，他们比创业者守时，朝九晚六，很少会迟到、早退，但也基本是准点离开。

在很长一段时间里，我对这样的情况感到特别不解，很希望大家都把自己当作是一起创业的创业者。可是对于这样的情况却无能为力。每个团队都有这样的情况，有时候和创业团队的创始人碰头，大家都会吐槽，全公司最辛苦的永远是那么几个人。

后来我们一想，职场就是这样，大家愿意在一个团队里工作，不管是出于什么原因，大家形成了一个团队，尤其是创业公司，很多条件不如大公司好，很多年轻人愿意加入我们，这是很大的信任。时间只是一个维度，我们要从更大的维度看，看大家是不是可以很好地完成工作。

对于多数人来说，工作收入是生活来源。创业是一种工作，就业也是一种工作，虽然大家都有自己的目的，但在工作时间里，我们其实是朝着一个共同的目标去努力。

理解员工的心态和状态特别重要，苛求每个人和自己一样，本来也不现实。作为团队领头羊，最重要的是带领团队实现目标，给团队创造价值，以增加团队凝聚力，用正向的力量引导团队。时间是每个人自己的，付出多少努力，获得多少回报，从更长远的时间来看，努力投入工作的人会获得更大的奖励。

∞ 更加热情

不同的团队有不同的氛围。走进不同的公司，感受也会不一样，也就是说，在不同的公司会感受到不同的氛围。比如，我们去很多互联网公司，会看到很多格子间，却又有很开放的休息区。很多时候我不理解，为什么有些公司的休息区甚至比办公区还要大很多？虽然外人看起来很舒适，但在这里工作的人，却多数时间都待在小小的空间里，没有真正享受到宽大的办公环境。

每一个公司或团队的人，都有一种气质，或者说是气场，如果这种气场很凌乱，那估计是公司经营面临一些问题。我很渴望有条不紊的工作状态，因为这种工作状态可以让大家的工作逐渐形成体系，比较良好地运转。不过这种体系应该是有温度的，而不是冷冰冰的。

有一次，我去拜访成都一家很知名的公司，当时安保人员告诉我说没有车位了，需要把车停在外面。那里的停车位很不好找，我是后来才知道需要去比较远的地方停车。可其实这家公司大门外有很大的一块空地，作为临时车位，停一停没有任何问题，可安保人员就是不同意。他只会很生硬地说，很抱歉，谢谢，请配合。说实在的，我完全没感觉到他的工作热情和负责态度，好像只是履行程序。

我和这家公司谈合作时，恰巧碰到一个认识的人。在我印象中，他是很活跃的，可这次见面时，我却感觉他有很大变化，特别严肃，这种严肃明显很压抑。叠加了停车位的事情后，我心里更加不舒服。后来双方的合作谈起来我也没有什么热情了。我想，这家公司的管理，是很有问题的，但愿这是我的一个偏见。

氛围是一个团队的状态。有些公司已经成长到很大，可是氛围僵化，出现了大企业病。而小企业，比如创业团队，氛围会活泼得多，因为在氛围形成过程中，创业公司特别欣赏有温度的氛围，即一种热情而专业的氛围。但更多的是我们认同自己的选择。专业做事的氛围，任何一个团队、一个人在创业的时候，都会逐渐形成，多数也是尽力而为；而热情这种状态，估计和创始人有很大关系。

考拉看看团队创始人很推崇热情文化，希望大家在工作中能充满激情。比如我们开始做音频课程的时候，马玥给她的每一位微信朋友都发了微信，邀请大家来体验。这项工作并不是负责音频工作的杨良安排给她的，但她还是自告奋勇，亲自操刀修改推文，希望把图文排版得漂亮一些。

熊玥伽和李开云也是如此，她们一旦决定做一件事情，就满怀激情地去干。大家互相鼓励，尤其是碰到困难的时候，大家反而更有激情。

那些和我讲话时无精打彩的人，我甚至认为他们的信心不足。一个人讲话时如果充满激情，至少表明他是在给自己加油吧。

团队的领头羊特别重要，考拉看看团队的思路是龙舟矩阵，会调动每一个人的激情，形成全动力，打造全时四驱型团队。进入考拉看看的办公室，你会自然而然地融入一种热情的氛围中。尽管很多人做的是与文字打交道的工作，需要像考拉看看成员一样，坐得住，可这种外在的安静和我们内心的热情与激情并不冲突，是相互统一的。一个人要真正静下心来，投入漫长的文字工作中，需要持久的激情，而不是一时的热情。真正优秀的作品，就是这种安静和激情的沉淀。

∞ 作为人还是作为人力

很多团队把人和人力混为一谈，可是如果我们仔细思量，就会发现这是两码事。大多数公司设有人力资源部门，员工进入一个公司，成为这个公司的人力资源，而公司则需要安排人管理这些人力资源。这样的安排看起来无可厚非，可是如果从人的角度来理解，在职场和公司的工作时间是一个人比较重要的时间，但人力不过是作为人的一部分。

如果从人的角度，而不仅仅是从人力角度来考虑，一个团队的温度就会变得不一样。

举例来说，一个人无论是因为何种原因加入公司（可能是源于缘分或机运），从人成为人力资源，调配工作时是很少考虑情感的因素，同样的工作量，换新的人力资源，完全是标准化的。而一个人，总是有七情六欲的，或者说每个人有长板也有短板，进入团队，总有差异性，所以工作结果也会有差异性。面对这样的差异性，管理者在评估工作结构的时候，管理者理解作为人的个体而不是作为人力资源的个体，则会宽容许多。如果我们只是一味地去评价作为人力资源需要完成的结果，而不以人的角度来看问题，看似特别严苛的机制其实缺乏了作为人的根本的灵活性。

人力资源把人作为资源，具备物性，它撇开人的本性，只利用其功能性，或极大地发挥人的某种功能性。

人是不一样的，人具有自由性，管理人远比管理人力资源复杂，需要归因到人的动能本源。当然如果一个公司或团队能够管理好人是绝妙的，但必须从根本思想上出发。管理好人力资源则相对简单，只需要不断设立目标，用方法管理过程，考核目标就可以了。但管理人力资源的做法因为缺乏人性，其考核的目标都是短暂的。

我第一次获得这样的认识来自一位做人力资源的朋友。有一段时间，我对团队管理感到比较困惑，于是向她求助。她用自己的经历给予我的一些建议：创业公司领导者总是希望形成体系，但除去技术因素，人力资源也在不断调整，创业公司管理最重要的是回到人的本身上来，接受人的差异性。

“人力资源”这个词自在美国出现至今，大约也就一百多年的时间。把人作为资源来管理，等同于能源这样的要素，存在就是合理，我们不诟病这样的逻辑。而管理学把人联系在一起，其实更准确的描述和做法是，如何与人合作。

管理的最高层次是找对人、尊重人。好的管理者甚至不需要告诉大家工作方法，大家就会做好工作，因为大家有共同的目标和信仰，会不断地提升自我而达成目标。

创业团队往往用的是合作型组织模式，而非行政性组织机构，尤其是联合创业者，不需要过多地去强调价值观，因为大家的价值观早就已经统一起来了，自己会努力去做好工作。

理解人，接受人的差异性，理解人力资源，用好人力资源的一致性。为人谋福利，调配人力资源完成目标。因人而异，以人为本，领导者对人和人力资源的认识的不同，采取的管理方法就会不同。

团队因人而异。松下幸之助说团队是为公事而使用人的，因为必须完成一项工作，才征求人才，虽然形式上有用和被用的不同，但完全不是因为私人而用的，而是因公用人，绝不容许基于私人的感情或利害而用人。

我想也正是因为如此，在用人和看待人的状态时，首先是尊重人，找对人，或者找到价值趋同的人，又或是逐渐形成趋同的人。当然在这个过程中我们要接受作为人的差异性和个性化，并在此基础上逐渐形成一个好的团队。

∞ 为什么要诟病“996”

2019年春天，突然有了很多关于“996工作制”的非议。什么是996工作制？百度百科是这样定义的：996工作制是指早上9点上班、晚上9点下班，中午和傍晚休息1小时（或不到1小时），总计工作10小时以上，并且一周工作6天的工作制度，代表着中国互联网企业盛行的加班文化，这是一种违反《中华人民共和国劳动法》的工作制度。

作为创业人，看到对于996工作制的解释，我有另外一番感受。如果有一天法律可以更多地保护提供岗位的创业者就好了，比如对于完全实现8小时工作制，甚至更短工作时间的机构，是不是应有奖励呢？

现在社会，时间碎片化越来越严重。时间只是一个维度，如果按照严格意义上的时间来工作，谁又可以保证，8个小时的工作时间内大家都在全力投入呢？做满时间还是做好工作？未来的工作效果判断可能更趋于一种工作结果导向吧。

尤其是选择创业的人，几乎都是“白加黑”和“五加二”，没有上下班概念，如果公司做垮掉，自己承担风险；如果公司可以成长起来，那应该承担的义务一项也不能少。创业环境是很残酷的，可这是我们的选择。如果要对996工作制做一次认同度投票，我们可以说，如果有人愿意选择这样的工作方式，那我们也应尊重这样的选择。

公司的职责首先是要完成公司的使命，就是一群人为了一个目标在一起，尽力去实现这个目标。当然公司也要照顾好员工，公司的利益和员工的利益是一致的。任何利益都有一个平衡点，工作的时间如果是持续超长的，没有良好的运转，员工总是压力很大，人员不能更迭，这样的公司肯定很难持续，市场真的是一只调控的手。

可是为什么很多互联网公司流行 996 工作制，且还有那么多人愿意加入这样的公司？因为这些人超过常人的付出，创造了更大的价值，可以获得更好的回报。

这也是市场的一种按需分配，“存在就是合理”，这样一种社会现象的存在，肯定是有其存在的必然价值的。

比如在日本，因为老龄化现象产生，很多工作都有很年长的人在承担。有一次我出差，到富士山脚下，住在一家民宿里，发现送餐的是一位头发花白的老奶奶——如果她不坚持工作，生活就会成问题。看到这种状况，再看中国那些很早就退休的人，就会觉得中国老人真的很幸福。还有一次我去巴基斯坦，发现这个国家的很多年轻人工作很认真，可他们每个月只能挣到大概折合人民币 1000 元——如果他们到中国来从事同样的职业，收入肯定会翻好几倍。

这些其实都是不同工作的缩影。因为不同的市场需求，会对工作时间形成一个市场的平衡。在我们看来，996 工作制尽管有不合理的地方，但它并不是普遍的现象。劳动者工作时间的传统也并非一成不变的，而是随着市场变化而发展的。实施 996 工作制的公司比较多地来自 IT 行业，但现实中还有很多行业的工作者并不需要“996”地工作，多数人依然可以按时上下班。

如何看待 996 工作制？我认为公司有义务帮助员工获得更好的生

活，比如缩短工作时间，为员工创造价值。任何一家公司可以持续地运营，都是员工创造的，公司的利益和员工的利益，在更长的时间周期里，应当是一致的。

当然，每个公司面临的情况并不一样，单一的工作时间并不一定适合所有公司和所有人，每家公司和每个人都需要比较灵活的时间机制。真正对劳动者的尊重首先来自尊重他们的选择，其次是要接受市场的检验。

∞ 给大家机会

如何把团队带起来？战场是最好的训练场，像《亮剑》中的李云龙那样，有机会就让大家参加实战，在实战中得到训练。

给团队成员机会，让更多人去尝试，这样管理者才有可能把队伍带起来。哪怕是试错也好，因为只有尝试过，才有可能知道选择的是否正确的路。

比如出版一本书，有很多细节和流程，成熟的编辑即便是进入了最后的付印环节，也会十分小心，因为有很多细节要核对。流程虽都是一样的，说起来很简单，可真的做下来就会发现，新手总是会看漏一些细节。但我们不能因噎废食，不让新人参与这个环节，相反应让他们参与其中，去感受这个细节，让他们在实战中得到练习。只有这样，新人才有可能成为有经验的人。

对新人来说，与其让我们告诉他们经验，还不如带着他们做一次。所以我要求团队里面的骨干，要带着新人干，做给新人看。我对干部要求是，又要“干”又要“部”，要合理分配部署，要给新人机会，充分相信新人可以成长起来。

兵熊熊一个，将强强一窝，管理者能把队伍带起来，既需要技术，也要艺术。我的办法是给大家机会。我很大的一个愿望是，希望公司或团队可以实现在无我的状态依然良好运作。

这并非推卸责任，而是希望团队逐渐形成一个工作体系，新人可以尽快成长起来。很多人却说现在是新经济，当然有很多真正的新经济，可是你看我们周围，多数是传统行业加上新的技术手段。同一个行业中，有人做大做强，有人做不下去，归根结底还是人的问题。创业就是组织各种资源，组织人，大家一起去实现同一个目标。

当然给予新人机会，也是有方法和过程的，比如有时候，一个萝卜几个坑，必须顶上，即便没有把握，也要全力以赴。另外，在可以承受可控的范围内，让大家积极去试错，是比较宽松的方法。

我们很多人都是这样锻炼起来的，创业团队经常要去做从来没有尝试过的事情，有的人很忐忑，有的人却很享受。有的事情，亲自做一次，感受一定不一样。纸上得来终觉浅，真正去做的感受和认识，一定是不一样的。

我们是一路走过来，逐步成长的，因为有了失误，才有了经验。只是把经验告诉团队里的小伙伴，远远不如让小伙伴自己去探索来得深刻。

有的人有很强的自主意识，有一些小伙伴需要亲身验证之后才会真的相信。每个人都需要一个自我摸索过程，之后才能成为更好的自己。如果大家没有机会去尝试，那么就很难真正积累经验，更谈不上应对同样的问题和新问题了。

草原上的草，野蛮生长的时候，长得最快。管理者不断把各种机会和挑战带给团队，团队就会在不断磨合的过程中得到成长。鞋子是否合脚，只有真的穿上脚去试才知道。只有真正面临实战的时候，有的人才会学会承担责任。

《我在成都做手艺》一书刚开始做的时候，有团队成员希望我们创始人对方案最后把关。而我们对团队成员的要求是，把此次机会当作最后一关，凡是交出去的作品或工作成果，都让团队成员自己去直接面对客户，而不是再加一层我们的庇护。

∞ 大家都跑起来

所有人都跑起来，才是一个团队最好的状态。看划龙舟比赛，给了我很大的启示（当然很多比赛都是如此，而龙舟比赛尤其明显）：如果要让龙舟划得足够快，那船上的每一个人都必须全力以赴。

大家都跑起来是一种状态，就像船上所有的人一起奋力划桨。

我们对主营业务的追求也是如此，要求团队成员必须全力以赴。判断团队里的每一个人是不是足够努力，有一个小小的指标：如果团队里的每一个人可以通过自己的工作养活自己，那么这个团队的自我造血能力就基本没有问题了。

让团队跑起来、协作起来，大家的做事效率就会高起来。某一个环节卡壳，往往会带来一系列的连锁反应，工作节奏肯定会慢下来。

有一次我们做一个图册，邀请了第三方的审稿机构参与审稿，当时和对方约定下个周一将审读完的文稿寄出，可是因对方延迟交付，其他协作团队也被迫展期。为了把时间追回来，我们在下一个阶段中，不得不同步增加四倍人员才按时交付文稿。

团队整体运转起来，会有比较快的工作节奏。同一个车队，却有不同的跑动速度，结果肯定不一样。无论是谁进入了团队，都要既跟上团队的节奏，甚至还要思考如何引领这个团队前进。

跑一次很容易，持续跑比较难。我们在创业场上的奔跑和非洲草原上动物的奔跑一样。狮子捕获猎物需要奔跑，兔子要活命也需要奔跑。速度决定了生命的进化，也决定了公司的发展质量。

一个能把团队带起来的人是处在奔跑状态的。我们团队撰写刘诗白先生的传记，花了三年多时间。开始参与的人比较少，大家自我监督，速度很慢。后来引入了倒计时的观念，增加了快手布局，那些动作很慢的人才跟起来了，因为如果不能跟上，就要被淘汰。是三年写出高质量的作品，还是三个月写出高质量的作品，这无论是对个人还对是团队来说，意义都不一样。

谁都希望作品有更好的质量，可是好质量也需要高效，团队的运转也是如此，真正优秀的团队，是每个成员都在积极行动，开发订单、执行订单、交付订单，如果每个人的效率都高一点，整体效率就会高许多。

手机行业有个贴膜生意，大街小巷都有。苹果手机的贴膜之前很多都是全屏的，后来有人开发出上下略短两毫米的手机膜。别小看这一点点面积，在巨量的贴膜市场，谁先动起来，只要跑出规模来，略短两毫米就意味着利润的大幅增长。

当初我们计划向媒体供稿时，团队成员都推托说很忙，而且认为编辑大多不擅长写作。但我认为，正因为不擅长写作，才需要更多的训练。

团队中的每位编辑一个月采访一个人，增加一篇 5000 字文章的写作量，这很难吗？大家的写作量是有绩效要求的，每个人跑起来，团队才能创收，个人也才能增收，获得更好的待遇。工资不是公司发的，而是我们自己发给自己的。

如果团队有 100 个人，每个人“跑”一篇文章出来，那就是 100 篇，就是 50 万字的内容，这不仅增加了产能，而且多接触了 100 个人，在这些新接触的人中，我们有可能寻找到更多新的机会。所以大家持续行动起来，才会有更多的机会。

有一句广告词是这样说的：大家好，才是真的好。我想，大家动起来才能保证团队里面的每一个环节动起来。大家动起来，才能让一个团队真正动起来。

∞ 最基本的训练

团队需要经过训练才能到新的台阶，而最基本的训练是从日常工作的细节开始，之后才能形成制度。也就是说我们要有训练体系。

比如对写作的训练，从一开始我们就要求尽力保证原创，如果是引用他人的文章就要注明来源。我们的逻辑是，既然是做知识产品，就要尊重知识产权。如果别人引用我们的内容而不注明来源，我们肯定也会认为这样有问题，如果是故意如此，那就是非常不负责任的做法了。

我们写作时引用他人文章一开始没有形成标准范式，后来才要求大家在一本书里尽量统一引用范式，后来我们决定让大家按照学术期刊或博士论文的要求来做我们的引用范式，而且要求引用的元素尽量标准，比如统一用尾注或脚注。有些人看我们早期的作品，就会发现这些作品的注解格式是不一样的。这种理性态度，可以让文章更加严谨。后来，我们再次向外推介团队的原创能力的时候，就可以非常自信地承诺，我们保证内容原创的最低标准之一是可以通过论文查重。

有关写作的最基本的训练——包括参考文献的引用、常规标点符号的运用、错别字的修改、图片说明的标注等——首先是建立一个标准的范式和方法，然后让大家去应用这个方法。执行训练也需要奖惩制度，比如引用其他文献的格式，完全做到符合规范的给予某种奖励，而没有做到的则按条扣罚。奖励和扣罚不是目的，做到规范才是工作应具备的能力，训练大家从最基本的常识出发，是为了让大家可以做好本职工作。

写作是和文字打交道，我们最基本的训练从清理错别字开始的。一部正规出版的作品，按照国家出版规范，差错率不能高于万分之一。我们参考国家标准，将差错率控制在国家标准之内，并采取奖励和惩罚制度。这个制度先在内部实行，然后逐步推广到外部的合作作者和团队。

有人说几十万字的作品错几个字没有多大关系，且不说这是有关部门的监管要求，而且有时候错一个字或一个符号，作品的意思就南辕北辙了。尤其是财经作品更是如此，比如写到股票的涨跌，一般会用一个减号表示跌，通常是一横，如果少了这一横，跌就变成涨了。在媒体圈曾有个故事很有代表性，有位读者因为记者的疏忽而造成了投资损失，后来闹到该报社要求赔偿。

最基本的训练也是常识的训练，我们的方法是通过实践不断建立参考规范，然后要求大家来执行这个参考规范，并通过奖励和惩罚制度，把这个训练推广到我们的日常工作中。比如大家都来坚持这个标准。比如尽量做到无错别字、使用统一的参考文献格式，要求每个人交付作品给下一个人的时候不埋下地雷，进入流程的作品必须齐、清、定。若发现上游的尾巴没有做好，上游必须承担责任；在第三个环节，发现了问题，第一个和第二个环节的负责人也必须承担责任。

这是一个循环的监督机制，也是最基本的流程。做好这些基本的训练，我们的工作才符合最基本的要求。

∞ 人和人力资源

浙江大学管理学院的魏江院长去以色列游学后，分享了一篇札记，其中列出了一个关于创新的公式：创新＝危机常数 *F(质疑思维，分布式科学知识)。在他看来，以色列人擅长创新，并不是因为犹太人聪明，而是其潜能得到了最大程度的激发。换句话说，这个国家特别了不起的是人力资本。

“当以色列把拥有的最伟大的人力资源激活后，世界为之惊叹！”他在札记中写道，“不到 900 万人口的国家，拥有着被激活的无限人力资本！占全球 0.2% 的人口获得了 27% 的诺贝尔奖，占美国人口 2% 的犹太人拥有美国 70% 以上的财富，诞生了 1/3 的美国名牌大学教授和 60% 的美国一流文学、戏剧、音乐作家。”

回头来看我们的管理。考拉看看团队是典型的依靠人驱动的公司。魏院长这个公式可以很好地解释我们这个团队和内容行业的成长逻辑。内容行业正在朝着精品化、极致化的方向发展，可以说“八二行情”明显，好作品既少又吃香，品种少但转化好。

写作和内容领域，是一个充满危机的领域，即便从整个中国来看，类似考拉看看这样的团队也是很少的，我们团队能在这个领域中活下来，非常不容易。为什么考拉看看团队能够活下来，且不断获得订单、融资，保持持续成长？这得益于行业带给我们的危机感，让我们不断去创新。

整个内容行业和知识付费行业，远比很多外行看到的要凶险，因为这两个行业周期长、个性化强，平台化很难马上实现。同时这两个行业成品还面临严格的审查制度，而成品变成商品，还需要解决最基本的版权问题。最大的考验是，写作曾是很个人化的事情，而行业正面临着标准化升级。如果用“六西格玛”或“IOS2000”这样的标准来量化，那么这个标准体系则是定制化的。如果生产过程面向的是下游读者，那寻找的就是大同；如果面向的是上游定制用户，其来源则又形态万千；如果既要照顾大众市场，又要关照上游 B 端，达到 2C 和 2B 的平衡，那么这又是另一种巨大考验。

尽管机器人现在已经能够写诗了，但深度的长篇幅的逻辑构建性的写作，用数据思维来解决，尚需要努力。回到人和团队上来，它激发着研究型作家团队的潜能。

有些客户在与考拉看看团队进行订单沟通时，时常面临这样一个问题：你们的写作能力我们放心，但你们如何解决我们这个领域的专业性问题？

毋庸置疑，外行看热闹，内行看门道，无论哪个行业都是专业能力制胜。考拉看看团队的方法是找到真正懂这个领域的专业人士做搭档，形成 1+1 的组合。这个办法是被现实逼出来的，解决专业能力的问题，要么把自己变成专业人士，要么和专业人士深度合作。

考拉看看团队的作家们和浙江大学、西南财经大学、电子科技大学的研究者们实现创作和研究的组合证明，写作既是一门艺术，也是一门技术。技术是理性的，艺术是感性的，技术加艺术的完美组合，才能持续产出真正的大作。

我有一个很强的感觉：真正优秀的商学院教授可以洞穿迷雾，直达事物的本质，作家和商学院的教授组合在一起开创出来的无论是文风还是研究范式的文字表达、理性逻辑，彼此都进入了全新的平衡，这个平衡对于读者而言，是最大的福利。

比如 2018 年，浙江大学管理学院开始重新梳理浙江企业家的案例，首批推出有关鲁冠球、茅理翔、宗庆后、沈爱琴等企业家实战和精神的图书，广受市场好评。不为人知的是，这些作品的背后，是全新的内容生产方式和研究逻辑，包括全新的市场探索方向。

这是一种全新的内容生产和运作方式。术业有专攻，不同的专业人士的全新组合，对商业案例研究进行全新赋能，这些成绩或创新，都是个人的杰作与团队的努力。

“资源是一种存在，只有将资源转化为资本，才能创造出价值。那么以色列有什么秘密，使其转化为最宝贵的人力资本？”魏江院长的结论是：一是看这个国家和民族有没有对人给以足够的尊重；二是看这个国家和民族有没有对人的思想给以足够的尊重；三是看这个国家和民族的宗教、制度和文化能否对人的潜能有足够的激发。

魏江院长是十分知名的管理学者，他的以色列札记给了我很大的启发。治大国若烹小鲜，管理团队亦是如此。我想，人有动物性，也有神性，而在我们的管理中，人经由管理转化为人力资源，进而努力转化成资本。管理当中“人力资源”“人力资本”出现的历史其实很短，它是个西方概念，而关于人的历史，无论东西方，都很源远流长。在管理中，我们首先要尊重人，要理解人性。人与人不同，且有各种欲望，而管理致力于把人变成人力资源，再变成人力资本，这往往需要规则和治理。人既向往自由，也具备向上的心。人和人性，最重要的动能在于心，心即理，心无外物。

我们相信，任何一个团队，尊重人，相信人的价值，推动人的成长，就会获得丰厚的回报。从考拉看看团队的实践来看，我们正在看见我们相信的结果出现。因为相信，所以看见。

∞ 补短板

团队里的人，能力总是有差别的，多数时候，我们注意到的是能力超强的人，这种人可以说是明星成员，光芒四射，很容易从一线里

脱颖而出。

与此同时，我们往往容易忽视另外一种特别的人才，那就是可以补短板的人（或称之为“消防队员”）。这些成员也很有能量，可以给团队赋能，他们既可以把团队的漏洞堵住，又能在关键时刻起到扛鼎之功。尤其是当团队短板出现的时候，他们会发挥出巨大的作用。

智者千虑，必有一失。每一个项目的配置，都需要把优势资源进行排列组合，长短结合，这也是团队培养的一种方式。比如人员搭配上，要老带新、长板团队加上可以弥补短板的成员，也就是持续延长长板，补齐短板，我们这个经营的水桶就可以装更多的水了。

当然也有特别的情况，比如合同谈判进入僵持阶段，有些人补短板可以起到至关重要的作用。因为他们的性格相对温和，处理事情的态度并非非黑即白，正好弥补了性格比较急的人的不足，因此有时他们提出的一个新提议，就能带来新的可能性。

当然，他们也是明星成员，尤其特别的是，他们中有些人很少讲话，甚至有些默默无闻，看起来干的也并非轰轰烈烈的大事情。在我们这个团队中，我们很看重这些可以补短板的人。

正是因为如此，他们同样是我们的明星成员。我们在评估大家的业绩时，既会表彰长板的明星员工，也会激励补短板的人。

补短板的人，他们有一股可以找到方法的韧劲和解决问题的能力。就像盘活烂尾楼，在黄金地段做开发需要技巧，而处理烂尾项目或先天不足项目，需面临更大的考验。

现在社会的信息传播节奏很快，新媒体的表达既快又多元。我们的长板是深度的内容创作，而整个市场还有一些需要补短板的项目，这也是我们的商业机会。信息纷繁复杂，用户的识别成本很高，如何帮助用户识别内容，这也是我们在短板中发现的一种机会。

比如有些媒体将内容创作交给考拉看看团队，我们的编辑们就需要做内容挖掘工作，即从海量的信息里面把有价值的内容选出来，然后在连接的部位进行调整，形成新的逻辑或体系。

内容挖掘是对能力的很大考验，这个工作基本就是浸泡在丰富的文章里，而这既需要编者的耐心，也需要编者对市场的理解，相当于旧物利用。很多媒体信息有很强的时效性，是按照新闻方式生产的，而我们团队的编辑要做的工作就是打破这种时间限制，让内容具有穿透性，可以在更长的周期里满足读者的阅读需要。

我们内容挖掘团队的编辑们，多数时候是在做补短板的工作，他们把各种零散的内容串联起来，做成新的产品。

我们团队里面的成员，写作能力是很重要的长板。可是有一些人，并不擅长写作，但他们善于总结、做提纲、搭框架，其短板是不能写。这个时候该怎么办呢？我们就给他们配协作成员，从而相互间形成互补。

“老带新”是一种补短板的方式，深度信息的筛选和重组，是为用户在筛选信息方面补短板。长板理论和水桶理论，结合起来看，就是大家需要长短结合，达到长短间一定的平衡，以实现相对更大的效用。

∞ 提高大家的收入

我有时候听团队里的人讲，自己是冲着某人加入这个团队中的，可是后来讲这样话的人却离开了。我想一个团队的文化影响是很大的，有超强的领导者，可以吸引到优秀的成员，这是一件很好的事情。当然我这里要说的并不是说某人让离开的人失望了，而是离开的人有了新的选择，比如有一段时间里，有些人因收入影响而选择离开。

收入问题是值得管理者随时思考的，作为团队管理人，必须思考如何提高大家的收入。

比如有一个员工和她的部门负责人提出加薪要求，原因是她买了房，如果不加薪就没有办法还房贷。经过沟通后，部门负责人的建议是：请她慎重考虑要不要换一份工作，因为按照她的能力和在团队中的长期表现，短时间内薪资很难有大的改变，目前加薪并不合适。

一个人获得多少酬劳最理想的方式是按劳取酬，或是获得超值回报。可这有一个前提是，真的有一只看不见的手在调节大家的劳动和报酬。考拉看看团队崇尚的标准之一，是团队允许成员对薪酬提出自我定位，但同时需要提出对公司成长行之有效的方法。

上面这位前同事，她提出加薪要求，但并没有找到对应的解决方案。她自己也有考虑换岗或调整工作计划，等等。

市场有一个非常残酷的真相：尽管有很多公司不断推出新模式，可是市场的逻辑从商业出现之后一直没有改变。无论公司或团队是大是小，其真正盈利的点在于团队努力创造“剩余价值”，即收入减去成本之间的敞口越大，“剩余价值”就越大，公司的“锅里”有了，个人的“碗里”才有。

比如，一个人说他要年薪50万元，那么他至少应该提供一个可以创造这个价值的方案，而且在实践中要尽力实现这个方案。其实所有的岗位归根结底都是销售岗位，从销售产品到销售能力、销售时间，即便看起来不是做销售产品的工作。总之，我们的工作最终都会和销售发生关系。

我们之前提过一个愿景：改变中国写作者的命运。我们践行的逻辑是从内部开始，所以我们团队每年都有薪酬普提计划和措施。我们尽力提高团队成员的待遇和收入，而这也是优质内容的价值所在。

改变写作者的命运，首先从改变劳动报酬开始，从团队内部开始。把大家的收入搞上去是一个团队高管的责任，也是大家共同努力的结果。但大家只有共同去创造大的“剩余价值”，才能获得丰厚的回报。

创造价值并不是一蹴而就的，而是需要持续努力。同时这不仅需要管理层的人的努力，还需要把这个思想传递给每一位参与者。

我经常看到一些报道，说某公司一直重视社会责任。“社会责任”是一个很宽泛的词，在我看来，一个公司或团队的社会责任，首先是把员工的收入搞上去，让团队成员获得有尊严的收入。

这个收入是否能让团队成员满意？这要看是否有人因为收入而辞职就一目了然。当然这个建议有点“事后诸葛亮”，作用不大，最有效的办法是在薪酬定位的时候，让员工薪酬符合整个行业的状况，并争取在同期超越同行，成为行业的参考。这是我们短时的目标。从长期来看，新的细分行业需要从“0 到 1”地制定标准，且这个标准要从市场出发。

提高团队成员的报酬，尤其要兼顾公平性，既要靠感觉，更要靠数据。为什么我们团队没有同意上述同事的加薪要求呢？在一个团队中，整体方针是按劳取酬的，如果为某个人打破了这个规则，这就不仅是对规则的破坏，对其他人也是不公平的。

我们曾经遇到过几位客户，给我们的产品开出了不可思议的低价，这让我们感到很震惊，原来有些人重视知识，却不愿意为知识付出“代价”。有一个金句，至今仍让我记忆犹新：如果你觉得知识贵，那你就试试无知的代价。

对于创造知识的人，我们得用高收入去感谢他们。我们的团队成员一直在做新知的挖掘工作，尤其是那些兢兢业业，不断前进的成员。他们是我们业务的领头羊，他们的收入应成为我们行业的标杆，他们应是行业的翘楚。这是我们努力的小目标：把大家的收入搞上去。

∞ 像吃火锅一样包容

很多人都热爱吃火锅，我们团队也不例外。吃火锅这件事情，其实和创业是相通的。

火锅，从南到北都有，如它的名字一样，万变不离其宗，就是下面有火，上面架锅，放上有味的汤料，然后什么菜色都能放里面涮。火锅最重要的是有持续的火，并保证火不熄灭，这样才可以一直烫菜。

正宗的火锅是用火来煮的，而现在有了新技术、新灶具（如电磁炉），火锅也可以不需要火了。因此不管怎样煮火锅，最重要的是保持锅里的温度。

“温度”这个词在创业群体里很受欢迎，比如有“要做有温度的产品”“要讲有温度的故事”等说法。创业也和吃火锅同样的道理，一个团队要有温度，保持持续的热情，才能一直“烫”下去。这个温度可能是创始人的激情，也可能是团队成员的热情，总之不管是哪一个，如果一个项目或者团队总是死气沉沉，气氛不热烈，那大概离熄火也就不远了。

大家吃火锅时，每个人有不同的饮食爱好——比如我是不吃午餐肉的，可是有些人把它当成必点菜——但大家可以把食材放在一个锅里煮。君子和而不同，这个精神在煮火锅时得到极致体现。

创业也是如此。大家来自五湖四海，文化背景不同，从业经历不同，但是既然选择坐到同一张桌子上来，则必须既互相包容，又各取所需。当然最重要的是，大家既需要有共同之心，又可以各自生长。

火锅味道的神奇之处在于，各种食材看起来彼此不相关，但是经过辣汤油水的滚烫，都成了大家热爱的美食。所以真正的包容来自团队文化的统一，有了一个强大的“文化锅底”，大家才可以在这个锅里融合，最终成为用户喜欢的“美食”。这就好比锅底的调料非常重要。

在一个团队里，有人是辣椒，有人是花椒，他们好比是火锅里的味道担当。这些人是核心成员，是一个团队的文化之源、味道之源。来自不同地方的成员汇集在一起，受这些主料影响，逐渐同化，变成锅里的一份子而共同奋斗。

主料很重要，是味道之源，所有食材都受到它的影响。一个团队要有灵魂，是麻辣锅还是清油锅，这是由团队的基本基因决定的，各种食材入锅，或转变为麻辣之味，或转变为清油之香，决定食材味型的是锅底。

当然，如果说创业团队的成员是各种食材，那么食材本身的品质和搭配尤其重要。食材自身的品质是基本素养，而搭配则如同管理上的调兵遣将，一样的食材，完全可以烫出不同的味道。恰到好处，考验的是温度火候，其中最关键的是管理。

吃火锅有“七上八下”的说法，比如烫毛肚和鸭肠，少一分则生，多一分则绵，要清脆入口才好吃。看起来上上下下的简单动作，其实是对好时间和效率的平衡的考验。

如果要向管理要味道，那么调兵遣将的搭配则要十分合理。比如土豆和薯粉之类的带淀粉食材一般尽量后入锅，也不要同时一起下，新鲜的豆芽入锅两分钟就可以熄火，静待最佳脆嫩。如何才能恰到好处地调兵遣将？这就需要真正了解员工，使之长短结合，用其之长，避其之短；同时要了解项目，按需配置，这样才能实现资源极佳调配。

火锅的味道好不好，我们自己说了不算，用户说了才算。创业团队的项目就像是经营一家火锅店，这家火锅店的生意最终是由客户来决定的。海底捞一口锅烫成了餐饮界翘楚，而成为餐饮界翘楚是客户投票投出来的。有些火锅店，三五个月就换一个东家，如流水席一样，根本没有百年老店的气象。从客户角度来看吃火锅和创业团队一样，会让我们对客户需求理解得更加深刻。

治大国若烹小鲜，带团队如烫火锅。创业团队，麻雀虽小，五脏俱全，进退自如，也是平衡。我欣赏的好味火锅，辣中微麻，带香不腻，菜味相融，若饮微醺，各取所需。

以前有一部电影名叫《火锅英雄》，讲的是无名小卒坚持初心与追求梦想的故事。里面也讲到了火锅的聚合。因为包容性与多样性，因为不拘泥于规矩，火锅才能聚合人气，聚合能量。这个道理很简单，主锅明确摆在那里，就好比有人提供了平台，其他的不管个人偏好也好、个人习惯也好，在锅里翻滚就完了，这才真正是团队理想和个人爱好的完美结合。比之于创业团队，如果团队的主心骨能专注做好一口锅的味道，那么其他成员往里面加东西就可以了。只要我们用煮火锅的态度来聚气凝神，就可以干出火热的事业来。

∞ 用博士论文的标准来要求团队

对团队提出高的要求的，要么是用户，要么是团队内部。我们走过的路表明，对团队提出高要求的确是内外因素综合的结果，我们既要向用户学习，又要给自己设立较高的目标。

用博士论文的标准来要求团队，是我们非常自信的方法，也是我们创作出高质量深度内容的参照范式。博士论文的篇幅一般比较长，且就一个问题进行深入研究。博士除研究某一领域的问题，是这一细分领域的专家外，他们的研究模式也是一种思维方式。我们在研究具体问题时，想要成为这方面的专业人士，就要具备像博士一样的思维方式。

这是非常具象的要求，博士论文有基本的格式，比如引用注解的格式有标准，引用的篇幅有严格要求。因此，我们的文章在提交给用户之前，会主动进行查重。第一阶段查重，我们要求的重复率是低于15%，第二阶段查重，我们要求的重复率则是低于5%。这个要求是面向全体的，现在大家已逐渐形成了共识。

事实上，这些只能算是最基本的要求。我经常说，我们首先要把常识做好，只要能坚持做好常识事情，我们就基本合格了。在常识的基础上，再往上走一走，我们的竞争力就出来了。

严格的要求是有团队效应的，一旦大家都能严格要求，那团队整体就会做好常识事情。

常识事情说起来很简单，但是做起来不容易，坚持做就更难了，关键在于有机制来引导大家，而这归根结底是把严格要求作为出发点。

我们的日常创作不会有太大的压力，但是我们必须保持快的节奏，只有大家适应了快的节奏，才能冲锋陷阵，给团队提出高的要求，团队才能更加优秀。比如我们要求采访部门必须有录音和留存资料的习惯，尽力做到当天输出采访内容。

我在信息快速更新的媒体工作过，明白快速输出内容的重要性，也知道快速输出内容是可以做到的。而且人的记忆消退得非常快，如果不在第一时间把内容呈现出来，后面再来整理，记忆就会生疏。所以我总是要求大家快速输出内容。

这样的要求刚在团队开始实行时确实有压力，很多人不适应，但坚持一段时间后，大家发现这也不是多么难的事情，都能做到。特别让我惊喜的是，越往后走，大家的即时采访内容输出效率越高，有时候甚至可以达到同传水平了。

大多数事情都是熟能生巧而已，而严格的要求让我们把事情做到极为娴熟，因此才让我们有机会巧妙地应对各种新问题，而不会显得慌乱。我们并非迷信博士，但多数时候，博士的思维和方法是领先性的。如果考拉看看团队的每个人都拥有博士思维，那我们的研究能力肯定是很强的。尽管我们多数人不是博士，但我们可以朝着这个方向努力。

∞ 从艺术到技术

考拉看看团队，从一开始就是推崇优质内容的团队，我们几位主要创始人，都是从媒体行业出来创业的。我们刚创业的时候，很多人都在争论：报纸和杂志是否会消失？多数人是比较悲观的，但我们的认识是：内容载体会发生变化，报纸和杂志是否消失暂且不论，但内容总会有不同的呈现方式，优质内容一定会有市场需求，且会成为珍贵的资源。

推崇优质内容，关键是要能产出优质的内容。如何产出优质的内容？我说过，我们在重建这个行业的生产关系，一言以蔽之，就是要把创作这件事情从艺术带到技术上来。

创作或是写作，一直以来都是很私人化的事情，每个人都有自己的范式。从艺术角度看，写作表现出极强的个人特色，是小众的。而技术不一样，技术讲究标准化、模块化、可复制、能够量产。

我以前学习画画的时候，见过一个美术学院的学生。我去他的工作室参观，发现他工作室的油画框只有一个规格，即 30cm×50cm 这一种尺寸，整整齐齐排着同一幅作品。他给我说他只画这个作品，可以像打印机那样，用画笔从上到下把画喷绘出来。我开始不相信，他便给我演示了作画的过程。他的确可以做到，而且速度很快，一下子就画完。我那时对绘画作品的鉴赏就是看画画得像不像。结果，他画得很逼真，这让我很震惊。

他一天能画出好几幅这样的作品，尽管只有他一个人作业，但已经形成流水线了。他可以一次性绷 50 ～ 100 个画框，再一次性打底、描线、上色。

后来我想，与其买他的画不如直接去打印店打印。可是再一想，他画的是油画，是手绘作品，只是批量生产出来的是同一幅作品而已。他以卖画为生，当时该作品是 200 元一幅，可见，他这是把艺术变成了技术的生意。

后来我们在考拉看看团队中采用了一种集战模式，即将一本书的内容创作分成若干个标准化模块，也就是规定好基本的格式。比如导语都写 140 个字左右，可以是口语，也可以是重要观点，这样写出来的 1.0 层次的文稿在标准格式上就是统一的，即形成技术控制了。类似于版权声明、信息露出等有了标准，可以从模板库里提取。版权声明看起来很简单，但其模版经过创作，经过律师审核，最终才从艺术写作转变成了标准的技术样本。如此以来，下次再做版权声明的时候，便可做得又快又好。

当然写作和复制作品是有很大的区别的，每个案例都不一样。技术类似于写作标准，比如不能有错别字，脚注和尾注的格式要统一等。

但是内文的技术分解还是比较难的，很考验大家的研究能力。然而，我认为随着我们研究体量的增加，通过类似合并同类项的操作，大方向的案例也会形成研究标准。而写作不过是其中的一种呈现方式，音频、视频已经在逐渐普及，有些作品已不必通过文字呈现，而是通过课程呈现。但不管什么样的呈现方式，都少不了底层逻辑和研究。同样一堆素材，面对不同的用户，需要不同的表达方式，所以研究的技术化，是我们更深层次的攻关方向。面对同样一组题材，只有做到研究领先加应用领先，我们才有可能真正领先。

艺术和技术在内容行业是相互促进的，通过技术的标准化管理、艺术化的创作，我们可以更好地服务用户。毕竟，创作是为用户而产生的。

∞ 像土地一样诚实

2014 年，我曾和褚一斌先生一起去云南龙陵谈定了一个基地，这块地拿下来以后，从一开始的整地、下苗到果树挂果，我每年都会去看一次。几年下来，我看到一群农人在土地上勤劳工作，这片果树长得很好，果实已经整整齐齐地挂在树上了。

土地是很诚实的，认真种地的人，会获得很好的回报。

2019 年 6 月，我又和褚先生去看一个基地，这次的地点在四川仁寿，这个基地的规模和前几年龙陵基地的规模差不多，但已经被一家公司拿下开始下苗了。可是我一对比就发现，这个基地下的苗和当年云南龙陵基地下的苗没法比，树苗叶片偏黄，很是瘦弱，多数都是一副弱不经风的样子。

树苗的态势很关键，就像羸弱的孩子，如果一开始就发育不良，后面则会有很大的麻烦。褚先生扒开树苗下的泥土，看到这个基地用了有机肥，而有机肥却没有和泥土搅拌，直接撒在了中间的土层上。

我有几年做过农业，略知道一些种植知识，知道有机肥的利用率和施肥的方式有很大关系。这样的处理方式，并非已知的好方式，如果苗不壮，肥不好，这块地种起来也不会好。这个基地的新苗状态和它的管理直接相关，我们观察这个基地人员的构成，觉得其人员还需要做很多的调整。

我们后来又在该基地一期的几千亩土地上转了一圈，中途碰到很多种地的农人，他们基本是老年人，中年人都不多，更谈不上年轻人。这种人力结构和褚橙基地的人力结构形成了强烈的对比，云南那片土地上的年轻人和中年人比较多。种地需要投入劳动力，这种投入是综合管理上的一个很重要的因素，结合老龄化趋势来说，多数产业需要年轻化的队伍。

新的农业基地，和过去几十亩几百亩的基地相比，规模空前。管理 600 人的团队和管理 6000 人的团队，看起来只是数量的增加，可是实际面临的问题要远远大于人数上的倍数级增长。

合适的队伍加专业的能力，是褚橙过去几年取得成功的主要原因。我们这次到仁寿基地考察，是因为拿下这片基地的公司想邀请褚先生的团队来管理这块土地。过去几年褚橙在中国水果圈成长很快，各地都向褚先生抛出了橄榄枝，可是他十分谨慎，希望找到彼此真正认同价值观的合作伙伴。

褚先生和他的家族培养了一支有战斗力的团队，这个团队管理的果园与周边的果园形成了鲜明对比，这种对比显示出他们的果园就像训练有素的军队，充满了战斗力。我曾目睹他们在极短的时间内对数千亩果园进行病虫害处理。这既需要好的技术，也需要好的管理。管理输出在商业界不是新鲜事，类似酒店管理的模式，褚橙团队也在尝试，而实现这一模式的前提是能打造出一支超强的团队。管理输出不仅需要模式的输出，也需要团队的输出，尤其需要强调团队执行力的输出。

考拉看看也在持续打造可以输出管理的团队，写字和种地一样。土地是很诚实的，农人如何对待土地，土地就给他们带来什么样的回报。如何成长为有能力的农人？如何把团队培养成有能力的团队？解决这个问题的思路是考拉看看团队走得更远的出路。

∞ 带团队

如何带团队？每一个团队都不是固定不变的，它一定是成长和变化的。一个项目能否取得成功，最终是由团队决定的。以前的说法是，三流的项目一流的团队能做成，而一流的项目三流的团队来操盘，成功的可能性很小。

无论你拥有一把好牌，还是一把烂牌，都不重要，关键在于你如何带出可以自我成长的团队。考拉看看团队花工夫最大的并非拓展业务，而是打造团队，我们的重心是锤炼一支能打仗的队伍，而订单只是前进路上的考验而已。优秀的团队能抓得住订单，也能创造订单，没有战斗力的团队，就算是天上掉订单，也基本是接不住的。

团队的确是带出来的，尤其需要有牵引作用的火车头。我理想中的团队是老带新，新带新，新老循环，共同晋级，这就像武道修炼，真正的大师不仅个人战斗力强，还能传递力量，或者说能带出优秀的徒弟来，且徒弟还可以一代一代地传承下去。

如何带团队？带团队就是直面问题。考拉看看培养团队的方法是把队伍带上战场，像电视剧《亮剑》中说的，“战场是最好的训练场”。一旦上了战场，就要不断摸索如何解决问题，经历同样的事件之后，类似的处理方法就可以被借鉴和复制。

中层干部的力量是很大的，考拉看看团队能持续往前走，得益于数位中层干部的承上启下，他们既能带队伍啃下硬骨头，又能带队伍一起成长。中层干部是一个团队的腰部，如果腰部不硬，这个团队就直不起腰，腰部很强，就能连接上下。

中层成员从哪里来？来自一线基层人员和新人。新人成长为支撑力量，成长为可以带团队的中层人员，再成长为带队一方的支柱。带团队既是带新人成长，也是资深人员的自我成长，所以中层人员的评判往往有两个维度：一是业务能力，二是团队培养能力。既能干好业务，又能带好队伍，这样的人就是值得培养的骨干。我们理想的带团队的人员是既能干，又能带新人的人。

团队和个体有很大的区别。比如某个高管告假了，又或者他有其他重要任务，这样的情况下该团队还能很好地往前走，就说明这个团队是有战斗力的团队，是可以成长的团队。我相信，每个人都是独一无二的个体，个人很重要，团队需要这些个人，但同时这些个人需要有能力替补、支撑。这样个人既可以享受团队的红利，也有更大的成长空间，同时，这也是公司团队专业化的需要。如果一个团队里面的某个人是不可或缺的，那么这个团队的人才培养是有问题的。公司化运作是团队的运作，团队的成功是众人的成功。如果个人英雄主义超越了团队贡献，那么这个团队人才更迭肯定有问题，其持续性一定会受到影响。

创业的成长是带团队一起成长，创业的成功是团队的成功，创业的进步是团队的进步。学习带团队，学会带团队，能带好团队，具备带团队能力的创业团队才是真正能取得创业成功密码的团队。至于其他问题，成熟的团队解决它们不过是时间问题。

∞ 感谢团队

很多用户在和考拉看看合作以后，会不自觉地感叹，考拉看看团队很厉害。当然这种赞扬，是对团队非常大的肯定。其实无论是在获得阶段性的成功时，还是在面临困难时，我都觉得，有一个团结的团队是多么重要。我发自内心地对我们团队充满感激，我们所有的业绩和进步都来自团队成员的共同努力。

我对于团队的认识在几年创业下来后是有很大改变的。比如一开始寻找团队成员时，我总是很挑剔，想找到所谓的优秀人才。但是这的确很难，很多有作为、有目标的人才并不愿意加入我们。后来我们开始反思，为什么我们很难找到合适的人。我想，可能是我们的想法和方法出了问题，我们努力寻找的所谓理想的人，不过是我们自己理想的想法。大树底下好乘凉，但是挪动大树让它在新的土地上生根发芽、开枝散叶却很困难。我们陆续引进了一些大树型人才，可是这些人和团队磨合得并不理想。主要问题是彼此是错配的，超级人才进入初创公司，磨合的代价很大。

我们在创业初期，团队成员的选择面并不宽，考拉看看的前几名员工多数来自我们上一次创业的机构。而事实证明，我们团队的成员有很大的可塑性，给予他们时间和信任，他们可以成长为优秀的员工。比如原来在农业公司和我一起创业的陈兰进入考拉看看后，她在商务和行政方面的能力是考拉看看早期后勤最重要的支持。汪智昊之前是农业领域的设计，进入考拉看看后从零开始学习设计软件，她如今是我们的视觉总监，我觉得她作为新手设计的作品可以和行业里的资深设计师 PK。

团队成员的成长和我们的培训方式也有非常密切的关系，尽管每个人都有擅长的地方，专业技能需要对口发挥，可是创业公司往往是一个萝卜几个坑。在团队发展早期，相比专业技能，成员的敬业精神更加重要，我们内心希望团队成员能把事情做好，能付诸行动。这是考拉看看最看重的团队成员品质。

考拉看看这家小小的创业公司，有大大的梦想，团队成长很快，我们很感谢每一位团队成员。作为创业公司，我们似乎总是面临各种各样的突发情况，要在限定的时间内完成大量的创作，因此，很多时候我们的办公室在深夜依然是灯火通明。

创业团队在初期很难用特别好的薪酬去吸引新的成员，如果说创始合伙人是在为未来拼搏，那么不断加入的伙伴和一直追随我们的成员其实选择的是与创始人一同描绘的一个美好未来。他们相信我们可以共同前往这个目的地，这种信任弥足珍贵。

我很庆幸我们的成员越来越多，团队越来越壮大，考拉看看最重要的资产是我们的团队成员。

我正在逐渐改变自己，试图从建设性的角度去看待员工犯的错误，所以对员工慢慢地少了批评，更多地是去肯定和鼓励他们。他们的有些失误，我也曾犯过，我寻思可以将这些失误当作管理团队的预防针。当然，有些失误也是我们团队共同的成长课，重要的是可以从失误中走出来，并将之形成团队经验。

感谢团队，就要为团队创造价值，给团队带来更好的回报。而这个回报是多维度的。收入肯定是特别重要的回报形式，一个有成长性的团队，应该让它成员的收入与付出是对等的，甚至要让成员感到惊喜，认为自己的收入超值。总之，要帮助成员提高福利待遇，提高薪酬标准。关于这一点，我们并非只是说说而已，2018 年公司的业绩增长不是很顺利，所以我们几位创始人没有拿年终奖，而是把多数奖金发给了一线员工。

薪酬收入有当期的，也有长期的。我们团队在 2018 年第一次引进机构的天使投资时，就解决了部分员工的持股问题，增加了员工参与分红的计划。

除收入指标之外，团队成员的成长也是作为管理者的我们很看重的，并在积极付诸实践。有人讲成长比成功更重要，而我们希望获得的成功，持续的成长则是一个过程。如何帮助团队成员成长，我们采取的办法越来越多，如实施月度专项培训，为员工提供认证考试补贴等。

最好的成长基地或训练场是战场吧。每做一个新项目，我们都在形成以老带新的团队作战制度。只有参与才能成长，只有干活才能进步，才能不断修正我们出现的问题。在参与新项目中，我自己也是很有成长感的。

给团队成员回报的另一个维度是发展通道，比如晋升通道、行业成长机遇。内容行业是一个和时间做朋友的行业，考拉看看内部的晋升机会有很多，而我们也相信这个行业会越来越好，发展通道会越来越宽。

我们每前进一步，都是这个团队共同努力的结果。我作为团队中的一员，参与其中，充满了自豪感。有一天我在微信里分享大家挑灯夜战的图片，配文是这么写的："使命必达！感谢团队成员。"

创业总是艰难的，但我们始终满怀希望，因为我们有一群战友！

[向用户学习]

“考拉看看迄今依然是一家依靠人驱动的机构，如何提升团队的能力，是我们这个团队生存的根本。特别是提升专业能力这件事情，真的没有止境，我们需要不断学习，尤其是向用户学习。”

∞ 向用户学习

我们做一个行业，往往会告诉用户，我们在这一方面很专业，多数用户是基于我们团队的专业性才和我们合作的。在这个过往中，我发现，我们团队的成长，有很大一部分是通过向用户学习而成的，是用户在推动我们成长。

2018 年，浙江大学管理学院向考拉看看采购了一批浙江企业家的记录文本的服务，这个项目的任务是考拉看看派出团队，配合浙江大学管理学院的教授，将这些教授们的研究成果转换成适合大众阅读的通俗内容。

这种合作机制是一种全新的尝试，无论是对浙江大学管理学院还是对考拉看看来说，抑或是对深度内容行业来说，都是一种新的探索。

在这次合作中，我们最大的收获是尝试了新的合作方式：双方建立了一个工作组，由浙江大学管理学院的教授领衔，针对鲁冠球、宗庆后等企业家展开研究。这种合作方式是管理学院提出来的，至今我都感激学院对考拉看看团队的信任。事实也证明，这种方式无论对于商学院还是对于内容行业，都有创新价值。我们双方的合作既愉快又卓有成效。

管理学院的副院长邬爱其教授在带领考拉看看团队研究宗庆后的时候，对所有成员进行了一场关于逻辑解构和建模的培训，这场培训让我们大开眼界。邬爱其教授从商学院教授的学理角度来解读公司，这种解读方式相比考拉看看团队一直沿用的读者视角、媒体视角更成系统。尽管我没有在现场领略这场培训，但是当我的搭档马玥把邬教授的相关方法转述给我时，我发自内心地感到佩服和震撼。后来我要求考拉看看全员研究和借鉴这种方法，也把邀请邬教授和另外几位教授为考拉看看团队进行培训列入了当年的年度计划。

在专业内容的解读上，考拉看看团队一直非常自信，但在这次的合作中，我时常告诉团队成员，要多向浙江大学的教授们学习。这次合作更像是浙江大学 EMBA 的定制小课。我这样说并非客套，而是认为我们需要多向用户学习，况且我们在实际工作中已经领略到了浙江大学管理学院教授们的真知灼见。

同样的情形出现在我们和四川省地方志工作办公室的合作上。我们双方初次见面即决定合作，合作的具体项目是编写《大熊猫图志》。这个项目的意义一句话就能说清楚：大熊猫被发现 150 周年之际，我们决定面向全世界制作一份有关大熊猫的礼物。

四川省地方志工作办公室在决定开展这项工作之前，刚刚完成《大熊猫志》的编纂。因此，考拉看看团队的其中一项任务是基于这本志书的知识底本，来完成《大熊猫图志》所需的文字内容。张兆法先生是《大熊猫志》的主要负责人，在我们制作新的内容框架时，他特别提示，涉及有关大熊猫的伴生动物金丝猴时，无论是文字还是图片，都要注意，在四川境内的“金丝猴”是“川金丝猴”。一字之差，但意义相去甚远，因为金丝猴还有“滇金丝猴”“黔金丝猴”等种类。

简单来看，这好像只是一个知识点，多加注意即可。可是考拉看看团队既要训练成员有见识上的增长，又要培养成员具备对专业的敬畏精神和对内容负责的严谨态度。

类似情形很多。我们每做一项新的项目，都是在向用户学习，一方面解决用户托付的问题，另一方面又时常通过用户提供的全新知识和方法，提升我们自己的专业性。

考拉看看团队迄今依然是一家依靠人驱动的机构，如何提升团队的能力，是我们这个团队生存的根本。特别是提升专业能力这件事情，真的没有止境，我们需要不断学习，尤其是向用户学习。

我们真的需要感激我们的用户，他们不仅信任考拉看看团队，为考拉看看团队提供财务支持，而且更为重要的是，他们为我们专业能力的提升带来了空间。什么是团队的核心竞争力？我想，解决用户问题和提升用户价值，这肯定是其中之一。

∞ 专业主义的力量

任何一个行业里，活得好的都是专业主义者，任何一件事情，做得好的是有职业精神的人。短时间里或许看不出差别，但是拉长时间周期，你就会发现这种专业性会成为护城河。考拉看看团队的专业性决定了其能否走好未来的路，也决定了其能走多远。

中国首屈一指的大熊猫文化学者孙前先生曾在中国雅安做地方官员，因为工作关系与大熊猫结缘，他后来花了多年时间，写成一部《大熊猫文化笔记》。机缘巧合，考拉看看团队受托创作《大熊猫图志》时，我们比较同类著作发现，孙前先生的这本著作无论是从史料考证还是从田野调查看都堪称经典，尤其他对大熊猫被发现并从四川走向全世界的过程都有着独特的记录。所以说孙先生是大熊猫文化研究的第一人，一点也不为过。

一个人的作品是他的专业能力的注释，作品自己会说话，我们看作品的专业性，就能看出作者的功夫。无论是针对大熊猫的科研，还是了解大熊猫的文化，孙先生的这本著作都是值得我们研读的。同时，无论是回望过去还是展望未来，要研究或了解大熊猫，这本书都是必不可少的。

在 2009 年大熊猫发现 140 周年之际，孙先生在他的作品中说：“我们很重视对大熊猫的科学研究，却忽视了大熊猫的经济价值，更无视了大熊猫的文化价值。”

我拜读了他的作品，见面之后，我发现他不仅对熊猫的历史如数家珍，对严谨的大熊猫科研也十分熟悉。孙先生大学学的是中文，他不是严格意义上的大熊猫科研者，也正是如此，他更让我肃然起敬。我当即约他给考拉看看团队做一个培训。我特别关心的是他的研究方法——如何将严肃的科研和深邃的历史融会贯通，又是如何将个人观感与之调和。

考拉看看团队需要不断拓宽视野，因为我们在为不同行业的用户服务，需要多维视角的研究方法。面对不同题材，如何进行创作，如何展开研究并以深度内容的形式呈现，这是我们需要解决的问题。我们曾邀请浙江大学管理学院的邬爱其教授为考拉看看分享商学院的方法论，我邀请孙先生则是希望他能给我们分享他的专业成长之路。

就我所知，孙先生仅是收集各种资料就花费了数年时间，他为此在海内外走访，是第一个拜访发现大熊猫的戴维神父的家乡的中国人。我们第一次见面时，我就深感他的作品没有被充分推广，所以请他把作品交由考拉看看团队来运作，力争在2019年大熊猫科学发现150周年时重新出版。

专业主义把我们推到新的高度，我们每次接触优质的内容源时，都会特别兴奋，即便这些内容并不一定交由我们团队来运作。但是无论谁来运作，都是尽力推动它高质量地与读者见面，这些专业的研究作品，是大家共同的财富。

让我印象特别深刻的是，我与孙先生的第一次见面是与赵行老师一同去拜访他，赵行老师希望我们将《大熊猫图志》做得更加专业，所以带队去拜访孙先生，一个人的专业能力会自然而然地产生能量，这种能量会推动各种资源汇集。

在第一次见到孙先生的几个小时之前，我在和四川鑫和的杨德兵董事长交流他的产业园运营模式，当时同样感受到了专业力量的震动。鑫和多年来一直在各种产业园中运作“园中园”，他们自持有物业，刻意控制产业园的规模，并不求大，而是精耕细作，想尽办法让产业园良性运作。几乎是在“孵化器”这个概念还没有普及的时候，他们就给予优惠政策以孵化各种创业团队，可以说这是小而美的一种产业园模式。鑫和的多个产业园一直运行良好，鑫和也总是在做好一个产业园之后，再在其他地方复制。这个方法背后体现的依然是专业主义精神。从表面上看，鑫和是在复制各个园区，但真正推动这家公司成长的是他们管理产业园的专业方法。

考拉看看团队一直在做案例研究，我们总是好奇那些成功的人和机构，研究他（它）们究竟因何成功，研究这些成功的基因是否具有普适价值。我们坚信，任何一个领域，多数时候出现问题，面临困难，都和该领域的专业性密切相关，专业程度决定了企业的竞争力。

∞ 感谢那些拒绝我们的人

俗话说，失败乃成功之母。可我曾听某个知名企业家说，成功才是成功之母，失败只会让人更加沮丧。“龙生龙，凤生凤。”这讲起来好像也是有道理的。可是究竟什么是成功，什么又是失败呢？对此，每个人都有自己的视角。

一件事情总有生老病死的过程，一家企业即便是追求永续经营，也需要不断转型。一个团队昨天成功了，那是昨天的成功，而非今天的成功；一个人今天很强大，那也只是今天很强大而已。在智能手机到来之前，Nokia 很厉害，可是这么大的企业在后来还是日渐式微了。

动辄说成功失败，好像就盖棺定论了，一件事情、一个人，只要没有停止折腾，就一切皆有可能。如果放到我们每天的工作中，那就是，我们随时都在思考那些我们面临的拒绝，如何才能变成一条通往成交的道路。即便在考拉看看团队的初创期，我们也一直在理解商业的逻辑。它并不复杂，我们甚至把自己的理解写成了《爆品思维》《超级引流》《极致变现》三部作品。复杂的商业世界，无外乎就是产品—引流—变现，如果围绕这些来思考所有的拒绝，我们就能找到自己在哪一个环节出了问题。

团队初创时常四处碰壁，有时团队中的成员面临突然确定的合作，甚至会有惊喜之感。感谢那些拒绝我们的人，因为我们的成长是被一次又一次的拒绝浇灌而成的。

也要感谢那些支持我们的人。但正是因为我们深入理解了拒绝我们的人，所以后来那些拒绝过我们的人慢慢变成了我们的合作者。

我们碰到拒绝的时候，一开始也会彷徨，不知所措，甚至会生气，觉得拒绝我们的人不可理喻，想不通他们为什么会拒绝一个非常适合他们的方案。比如我们在做“我在成都做手艺”这个产品时，最开始打算做赞助众筹，可是多数人都拒绝了我们。在我看来，对比众筹的金额和回报，这个产品对参与者是超值的，怎么会被拒绝呢？

类似的案例很多。到后来，我们慢慢接受了拒绝，理解了拒绝，不再生气，而是把拒绝当成一种很正常的事，我甚至开始给拒绝者写长文表示感谢。我们自己对项目的理解，仅属于我们自己，而拒绝我们的人也有他们自己的理由。不同立场的人评价一个人或一件事，往往会陷入“罗生门”。

努力去思考被拒绝的原因，是可以推动达成成交的。就像走迷宫，标注了足够多的路线，越往后走，就会越来越明朗。而拒绝也会积累成为路标。我们要做的是，相信自己，用足够的耐心去找到理解我们计划的人。

“我在成都做手艺”这个项目，我们被拒绝了很多次，我甚至准备和团队商量，放弃这个计划。但是最终我没有提出来，因为我内心有一个声音在告诉我，我们还没有找到对的人。

当考拉看看团队的严青青在微信里告诉我，第一个支持者终于出现时，我正在参加四川传统文化促进会的活动，当时正在餐桌上和年轻又资深的手艺人何丹先生互留联系方式。

我当时安排陈兰去给严青青买了一束花，祝贺她，感谢她。这是她负责这个项目的第一个商业合作者，在一个接一个的拒绝之后，终于找到了对的人。也要感谢这个项目的第一个合作者——旗袍匠人罗三裁。后来马玥说要定做旗袍，我立即建议她去罗三裁家看一看。而她则说，她就选这家了。我们在用实际行动回报那些支持我们的人。

任何一件事情，不会必然成功，最多妙算多一些，成功真的是偶然。而如果把被拒绝当作必然，我们就不会那么焦急。如果把被拒绝当作我们手上的一串钥匙，那只要耐心去尝试就好了。

无论会被拒绝多少次，我们都要开心一点，因为被拒绝真的很正常。

∞ 如何请用户参与我们的合作

还在创业之初，考拉看看就发起和参与比较多的抢救性记录和研究工作，尽管有一些项目看起来更像是公益项目，或者说这些内容在短期内并不赚钱。但我们看好的是这些内容的未来价值。虽然未来能不能比较好地变现，我们没有百分之百的把握，但是我们选择了相信。

考拉看看显然是一家商业机构，我们必须有商业合作。如何请用户参与我们的合作？除了乐观地面对那些拒绝我们的人，保持持续的信心，我们还要不断提高沟通能力，尤其要避免因为信息不对称而使本来可以的合作没能达成。

考拉看看所做的事情，最开始是希望记录历史，后来希望改变写作者的命运，再到后来越来越进入深度内容研究领域，越来越追求好的作品。考拉看看的出发点就是希望用好的内容给别人以价值。我们越往后走，越会筛选我们的合作伙伴。

王阳明说，“心即理”“知行合一”“致良知”。无论从哪方面看，我们迄今为止所做的每一个项目都是阳光项目，都是充满正能量的项目。如果说我们有些作品没有达到预期的高度，那问题肯定出在我们的手艺上，而我们的初心始终未改——希望我们的工作可以让合作伙伴得以增值。我和团队成员分享这一点想法，表达的是，如果你出去和合作伙伴沟通，首先自己要拉长时间来看事情，看这件事情是不是美好的事情，看这件事情是否可以给潜在的合作伙伴带去帮助。如果这个项目仅仅只是一笔生意，而没有长期价值，那么项目执行起来估计也会比较困难。

让合作伙伴得以增值肯定有许多维度。我们也相信，我们的成长是基于合作伙伴的成长。

带着方案和潜在的合作伙伴沟通，这件事情的出发点很重要，尽管我们是寻找用户，但并不是把不需要的东西推销给用户，而是把有价值、值得用户参与的项目推荐给他。现在的人都很聪明，要比智商，大家其实是差不多的，如果一个项目的内容真的不好，用户肯定是不会选择的。

我很开心的是，我们能够得到用户的认可。比如本来生活网前CEO 胡海卿先生离职创办天下星农，他选择和考拉看看合作，出版了《激活品牌》一书。三年之后我们一起吃饭，他对我说，这三年他最成功的是选择和考拉看看一起出版了这本书。这本书是他对农业品牌运作的经验梳理，后来因为这本书，有不少希望提升农业品牌的企业联络他。我曾在农业领域交过几年学费，当他决定做这本书的时候，我就非常认真地告诉他，我希望这本书能给这一行业带去价值。

回到能否达成合作的话题上来。沟通很重要，用户有拒绝的权利，作为销售者，我们有讲清楚项目价值的义务，且要能言简意赅地说出分析对比。

比如我们曾做过图书出版项目的众筹，众筹参与者购买几百本甚至几千本图书，众筹的价格是本书的累计价格，然后有人就说：“你们就是想把书卖给我们吧！”事实上，我们除了给参与者等值的图书，也会筛选参与者，将参与者的故事写入图书；同时我们还会给参与者赠送图片拍摄、视频制作的服务……这本准备众筹的图书，会面向全国市场发售，我们的这一操作思路是内容电商的模式，可以帮助参与者拓展品牌。

参加众筹得来的图书，肯定和你去书店随便购买的书不一样。一样的价格，你拿到了等值的图书，而且书上还有关于你的内容，这样一本书你就可以作为礼品赠送给他人。这本书的价格并不高，可是和其他礼品比较，不仅性价比高，意义也不一样。换作是我，如果有人送给我一份关于他自己的书，肯定觉得这本书比一些看起来昂贵但并不独特的礼物珍贵许多。

和潜在用户很好地沟通变得特别重要。商业都讲投入和回报，让合作伙伴获得超值回报，让我们伴随合作伙伴的提升而成长，这是我们持续努力的方向。

四川省工商联副主席钱卫东先生在考察考拉看看以后，时常给他的企业家朋友们说：“你们看各大机场的广告位多贵，如果请考拉看看研究你们的公司，然后再出一本书，让这本书在很多机场书店、城市书店和网上售卖，是不是广告费都省了很多呢？”实际上，这不仅是帮企业节省了推广费用的问题。企业在不同阶段也需要总结，考拉看看团队很专业，帮助企业把这些专业的研究和总结做成图书，不仅可以给员工看，而且还可以作为礼品送人，一举多得。

钱卫东先生研究企业多年了，是中国民营经济的推动者，他长期和民营企业打交道。他经常说，考拉看看团队就是一个写手团队和推手团队。他的这个总结对我们启发很大。时常有人因为他的介绍而到我们团队考察并与我们展开合作。

如何向潜在用户传递我们的价值？考拉看看没有专门的销售团队，很多合作伙伴都是我们的推广者，我们的很多新合作都是以前的合作伙伴介绍而来的。回顾我们与用户建立合作伙伴关系的过程，最重要的还是与用户进行良好的沟通。

∞ 把企业的宣传册变成畅销书

很多公司和团队都有自己的宣传册，图片很漂亮，制作很精美，且很多宣传册是厚厚的一大本，成本并不低。这些宣传册往往在各种场合被赠送给他人，以推广团队形象。可是这种推广方式真的有用吗？

如果你去参加大型活动，一般会看到更多精美的宣传册，有很多是免费派发的，如果有人送宣传册给你，估计你后来多半会把它扔掉。

如果换一种方式，把宣传册变成一本畅销书，让它在全国很多书店上架售卖，如机场书店、城市书店、网上书店等，那么宣传效果肯定不一样。无论卖出多少册，至少是被付费购买的，掏钱购买它的人，一般都会去阅读它。赠送的宣传册和售卖的图书，看起来是两个产品，但实际上它们只是一个内容的两种表现方式而已，但它们带来的效果有很大不同。

我们可以这样来想象：当你去书店购买一本书，这本书无论是给自己看还是作为礼物送人，你肯定会在乎这本书的内容是否你需要的；在你掏钱购买这本书之后，你肯定会在这本书上投入时间。相比免费的企业宣传册，图书的购买行为相当于进行了一次用户筛选，这对于希望有传播效果的企业来说，意义就完全不一样了。

有时候，我们也会给潜在客户建议：如果你的公司要给朋友们送一份礼物，最合适的莫过于送一本自己公司的图书，外加具有特色的文创笔记本。这个组合一方面是成本不高，另一方面又显得比较独特，相比于公司宣传册，图书有更大的品牌公信力。图书看起来是一个很传统的产品，但是很多企业想出版自己的图书并不容易，因为图书出版是有一定门槛的。

考拉看看团队一个能力是将各种零散的内容整合起来，做成精准人群需要的内容。比如我们将企业宣传册上的内容深度加工成知识点，做成畅销书。而畅销书既可以公开发售，进入全国各种书店，又可以作为礼品送给他人，成为品牌推广的有效载体。

这说起来好像是一件比较简单的事情，似乎将宣传册改造成图书并非很难。是不是自己找一个设计师就可以做呢？当然不是这么简单。我们不仅需要深度研究企业的价值，还要研究这家企业的目标读者的关注点，并进行结合，再对内容进行再创作。其中最大的考验是我们对内容价值的判断，如果判断做不好，做出来的作品，读者是不会买单的，更谈不上通过内容来提升企业品牌影响力了。

现在每天都有很多新的内容产生，读者的注意力转移得很快。如何真正抓住目标读者的心？制作出与读者兴趣相关的内容才是王道。

考拉看看团队的使命是什么？其实就是做内容价值的推动者而已。

很多到考拉看看参观的人都疑惑，从我们公司名称的字面意思好像不太能直观地理解考拉看看团队所做的事情。有些了解我们的朋友会介绍说，考拉看看就是写书的，每年大概写 2000 万字，大约做 200 本书（其实这些内容是基于市场需要而进行创作出版的）。

以上描述和考拉看看团队准确的价值定位有一定距离，当然他们也理解考拉看看团队做的一些事情。如果我们要更准确地描述这个团队，那么做有价值的内容，并依托内容形成文化力和推动力就是我们的使命。

我们可以说是一群坚持认为文化是有很大的力量的人，一直在坚持发现内容的价值。我们一直在写作，然后把这些内容出版成图书，制作成音频、视频和培训用的课程，以及其他一些呈现形式。更重要的是，我们要在提升内容的基础上，借助这些形式去影响我们希望影响的人，并逐步形成精准的社群效应。

∞ 用户指引我们成长

一个团队因何存在？除了我们出发时的服务方向和创造价值的初心作为基础外，它真正进入市场化运作后得到的来自市场的认可也是重要原因。在推动团队成长的众多力量中，用户的力量最大，所以我们要持续向用户学习，让用户指引我们成长。

我们在做各种项目的过程中，逐渐形成了机制，因为我们时刻向用户学习，把用户作为团队逐渐成长的最重要力量。

在《大熊猫图志》的编纂过程中，陶利辉先生到考拉看看团队指导工作。《大熊猫图志》初稿出来之后，他到团队中查看校稿情况，从而让我们看到了他做的校对稿，让我们感到非常佩服。

他遣词造句的逻辑非常严谨。比如《大熊猫图志》的序言初稿中有一句话用到“不仅”这个递进关系连词，但是后面突然就收尾了，没有跟上相应递进内容。如果对文字不敏感，初看好像也算通顺，但补充相应的话后，行文才算完整，既承上启下，又逻辑完备。这篇序恰好是我撰写的，外行看热闹，内行看门道，我看到陶先生的校稿，一下子就清楚了。这就是专业水准。

不仅如此，我们在做《大熊猫图志》时，做了很多版式的模拟设计。因为图志和纯粹的画册有很大的区别，呈现方式又和常规志书不同。为了突出图片特色，让图文互相配合，我们更改了很多个版本的模拟设计，但是依然感觉不满意。有一天陶先生在查看模拟设计后，突然对团队的设计师说：“整版的图片冲击力很大，这些熊猫的眼神，看起来既有兴奋又有忧郁。我们是否考虑在常规的图片说明之外，再增加一些简洁又充满感情的文字呢？”

这真的是一个极佳的创意。在视觉效果足够的整版图片上，依据图像内容配以适当的文字，这对图志质量是一个很好的提升。这个创意让我们离希望达到的标准又进了一步。

后来我们请陶先生给我们谈谈结构连接的逻辑，他的总结是：“长的文章看结构，短的文章看连接。”之后，他又特别强调了标题的重要性。考拉看看团队一直希望建立一定的范式，这种范式可以让团队的新人尽快进入角色。陶先生的这些总结，既简单又直白，正是我们需要的精髓。

很多时候，我们会认为自己在自己的专业领域是非常专业的，但是和不同的用户接触后，我们发现，很多用户也是非常专业的，甚至他们的水平已远远超越了我们。我们虽然是在做服务，但其实是在向用户学习，是用户指引我们成长。在交付订单的同时，团队也获得成长，这是考拉看看团队成长的最大秘诀。

陶先生给我们带来了专业方面的知识。他做了多年方志研究工作，是方志领域的资深人士，同时他非常积极地创新，希望推动传统方志内容走向大众市场，成为大众喜闻乐见的知识作品。先前他所在的机构编撰了《大熊猫志》，这是全世界第一部大熊猫官修史志，我们正是依托这些基础内容，才有了后来的《大熊猫图志》。

用户一方面给考拉看看团队带来专业知识，让考拉看看团队在众多用户的培训下持续成长，另一方面给考拉看看带来全新的知识体系和认识世界的方式，尤其是用心和专注于工作的精神力量。

思路决定出路，来自用户的精神力量特别重要，这种力量让我们受益匪浅。

陶先生每次和考拉看看团队沟通，都充满了正能量。他总是鼓励大家要不断地学习，热爱工作，不要被世俗之见干扰，勉励大家要和自己比较，专注于内心成长。陶先生的这些精神给予了我很大的帮助，我想我们之所以合作特别愉快，也正是因为我们信奉同样的信条吧。

陶先生已工作几十年，从来不迟到，甚至经常比规定的上班时间早一个小时到办公室。在我们做《大熊猫图志》这本书期间，他周末都没有休息。有一次因为书号的事情，他前一天很晚才从北京飞回成都，却在第二天一早就赶到了办公室，然后和我们开会，沟通如何调整内容。

我们这个团队，并非特别聪明的团队，我们团队成员的智商多数也很普通，至少我本人没有很高的智商。但是我们在持续向用户学习，跟随用户成长。勤能补拙，我们一定能获得持续的精进。

∞ 交学费是因为不专业

经常有听到某某在某些事情上交了学费的说法，当然这里的“交学费”说法不是说为了坐在课堂里学习，而是说我们因为某些知识的缺乏而使得自己付出了代价。这也是我们人生的必修课。如何看待交学费的过程，如何让交过的学费不再重复，这是值得我们思考的问题。交过的学费如果没有发挥出其应有的价值，那就真是“学了也无术”。

我早前因为交学费很懊恼，因为走了冤枉路。后来慢慢地释怀，觉得这也算是人生的一种修行吧，是人生的必经之路。

无论是我自己，还是考拉看看的发展历程，其中都充满了反复试错的故事，可以说，我们一直在不停地交学费，而这个学费有时候是时间，有时候是现金。

2019 年初，我们团队决定加大四川市场的 IP 布局，并做了有关大熊猫领域的一些内容，其中包括一本杂志。杂志是传统的品种，但是要做好——从内容到设计，再到制作——都需要非常专业的精神。即便是同样的设计，用纯质纸、哑粉纸、轻型纸、双胶纸等不同的纸张来做，做出来的效果也会有很大不同，比如同样克重的纸，一样的页码做出来的厚度可能会相差一倍。

我们当时碰到这样的情况：用户不希望杂志太厚、太重，可我们在快印公司制作样本的时候，由于设计师和快印公司的沟通出了问题，快印出来的杂志样书特别厚。

问题就出在选纸上。当然，这样的半成品显然是不能交付的，虽然时间耽误了，快印的成本也产生了。尽管只是样书，但我们实在不好意思给对方看，只能重新做，以确保满足用户的要求。

这只是一个小小的案例，因为我们的同事对如何用纸没有做好沟通，导致最终出现了问题。解决这件事情本身比较简单，关键是如何避免类似的问题再次出现。

为什么会出现上述情况？因为我们不专业。而要做到专业，犯错是一个必然的过程。一开始碰到上述情况，我会生气，可后来又觉得，凡事都有一个过程，经过了这个阶段，累积下经验，并把经验固化下来，就可以传承了。当然如果传承交接不好，同样的问题还会出现（这说明我们的体系还没有很好地运转）。所以我们不仅要做好专业这件事情，还要做好专业的传承，并让其形成一个体系。

敬畏专业，向专业要生产效率，向专业要成绩，说起来简单，可是作为非标准化服务体系，我们还是会面对不同的新问题。如何做到更加专业，并让那些交过的学费成为我们的垫脚石？我想最重要的是专心，并投入心力。这样再大的问题我们都可以解决，再小的细节我们也可以注意到。越往前面走，我越发现，交学费不冤枉，因为它让我对工作更加用心。

∞ 专业看细节

我一直很敬畏人的专业精神，相信专业精神可以把我们带到更高境界。因为这样的认识，我很乐意和专业人士打交道，尤其是跨界沟通，总让我有新的认识。

我有一个擅长做人力资源的朋友，她任职于一家很知名的机构，并从基层做到了管理层。这家机构每年招聘时总会收到海量的简历，而我朋友的工作就是从海量的简历里快速挑选出优秀的简历。

请注意这里说的“优秀的简历”，不一定就是优秀的人才。因为面对海量简历，我们首先要做的是挑出相对较好的简历，以进入下一轮的筛选。有一次和该朋友碰面时，我恰好带有一份简历，于是向她求助，请她判断，是否可以通知该求职者来参加到我们团队、来参加面试。

这份简历真的很简单，只有一张纸。她大致看了一下说，投这份简历的人想找的是设计师的工作，一个真正好的设计师在内容公司工作，尤其要对文字和内容敏感，而这份简历上有好几个地方的文字都有语病。接着，她一一给我指了出来。

我这位朋友并非中文专业毕业或文科出身，但她从人力资源的角度出发，尤其懂得团队要找什么样的人，能有针对性地提出建议。

不仅如此，她又回到设计的角度提出了意见。一名设计师的简历在一张 A4 纸上呈现出来，是很体现手艺的一件事情，做少比做多更难。但是仅凭这张 A4 纸上的设计，她没有看出这名设计师对美学有多少的理解，A4 纸上也没有显示出设计师该有的设计感。

该朋友给我上了生动的一课。真正厉害的人，在某一个领域真正做到有专业能力以后——比如我这位朋友——就可以很快从一些细节里判断出某个人的基本素养。后来我们团队负责招聘的同事还是让这名设计师来参加了面试，但结果的确不太理想。

后来，我们要求招聘的时候，无论招聘何种岗位，进入面试环节前，都要求应聘者做一个限时闭卷的手写文章测试。比如限时 30 分钟，测试的题目是一些开放性的问题，是我们根据招聘岗位和简历信息随机准备的。

这些题目都没有标准答案，并非非黑即白，是有很多发挥空间的，我们看的是应聘者的思维方式和逻辑，以及一些基本的价值观。当然，我们也有一些技术标准在里面，比如字体是否工整、对一张白纸的安排、卷面的整洁程度，这都是一些小小的细节，但能让我们看到一个人是否对文字有足够的尊重，是否充满热情，是否有思辨能力。

相由心生。我们相信，字里行间的细节能体现出一个人最基本的素养，通过对这些细节观察，再配合考虑对方的专业，我们就可以找到我们需要找的人，找到拥有潜在的考拉看看基因的人。

外行看热闹，内行看门道。同一件事情，专业人士做起来顺风顺水，而非专业人士做起来会磕磕碰碰，这种差别就是专业的差别。细节里隐藏着一个人的专业程度，留心观察，处处皆文章。

∞ 面对纷繁复杂的意见

虽说忠言逆耳利于行，可是要修炼到宽容地看待各种纷繁复杂的意见，并不是那么容易做到的。宽容不仅是对提意见的人要有包容心，而且是首先和自己和解，对自己容忍，这样才可以真正包容各种意见。

包容别人要从包容自己开始。有些意见是有建设性的，可以帮助改进我们的工作，这样的意见就要采纳；有些意见不具有价值，就当一阵风吹过了。但这说起来容易，做起来很难。

有一次，我们做了一个涉及征求很多机构意见的作品，我们团队的任务是撰写书稿。这部作品完稿后至少需要 4 家以上的机构来审核，另外出版社也需要审阅。前两次审阅的时候，各家机构提出的意见基本很好。而到了第三次审阅的时候，负责催问进展的组员说，有一家机构提出延期过审，理由是他们发现文稿有很多问题。

听到这样的消息，我十分焦急：一是时间很紧张，大家都是在数着倒计时时间在推进工作；二是我心里很难接受这样的评价，担心评审机构对我们的文稿质量有很大意见。可是我也没有更好的办法，尽管心里很生气，也只是催促机构尽快给出审稿意见。

后来反馈回来的意见只有 5 条，且并不是大问题。我觉得之前的焦急和担心是由于自己的心理承受能力太差了，谜底没有揭晓之前，所有的担心都是自己的臆想。当然，这也很正常，即使真的不关心外界的意见，我也不一定真的能做到坐看云起。

对于各种意见，肯定是要重视的，而且需要用客观的态度去沟通。对于那些过于偏激有损商誉的意见，则必须尽力做出回应。

有一次出版社向采购我们编创服务的甲方提出意见，说我们这家文化公司的文章“杂乱，质量差”，甚至要求提出更换新的文化公司；而与此同时，数位专家审稿时却给了我们很高的评价。出版社编辑这样的说辞，让我们觉得有失公允，这样的评价已经超出了对文稿质量的评价。出版社为什么这样说，我们很想知道原因。

马玥直接和出版社的编辑沟通，询问“杂乱”所指的具体问题是什么。后来据说是因为文稿中有几处地方没有按照出版社的意见修改，还有部分内容因为反复调整，图片移动了位置，新的 PDF 文稿和上一次的文稿版本对比较为麻烦……

这样的编辑让我从内心产生鄙视之情，因为他不尊重事实，没有就事论事，而是带着个人情绪“煽风点火”。后来我们便主动拒绝再和这家出版社合作。

当然，我这样说，可能是因为我无法对这样的意见无动于衷。其实和别人的意见过不去，更多地是和自己过不去，难以接受批评意见。

“不以物喜，不以己悲”，那些成功人士是不是真的可以做到以上这一点？我并非楷模，只有尽力去改变，更加冷静地去看待各种意见。用自己的方式活着，就要接受自己对意见的不满，虽然不好的情绪说来就来，但在关键时刻我们要冷静下来，仔细去思考这些意见是否有建设性。同时也提醒自己，在做类似评价的时候，要谨慎一些，少说空洞的话，尤其不要情绪化地做负面评价，而要回到事情本身，客观地看待问题。

我时常安慰自己，自己对各种意见有直接的回应，这说明我是一个认真的人，亦在乎这些评价。希望越往后走，面对纷繁复杂的意见，我能越加冷静和客观。

∞ 建立“第二车间”

华为受到美国制裁之后，祭出了“备胎”计划，可以说是富有远见。这个计划是华为提前多年做的，这不仅说明了华为的远见，也说明了华为的技术实力。华为的策略同样适合于团队建设，我们的团队需要打造后备军团。

当然，很多行业并没有像华为这样的领先公司，竞争逻辑也不一样。可是从培养团队的角度来看，在条件允许的情况下，后备团队或者说“第二车间”是应该尽快建立的。

以考拉看看的实际情况来看，创作力即是竞争力，在团队前三年的发展中，原创部门起到了很关键的作用。而随着订单多样化和第一梯队成员的成熟，我们需要搭建“第二车间”。这个“第二车间”是一个培训＋业务的成长平台，这一车间里的成员的创作能力相比成熟成员来说，是入门级的。

“第二车间”并非华为海思团队那样的“备胎计划”，而是动车组中的一组新动力。这组新动力开始比较弱，但它有一个从弱到强的进化历程。

在具体执行时，我们把原创中心的部分人员抽调出来，成立未来内容学院，并专门为内容学院招募新成员，将 5 个人左右划为一组（以考拉看看的经验，这是最佳组合，其中有潜在管理人，可以组合创作），以三个月为周期，量化培训和考核。

这个学院也面向外界开展公益培训或进行商业招生。具体的方法很清晰，即培训 + 项目实战。这个平台和全体成员就构成了"第二车间"，既输出人才，又输出作品。

培训至关重要，我们对"第二车间"寄予厚望，这个组织具有裂变能力，能带动更多成员组成创作团队。这也是内部人才的专业化分工。外部订单的专业化分工，培养人才的专业化分工。

如何判断一个项目决策是好的？如果一个项目对所有的参与者有帮助，那么这个项目就是好的。对于内部团队来说，"第二车间"促使系统的人才培训体制得以形成，而内容学院可以分流人才，从而向各个部门输送人才，尤其会加强原创中心的实力。对于外部来说，内容学院是一个开放性的培训体系，考拉看看可以授人以渔。另外，考拉看看也可以吸收更多更强的师资力量，并让这些力量扩散；同时，随着订单多元化形成的人员的分级让服务变得更加精准。

考拉看看有一个愿景是改变中国写作者的命运，而要实现这个愿望，我们组建的作文君团队就必须很强，所以内容学院第一期的对外招募计划是给"作文君"的。要改变命运，首先从改变自身开始，从这个行业的部分从业者开始。星星之火，可以燎原，其关键在于有人可以成为火种。考拉看看的未来内容学院，或者说“第二车间”，就是要成为内容行业的火种。

鸡蛋从内部打开，是一个新生命的到来；鸡蛋被从外部打开，则是一场破坏。我们要先在考拉看看内部把“第二车间”做好，再将其逐步扩展到外部更大的范围。

∞ 为用户创造价值

任正非一直很低调，但是芯片战时，他也不得不出来见媒体。有记者问他，是否要考虑通过传播来改变外界对华为的认识？

他是如何回答记者的呢？这个问题后面再谈。

先说说我们面临的环境，很多企业都在做品牌传播，传统打法是通过媒体不断发声。我并不否认，通过媒体发声，企业是可以提升品牌形象的，但是企业提升品牌形象是为了获得订单，如果不能把媒体宣传转化成订单，那企业品牌的宣传可能就是一阵春风。春风拂面很舒服，却没有人能抓得住。

接着来说说任正非对记者的回答。他说：“我们不会通过传播来解决，而是要通过给客户提供优质服务来解决我们的形象。华为产品已经很先进，客户一用就知道有多厉害。举两个例子，第一个例子是韩国 LG 董事长找我说，他要开 300 兆的 LTE，当时我还反对，他带了两个翻译来说服我，我说 100 兆就够了，300 兆没必要，但他还是坚持 300 兆。于是我们就卖了 300 兆的设备给他。过了没多长时间，保罗教皇访问韩国，在韩国 1.3 平方英里的土地上，集中了 30 万人，每个人都举起手机用 300 兆 LTE 拍摄视频往外传，网络没瘫痪。第二个例子是，哈吉保障[1]，在华为之前的每个运营商都没有保证网络不瘫痪，但华为接手以后哈吉保障一次也没有瘫痪过。这些例子都是我们在世界的形象，所以我们不会通过媒体传播的方式来改变我们的形象。”

“通过给客户提供优质服务来解决我们的形象”这是关键。究竟什么才是真正有价值的形象传播呢？归根结底是要有效，“不看广告，看疗效”。

任正非和美国政客“打仗”的时候，考拉看看团队正在研究招商银行和马蔚华的成功之道。在马蔚华的带领下，招商银行在短短数年间就发展成了用户评价极好的商业银行。而这缘于招行的发展策略，即“葵花向阳”战略。

“葵花”是指银行，“太阳”是指客户，也就是招行要不断给客户创造价值。比如招行推出第一张通存通兑卡，让客户感觉特别方便，所以它赢得了市场。

有一段时间，我沉迷于品牌的视觉设计，总认为考拉看看的 logo 需要更好的设计。后来我观察路边的很多门店，发现这样一个规律：logo 花里胡哨，店招换得越快的门店，其开的时间就越短，关门就越快；而很多开得久的门店，特别是街边的小馆子，有些连招牌都没有，

1　四五百万穆斯林祷告的前一瞬间，所有人都要关手机，祷告完以后，所有人同时开手机，因此要保障网络不瘫痪。

却开了很多年，并且饭点时门口总有很多人在排队。有一次搬家，我发现新住处的楼下有家小面馆，没有招牌，却有很多人去光顾。后来我决定去试吃一下，发现这家面馆的面的味道真的不错。我一问才知道，这家面馆已开十多年了。之后我经常去光顾这家面店，还把它推荐给了很多朋友。

开面馆还是得面好吃，店招再美，也美不过面本身。一家公司的品牌形象绝不是看 logo 有多新颖，也不是看媒体替其如何吆喝，关键要看订单，看公司给用户创造了多少价值。

创业团队做形象传播，最好的传播方式是靠订单，这也是面对客户最有说服力的东西。没有订单，团队成员就无法分工合作，只能唱独角戏，不可能持续下去。

有一次我们与一个客户已到了谈合同阶段，可是客户对我们的执行力不放心。于是我就把笔记本电脑转过去给他看，上面是一些机构用单一采购服务的方式向我们采购创作服务的公告。我们的大本营在成都，但全国各地的很多头部企业都采购我们的服务，且是单一的定向采购。这就是最具说服力的证据，展现了我们的实力。

我把考拉看看子品牌“书服家”的宣传册拿给团队的战略顾问看，大家的一致意见是，宣传册宜多放案例和专业人士的推荐，因为案例让人一目了然，专业人士让人信服。至于好的设计，固然需要，但关键还是要给用户展示我们创造的有价值的案例。

我时刻提醒自己，要通过给客户提供优质服务来提升我们团队的形象！

∞ 拥抱通货膨胀

一件事情，很多人往往会问好坏，但其实好坏是有立场的，不同角度看同一件事情，结论肯定不一样。

被潜在客户拒绝，肯定是不好的事情，因为没有成交，毕竟任何一个商业沟通，都是奔着成交去的。可是结果已成事实，难受也没有用，关键是找到问题所在，并解决问题。

为什么说到通货膨胀呢？通货膨胀相当于把以前同值的钱拿到现在来用，肯定是不划算的，因为钱不值钱了。拿我们的订单开发来说，有些搁置的订单，随着时间的推移，重新合作的机会是很大的，这时合作的新价格肯定要算上通货膨胀的溢价。

有一天，我们负责市场的老总对我说她很难过，因为有一个来自大企业的订单突然搁浅了。可是我告诉她不要难过，开发订单就是累积效益，这家不行就找新的一家，关键是要有很多的入口，不能吊在一棵树上，要有后备订单。至于搁浅的订单，我们的共识是，我们要努力成为对方的首选或者唯一选择，新一年就是新的合作价格，时间会给我们双方带来不同的收入和付出。

尤其是在这个时候，我们要拼命锻炼队伍，让大家的专业能力更强，生产能力更强，保持在行业领域的领先地位。市场总是会有需求的，今年不做，明年可能会做，明年不做，后年可能会做。

今年做肯定是今年的价格，明年做那就是明年的价格了。内容行业通常是按质量定价的，如果不发生意外，我们团队明年肯定会比今年有进步，自然要优质优价。即使不按照这样的逻辑，按照如今正常的通货膨胀率，每年 10% 的溢价是没有问题的。

此外，在一定时期内，大企业的数量是固定的。而我们做深度内容，开发出的作品是有一定数量级的，这些作品具有时间的穿透性，因此企业复购我们的服务要么基于我们的作品开发能力，要么基于我们全新的创意。所以我们并不急于与大企业合作。在未来的业务订单的爆发增长中，大企业应该有更大的贡献率。而我们在现阶段，尤其需要抓住中间层的企业。

中间层企业的单点需求大，且有很多工作标准需要搭建，而基于标准内容模块又可以组合成新的内容矩阵。换句话说，中间层企业的需求具有多元化的特点。

考拉看看有自己的一套商业逻辑，这套商业逻辑既可以匹配当下的市场需求，又能为新的商业机会做好铺垫。客户拒绝我们的原因，不外乎是对价格和质量有疑虑，虽然当时无法达成合作，但至少有了合作的潜在可能性。

分解来看，如果因为价格高而被拒绝，那么我们必须坚持自己的价格体系，因为我们给出的服务已是中等价格、优等质量。何况对于客户来说，任何被动的定价都不会让他们满意。如果因为质量不高而被拒绝，那么我们团队就需要尽快提高研究和创作水平。

价格和质量之间必然有一个平衡，市场上这只看不见的手，会帮助重视质量的人赢得这个平衡。

∞ 要随时考虑效益

我终于将考拉看看团队研究和创作的有关褚时健先生经营的三部作品修改完成，这一系列作品本应在2018年出版，却因种种原因耽误了。很遗憾如今褚老与我们已是天各一方，看不到这套书的出版了。我深受褚老影响，对其心怀感激，而时间过得太快，往日成回忆，期待这一系列作品早日出版，以便给更多人分享褚老的精神和管理经验。时下很多人都在谈论褚老的企业家精神、匠人精神，而我认为有三点可以概括褚老的精神，且这三点具有普适价值：解决问题、做事认真、追求效益。

这里主要说说追求效益这一点。团队和企业必须有效益，当然效益要落到财务层面，体现为直接的财务数字。除经济效益外，企业的效益还包括其他方面的效益。无论什么效益，都必须是比较清楚的，尤其是团队的管理人的心里要有一本清楚的账。

褚老在早年烤酒时，通过反复摸索，非常精确地计算出了各项成本，因此他烤酒的出酒率很高，且各项成本很低，可以说是获得了很好的效益。后来他管理糖厂也是如此，通过精确的计算，控制了用煤成本，又通过调整产品结构，出产了更多收益高的产品，把亏损的糖厂变成了盈利的糖厂。

考拉看看在经营内容行业时，十分重视现金流，因为相对保证利润的业务可以保证团队的效益，让考拉看看可把回笼的资金相当一部分投入长周期作品的创作和运作中。所以考拉看看既要计算短期的小账，也要计算比较长周期的大账。

计算短期的小账是为了尽量保持利润线，而计算长周期的大账，考虑的指标就有比较多的维度，而不仅仅是出于直接的财务指标的考量。

有一位学者希望出版他的一本专业图书，于是他找到了我们。除了将书出版，他还要求返赠给他一定数量的样书，而他的出版预算很有限。如果仅仅是计算短期效益，这对我们来说就是一个赔钱的项目。但后来我们评估了他的作品内容，觉得很有深度，很有价值。虽然成不了大众畅销书。最终我们还是决定接下这位学者的作品，并将其列入考拉看看的公益出版扶持计划。作为扶持出版类的作品，我们为之贴补了一部分经费，而且为了匹配内容的质量，我们还在装帧设计和印制上花了比较高的成本。

好的内容值得我们用长期的收益来对冲当期亏损。即使当下我们要贴补费用，我们也必须力所能及地支持好内容的出版。这些好内容不能只看它是否畅销，还要看它是否有更多的价值，或者说是否有更高的综合效益。

效益的计算，和我们的决策紧密相关，而决策的制定，和团队的价值观紧密相关。

有一天，一位别人介绍的朋友突然邀请我们参加文创展览，主题是大学生的“双创”，可以在现场进行展板和实体展出。我们与这位朋友素未谋面，他能想到邀请我们，我很感激，可是我并没有马上答应去参加这个展览。初创公司是需要机会做品牌露出，可是我们的时间有限，且这个活动和我们团队的契合度并不高，尽管我们有不少新人是刚走出大学校门的学生。我们团队的人员构成与活动的主题及目标人群不是很匹配，如果我们占用了这个名额，另外更符合这个活动的公司则会少了一个机会。所以我婉拒了邀请。

此外，尽管参加展览看起来并不需要直接的现金支出，但是相应的物料设计、制作，以及各种对接，会耗费比较多的时间。虽然我可以把这项事情安排给团队里的其他成员，但我心里有一个清晰的计算，参加这个活动的效益并不是我们想要的。考拉看看是一个初创团队，需要把更多的时间花在主营业务上，这个活动虽好，但并不适合我们团队当下的现状。

∞ 集合众人之长

浙江人民出版社发来《经营为王》的封面让我很是吃惊，因为他们在很短的时间内设计出来的封面很有冲击力，可以说是时间紧，效果好。

这个封面设计方案，同样一个内容，却做了三种不同的构思，而且把三种不同的构思呈现出来了。这个封面设计方案整体非常好，尽管是初稿，但已经比较精细化了。作品的一侧还附有设计师团队的联系方式——原来浙江人民出版社借助的是第三方设计机构。

我们和浙江人民出版社的合作发展很快，他们的决策效率非常高，而且出手也很快。我们一直在努力提高效率，而与外部的协作，必须双方都有高效率，才能匹配。举个例子，一个人的驾驶技术再好，依然无法避免交通事故，因为技术不好的人可能会撞上来。

这个设计方案，他们集合的是专业力量，并发挥不同团队的长处。我们的管理也是如此，需要首先集合内部的长项，具体到个人，就是取长补短。

考拉看看在很长一段时间里没有明星作者，也没有明星编辑，但是我们做出来的作品质量很高，受到市场的欢迎。而这正是因为我们的创作和运作是集合众人之长，打的是组合拳。

就像饺子，其馅料单吃是一种味道；而面粉和馅料组成饺子，就是一种全新的风味，就是一种新的味觉体验。饺子看起来很普通，但它却占了超级大的市场。因为饺子是操盘手们集合食材之长以供食客之需而生产的产品。

创业团队初创时人手紧张，难免一个萝卜几个坑，但是这样的分工需要尽快结束。“术业有专攻”，创始人要集合众人之长，就要尽快朝专业化分工之路去调兵遣将，不然总感觉是在熬一锅粥，对员工的影响尤其大。真正专业的团队是专业化分工很强的团队。比如我们要找人合作做封面设计，肯定会考虑这一次浙江人民出版社用的设计师团队：一是他们的设计很专业；二是他们很有服务意识和品牌意识，在设计作品上留有联系方式，方便我们联络。

如果说内部管理要用人之长，那么外部协作则要连接各种优秀的团队，因为这样才能更好地做到专业对口。

找对的人，做对的事情。对很多团队尤其是初创公司来说，要在内部管理时真正做到用人之长，说起来简单，但要做到很难，因为它需要权衡利弊。

寻找外部专业团队合作，时间成本比较高，因为既可能面临大海捞针式的选择，又可能面临磨合前的预判．如何快速找到专业的人或团队，是集合众人之长需要过的一关。

无论是内部还是外部，都要见事才能见人，只有在日常细节中，才会看到一个人或一个团队的长处。

∞ 有太多的事情需要做

内容行业很有趣，做的时间越久，越发现有太多的事情需要去做，而且很有紧迫感，觉得时不我待。

我这样认为并非自己三心二意。我说的有太多事情要做，是基于对内容行业的理解。内容市场有短期的热点消费，也有长期的持续消费，还有一类是未来的消费。

短期的热点内容很像做新闻，是有一定的周期的，比如一些重大的时间节点或者事件的深度内容，这样的作品可能卖一阵基本就被迭代了，或被新的作品覆盖了。至于长期的持续消费内容，虽然也有时间性，但是它可以售卖比较长的时间，或者说在比较长的时间内，各种用户或潜在用户会需要这些内容。所谓未来的消费内容，就是说当前这些内容可能不受关注或暂时还没有受到重视，但是在未来有可能成为人们需要的内容。

我这里所说的有太多的事情需要去做，除了当下的热点内容和长周期内容，未来的消费内容也是重点。这些内容有些是亟待去抢救性记录和发掘的，比如一些年龄已经很大的专业人士的传记或口述。这些内容既需要被抢救性记录，也需要做深度挖掘。再如一些很小众的非遗类内容，也需要我们去抢救性记录。这些内容有些在当下被忽视了，但是在未来是人们很需要的。这些内容就像即将被拆迁的城市建筑，需要我们赶紧去进行抢救性保护。

另外还有一些内容是需要为未来布局的，比如像苏东坡、大熊猫这样的主题内容。这些内容的价值还远远没有被很好地开发出来，既需要做铺垫，也需要做发掘。我把这样的内容理解为金矿式内容。为什么这样形容呢？我曾去福建的紫金矿业调查，第一次看到矿山是如此之宏大，一卡车的矿石，才大约提炼出一个戒指的黄金。金矿式内容，看起来是金矿，但是要把它们变成黄金，是需要很大的能力的。

比如，苏东坡的内容就是金矿，可是现在我们提炼得还不够，还需要花很大的力气去发掘和提炼。要把这些矿石变成市场需要的金饰品，需要团队去做工作。

未来的消费内容布局需要有前瞻性的判断，这取决于专业眼光。如果我们现在开始入手，那么我们的现金流基本上是不够的。虽然很多内容需要赶紧去做，可这也必须根据团队的具体情况来。考拉看看团队起步时是从布局未来的消费内容开始做的，比如我们所做的曾康霖老师的传记、褚时健先生的很多内容。当团队后来具备了一定的财务能力和团队能力，我们才开始布局更多的未来内容。

很多内容需要被固化和记录下来。内容是很多事业的原点，我们说文化，离不开内容，我们做品牌，也离不开内容。因此，从本质上讲，内容行业的竞争是当期、长期和未来内容的竞争。

未来有太多的内容需要我们去做，我们越往后走，困扰我们的主要不是财务压力，而是担心团队成员的素养不足。所以考拉看看早期的融资只有一个理由：寻找合适的人加入团队，培养现有团队的作战能力。

不过我也时刻提醒自己，要保持谨慎之心。我还提醒中高层人员在各种内容的判断上要做充分的分析，尽力保持内容平衡，各种内容的投入和执行要做搭配，热心的努力一定要找对方向。我们的整体计划是，先抓现金流内容，同时布局未来的潜力内容——包括公益性内容。我们从事内容行业，既要让团队有效益，也要综合分析去拥抱各种内容，即使有些作品并不畅销，我们也愿意去做。

∞ 每家企业都需要一本自己的书

每次接待投资机构的时候，我们几乎都会被问到：内容团队的天花板在哪里？这个问题我们一开始就看得很清楚。还有一个问题也会经常被问到，那就是：现在还有人看书吗？

关于“现在还有人看书吗”这个问题，每年的图书销售数据就是很好的回答。关于内容团队的天花板的问题，我觉得答案取决于我们的视野和方向。在我看来，每家企业都需要有一本自己的书，而仅仅是这一个市场，天花板就已经足够高了。我这么说并非安慰别人，也不是随便说说，而是有清晰的逻辑。

如今，在市场上流通的企业主题图书，或者说深度内容多数都是有关头部企业、超级企业，比如有关阿里巴巴、腾讯的内容，这些塔尖企业衍生出来的内容占据着主流阅读市场。可是所有市场都是分层的，而企业是在不断进化的，今天的大企业在未来可能会变得更大，今天的小企业在未来可能会成长为中型企业。这些明天会成长起来的企业就可能成为我们潜在的内容源和合作伙伴。

当然多数企业不能成为腾讯，也不能成为阿里巴巴。但是未来的头部企业大概率会出现在这些新成长起来的企业中。

我为什么说每家企业都需要一本自己的书呢？这是企业产品和文化露出的需要。传统企业向别人介绍自己时往往会制作出精美的图册，并把图册 / 手册作为赠礼送给别人，这也是企业宣传自己的惯用手法。但是这些图册 / 手册并不受欢迎，而如果我们把企业图册 / 手册转换成有价值的内容，那么它就有可能变成畅销书，变成需要用户购买的内容。站在商业逻辑角度讲，这是截然不同的操作：赠送的图册是免费的，是用户在被动消费；而把图册 / 手册做成图书，需要用户花钱购买，是用户主动消费。借用大数据的沉降逻辑，优质的内容会吸引潜在用户，而潜在用户付费购买内容，实际上已经帮助企业完成了一轮用户筛选。

这样的操作在日本已经成为非常流行的方式。从成本上说，企业购买类似考拉看看这样的深度内容机构的服务，综合成本并不高。可以说，这是一种成本低、效果好的企业宣传方式。

成本高不高，不要直接看价格，而要看效果。用一元钱买一个无效的东西，成本是高还是不高？

回到团队管理问题上。大型企业的内容服务是考拉看看团队当下需要重点抓住的，而对中小型企业的内容则要做持续铺垫，就像做风险投资，这是一种平衡现在与未来的选择。

当然，市场基数大并不意味着可以拿下这些市场，即使在同样的天花板下，有些企业也根本没有机会摸到天花板，而有些团队则可以把天花板不断往上提升，持续摸高。换句话说，天花板在哪里，更多地取决于团队如何认识这个市场，如何真正拿下这个市场。

有市场不等于可以拿下市场，而要拿下市场首先必须意识到市场在哪里。面向企业的服务市场仅仅只是其中的一个方向，而这个市场在未来肯定会越来越好，即便是呈现形态不同，但它会有很大的成长空间。

考拉看看团队有一个宏大的计划，那就是先完成主流企业相关内容的沉淀和呈现，再逐步建立中小型创新企业的内容案例库，并把这个内容库做到足够大，通过团队的努力，实现“内容银行”的滚雪球式发展。

∞ 文化力的影响

褚一斌先生曾给考拉看看成都团队做培训，在培训中，我印象深刻的是，他告诉大家要沉下心来做事，把事情做好。他之前做金融，后来却埋头进入了农业领域，而这个领域的价值变现周期很长。内容行业也是如此。因此，我们都认为要和时间做朋友，相信价值总会起来的。

为什么要和时间做朋友？因为文化的力量很大，可以影响很多人，可以给公司带来更多的机会和订单。而文化力是需要时间来做转化发酵的。

我创业前有一位同事——小雷总，后来她辞职去做保险。在很多人看来，她放弃了一份很好的工作，因为她在曾任职的媒体单位，把行政工作做得顺风顺水，且她的薪水不错，正处于事业上升期。但她仍然决定辞职，去过另外一种生活。

在和她聊保险之前，我没有什么保险意识，甚至对保险还有一些抵触情绪。可是当我与她沟通以后，她把保险理念传递给了我，很快我便购买了保险，同时我还成了她的“兼职推销员”，但凡碰到朋友，我就会提醒他们关注保险。在我看来，我是被她介绍的保险理念所打动的，这种文化理念给我带来了很大的改变，让我愿意向身边的朋友推荐保险，告诉朋友可以拿出一部分资金做保险配置。

回想我朋友的离职，其实也是受到另外一种文化力的影响，这种文化力来自当下很多人生活富足以后追求一种“双重自由”的生活状态。

我们一直在研究褚橙为什么会取得成功。我们发现褚橙第一步走向全国，就是励志的文化力影响了读者，这些读者成为用户之后又开始传播褚时健先生的故事，进而让褚老的故事得以持续传播。这里的道理很简单，因为大家认同了褚橙文化，认为褚橙是一个励志的橙子，所以才会去消费它。我们团队也深受褚橙文化的影响，这种力量让我们相信，事情的规律是，只要你认真去做某件事，你就能做得好。所以我们坚持优质的产品主义，坚持创作优质的内容。市场也证明，文化力通过文化作品，可以影响很多精准的用户，当用户认同这种文化后，会自觉不自觉地参与其中。如果企业在经营文化力的时候，有意识地进行引导，那么这种转化效应是十分明显的。

我说的这种文化力和文化作品现在正普遍用在社群建立上，通过人—文化—产品进行三向连接。文化力说起来是抽象的，但文化作品是看得见摸得着的，所以现在的机场书店、城市书店和线上书店中，但凡有些规模的企业都有它们自己的文化作品——当然以图书居多。图书是一个很好的载体，既可以承载企业文化，又可以连接用户。

如今一个越来越明显的现象是个人 IP 的崛起。企业和个人都开始重视文化力的运用，出版作品，推出课程，以及很多的文创产品。这些文化作品作为一种媒介，帮助企业把更多的用户连接在一起。这样的连接就像区块链一样，未来有很多中心，每一个人、每一家企业都是一个中心，如何与周边进行连接，这一定需要文化品牌的塑造。人与人的不同，企业与企业的不同，归根结底是文化的不同。品牌的变现逻辑，一定是影响同类人，这个同类、同化、同理的过程，最终还是归结为文化的认同。

∞ 化繁为简

考拉看看有一个专门做金融投资领域内容团队，叫“钱瞻”。这个内容团队既做图书的编辑和出版，也做有关的线上和线下培训。综合来说，就是做大理财领域的内容和服务。

钱瞻团队是在考拉看看主体稳定以后成立的，主要是为了统一战线，也为了给团队以信心。所以我们在筹建钱瞻团队的时候，就为其转入了一些现金流业务，比如其中就有一个商学项目。这个项目的成长性很好，尽管粉丝的绝对数量不多，但是有很多铁粉。后来这个项目的合作周期延长，团队负责人拿着草拟合同问我有什么意见。其实这个合同该有的条款基本都有了，写得很完备。我对负责人说，很多格式条款都可以不要了，关键是把续约的核心条款弄好，其他越简单越好。

为什么要这样做呢？一是这个合同是续签，原来合同里面基本的约定都有了，这次续约最重要的是调整钱瞻团队的分成比例；二是双方已经在口头上达成了一致，可以开展更多的合作，协议也就是走个流程而已；三是此前因为沟通的问题，双方的合作搁置了一段时间，这次是再续前缘。双方合作已有多年，且合作比较通畅，很少有争议，可以说双方都是奔着市场去的。

合作这件事情，尤其是沟通合约条款，的确需要锱铢必较。可是我同时也认为，相比繁杂的合作条款，更快地开展合作更为重要，双方合作是否有问题，只有上路了才知道。如果能将合作条款化繁为简，也不是什么坏事情。协议对君子才是有效的，如果不要那么多条条框框，那么对任何一方来说，都有很大的灵活运作空间。

大家都是聪明人，谁也不比谁笨一些或聪明一些，合作都是奔着好的方向去的。如果双方已是比较长期的合作伙伴了，各自也没有大的潜在风险，那么大家尽快展开合作，拿下市场，才是关键所在。

还有一个类似的案例。我们经常接到杂志或图书的装帧设计项目，有些项目我会给意见。这时一般我会问设计师，他的设计范式是什么。如果他可以几句话就把范式说清楚，一般这样设计出来的效果都不错。一本书的设计无外乎是封面和字体、图案格局，只要掌握了大的原则，格式统一，设计的项目基本就会比较规整。我看设计作品，首先是看整体，然后才看大的格局是不是符合方向，最后才去关注更加细节的内容。

我想这也是化繁为简，搞清楚大原则，基本方向就对了，然后才想办法在执行过程中，在大的框架之下，把细节做好。

任何一份工作或一个项目，又或者是一件事情，都像一棵树一样，有主干部分，有分支部分。我们想做到化繁为简，就需要看到主干，知道主要脉络，其他点缀的部分总是依托主干的。我想到一句俗话，“一叶障目，不见泰山”，要看见泰山，就要化繁为简，看到主干。

∞ 串串的市场逻辑

串串是四川的一种小吃，这种小吃现在中国很多地方已经生根发芽了，甚至发展到了其他国家。“串串”在四川话语里还有另一层意思，即指那些四处串联资源的人，比如说某人是一个“串串”，大体意思是说这个人比较善于融合资源。

这个比喻很形象。串串是一根竹签一端穿上各种食材，下到锅里去煮，上桌时可以直接带锅端上来，也可以把煮好的串串放进汤锅里端上来。各种食材经由竹签变成火锅的另一种吃法，很受人们欢迎。

作为小吃的串串，其历史大约只有20年，它接近于火锅，可以说是火锅的衍生品，但是又和火锅有很大的不同。作为后来者，为什么串串可以很快占领市场，甚至大有后来居上的气势呢？

说食物就离不开说味道。我们首先来说味道，味道是食物的基础。串串的味道和火锅接近，但又不一样，它们的味道尤其受到食材、底料和调料三大关键因素的影响。不过，评价串串的味道好不好，可谓是千人千面，多数人都有自己独特的喜好。味道肯定重要，但是没有人能说得清楚，火锅和串串究竟哪个味道更好。你看大街小巷都是火锅店和串串店，很多也不是连锁，但味道好的店，门口总是有人在排队。

火锅的味道有一个关键是掌握火候，就是要掌握烫菜的技巧。一桌子人坐在一起，有多少个人就会烫出多少种味道。可吃串串不同，串串可以煮好上桌，也可以在桌上煮，过程极简，手把竹签埋进汤料，想动可以动一动，不想动就可以一直煮。不像吃火锅，如果想要极致的味道，还要讲究烫的技巧。吃火锅给人的感觉是人在伺候食材，食材是主角；而吃串串则回归到吃的本身，以吃为主，吃的人是主角。串串是一锅煮，熟即可，一桌子的人，味道对每个人都是平等的。所以从体验角度来说，串串基本不用涮，符合多数人偷懒的需要。这种心理就像如果有快递送货上门，那么你多半不愿意下楼取件一样。

我不能说是吃火锅的体验好，还是吃串串的体验好，它们各有各的好。对于市场来说，用户喜欢的才是最好的。串串能火起来，体验好是一个很大的原因，但根本原因还是消费逻辑。串串打开了一个新的市场。

吃火锅是一群人的狂欢，吃串串是一个人的独赏。我这么说是基于消费逻辑，因为很少有一个人去吃火锅的，但一个人吃串串的情形还比较多。比火锅和串串更下沉的是冒菜。总体来说，吃火锅一般是三五个人一桌，而吃串串单桌人数普遍比吃火锅的人数少。为什么呢？因为消费火锅时点菜是按盘算的，每锅底料是以锅算的，但吃串串则不一样。有些串串是要收锅底费的，但是锅底费低。一盘火锅菜可以串成好几个串串，换算来说，串串的平均消费价格比火锅的要低，适合人少的组合消费，而火锅适合人多的组合消费。

现在的市场上，用户年轻化，上班族多，单体消费多，人们周末吃火锅，平常吃串串。所以消费逻辑的变化，让串串能在市场中崛起。还有一种基本和串串同时兴起的小吃叫冒菜，它可以说是浓缩版的火锅。从消费市场来说，火锅、串串和冒菜形成了三足鼎立的格局，而三者的消费价格却是递减的，单次消费人数同样是递减的，吃冒菜的人大多是单人消费。

火锅、串串、冒菜的消费用户的变化和内容市场有相似的地方。在内容市场中，大企业订购内容产品，好比是吃火锅，中小企业消费内容产品，则好比是吃串串，而越来越多的个人进入内容市场，消费“冒菜式”的内容产品。如此看来，任何一款产品只有精准定位才能有市场。

比如考拉看看的“作文君”团队，是面向大企业或集团性用户的需求而提供内容服务的，而“书服家”团队，则直接面向个人用户，以向个人提供内容出版服务为主。至于消费“串串类”的内容产品的，主要是中型体量的企业，也包括一部分具有 IP 孵化能力的个人用户。这类用户需要更多资源驱动和串联，倒是和成都人对“串串”的形容有些接近。

从美食逻辑来看，无论是火锅、串串，还是冒菜，肯定是味道好的门店更受欢迎。说到底，内容市场考验的还是团队的专业能力。

∞ 品牌的温度

品牌是需要保持温度的。现在的热点很多，且信息又很碎片化，一个热点往往很快就被人们遗忘了。或者说不断有新的热点把旧的热点给覆盖了。因此，我时常建议我那些做企业经营的朋友，一定要保持品牌的温度。

你如果有煮水泡茶的经历，可以把这个过程类比一下。煮一壶好水，火最好是炭火，而不用燃气灶或者是电热炉。如果用冷的铁壶来烧水，那么水沸腾是比较慢的；如果铁壶有一定的温度，那么壶里的水就沸腾得比较快。如今大家都追求快，而要保持品牌的温度，就需明白其背后的逻辑：一旦一个品牌的温度下降，要重新让用户感觉到它是滚烫的，是很不容易的。只有让品牌一直保持比较高的热度，它的价值才会被放大。

保持一个品牌的温度是很难的，它既受到信息碎片化的冲击，又受到新品牌覆盖的影响。品牌发展的新趋势是，如果企业不努力去维持品牌的温度，品牌的热度就会下降。如何抵御时间的冲洗和信息的覆盖，对于那些曾拥有高热气息的品牌来说，是个有难度的工作。

品牌的真正影响是让用户产生深入其心的认同，这种认同最大的根底是品牌文化，品牌通过文化的表达去持续影响用户，让用户和产品之间形成持续的滚雪球效应。

巴菲特说雪球要越滚越大，需要两个关键指标：一是长长的坡道，二是很湿的雪。保持品牌的温度和滚雪球一样，需要这两个因素。那究竟如何找到保持品牌温度的长长的坡道呢？这主要依赖品牌的持续不断的“发声”，持续“发声”才能形成重要的坡道。好的品牌不能在用户或潜在用户面前变成“哑巴”或“透明的玻璃”，而是要做他们的“红绿灯”，为他们创造价值。只有让品牌持续“发声”，才可以让品牌保持温度，让品牌被外界持续关注。

保持品牌温度的第二个指标是有很湿的雪，这里的“雪”指的是产品的价值。品牌必须通过产品才能显示出它的与众不同，所以品牌的营销要回归到产品上来。真正优质的产品，适合用户的产品，黏连性很高的产品，就好比是很湿的雪。产品要具备黏连性，依然需要用户价值的累积。

我支持从重视产品和累积用户价值角度两方面来保持品牌温度，这种温度是在和用户的互动中产生的，这种互动可以提升品牌影响力，并将其转化为产品销售。经营企业必然需要销售来实现利润变现，所以品牌的温度直接关联到产品利润的变现。

任何一个品牌，都不能走出用户或潜在用户的视野，必须让他们时刻关注到品牌的活力和热量，这就是保持品牌的温度。如何做到？还是要回到产品本身，回到用户价值，回到持续“发声”。当然这种“发声”不是简单的吆喝，而是充满技巧的传递。

度

[有限的完美]

“理想的完美和现实的完美有很大的距离，无论是大的团队还是小的团队，都面临着追赶时间的问题。团队需要在有限的时间里做出相对良好的结果。”

∞ 有限的完美

我是一个完美主义者，可是后来却发现自己必须接受有限的完美。所谓完美，都是平衡的结果。也许留有一点遗憾，也是一种完美。

很多时候，妥协都让我有心理压力。我会有犹豫，但是必须做出选择。

理想的完美和现实的完美有很大的距离。我不确定是否因为我们还在路上，各方面的条件比较有限，所以做不到尽善尽美。可是无论是大的团队还是小的团队，都面临着追赶时间的问题。团队需要在有限的时间里做出相对良好的结果。

我们做案例分析时，经常担心。有些人没有被采访到，让采访结果不甚理想。可是林语堂写《苏东坡传》的时候，也没有办法见到苏东坡，他是通过查询大量的资料，用完美的文笔将苏东坡复活了。他的《苏东坡传》写出了苏东坡的精彩一生，至今无人超越。

做案例分析时，我们也会查阅比较多的资料，可总觉得资料不够。比如我们在创作马蔚华先生的口述自传时，我们有直接的对话采访资料，也有很多相关视频和口述资料。可是进入内容整理环节以后，团队成员形成了两种截然不同的看法，有的人觉得资料已经很丰富了，有的人则认为现有资料比较少，还不够。

类似的情况也发生在我们创作《大熊猫之路》的时候，当时我们担心资料不够，总是在不断收集资料。

我们做一本书，一般都限定在十万字左右，所以内容尽量要干货满满，大家只有努力地去找各种资料。这就是我们面临的现实。

如果只有这些米，那么我们会熬出什么样的粥？在仅有这些资料的情况下，我们重新研究分析就是不完美吗？其实不是的，这考验的是我们的经验和见识，考验我们怎样在有限的条件下做出“大餐”。

首先，我认为要跳出来看这件事情，从心态上接受相对完美的状态。所谓美，其实是相对的。如果说完美是一种极致，那么它的另外一面很可能就是僵化。多一分则过，少一分则不够，要维持这种状态肯定是相对的，必须有参照物。比如同样的内容，不同的人来看，感觉是不一样的。同样的书，一百个读者有一百个评价。

其次我们要理解相对的观念。如果只是追求完美，而不理解相对状况，那么则会陷入一种偏执的执念。

每个人做事都想做到完美，可是完美是相对个人的，是一个人理解这个世界的完美状态。有的时候，我们必须面临一个选择，那就是接受相对的完美，判断我们可以达到的相对完美度。

我逐渐认为，这个世界没有绝对完美，只有相对完美。我们要做的是调整心态，实现相对完美和绝对完美的平衡。

这不是妥协。我们追求的价值观，也并非完美的价值观，而是相对完美的价值观。

我不由地想到一句老话：改变能改变的，接受不能改变的。

李泽厚不是历史学家，但是他用美学的方式演绎了历史，一定程度上说，符合逻辑的就是完美的。我们公司的完美作品就是用自己的逻辑创造出适应客户需求的产品。一个公司一定要有自己的逻辑方式，并借助这个逻辑说服客户接受。这就是完美。

∞ 过去不留

每次团队中有人辞职，我都比较难过。有些时候我们觉得个别人的工作有问题，打算找他谈话，让他有机会改进工作。或许是“心有灵犀”，突然我就收到了他主动辞职的消息。

这个时候，我感到比较迷茫，会反思团队的管理是否有问题，是否没有照顾好同事——比如待遇问题、环境问题。可是无论我们多么悲伤，无论我们怎么挽留，有些辞职的同事还是没能留住。

眼下有一位同事提出了离职，而团队正在评估她的工作状态。我们打算和她进行沟通，希望她调整工作状态。可她给出了离职理由：一是她自己喜欢写作，尝试了一年，仍然无法适应我们团队的商业写作；二是她要处理家事。

之前团队管理层有一个共识：凡是提出辞职的人，公司都不挽留。

这说起来好像很没有人情味。可是一个人向团队提出离职，肯定是有原因的，这个原因基本来自两方面：一是成员自身的，二是团队的。

成员自身的原因，我们很难把握。但凡他提出来了，基本是去意已决了，即使我们挽留也留不住他的心，人迟早是要飞的。关于团队的原因，不外乎是待遇、发展空间和认同感的问题。这三个因素是影响团队管理很关键的因素，要想即刻改变，很难。大家可以努力，可以磨合，但也要接受团队的现实。并非说团队不可以为一个人做出改变，但这种改变是需要平衡的。

铁打的营盘流水的兵，过去不留。前不久有人来面试，负责招聘的陈兰让我见一见。我一直觉得，这个行业，见面就是找一个感觉，行不行，只有来试才知道。我见了这个新人，她毕业一年，有在报社工作的经历。我和她聊得很坦诚。她来应聘，一半因为男朋友，一半是想找更大的平台，所以才从“五线城市”来到成都。她很勤奋，一边工作一边写网络小说，还接一些写作散单……

我们正在筹建未来内容学院，需要引入一批新人。如果让我给她打分，我认为她刚刚合格，可以让她试一试。问题是，她不是很专心。一个人如果真的专心于她的工作，是不会有太多时间来做很多其他事情的。考拉看看要找既专心又勤奋的人。但是最后我还是打算让她来公司试试。

我告诉她，她可以加入团队试试看，但在做这个决定之前需要慎重考虑。创业团队要求成员专注于工作，我们几乎没有业余时间，基本都在加班。虽然我们公司有上下班打卡制度，但是经常会工作到很晚，而且有一周工作六天的打算。如果她加入公司，预计未来两年的时间基本要交给公司。而且她的写作方向要符合公司的规定，并非自己想写什么就写什么。她也会没有时间做兼职，因为公司需要专注的人……

我这样说，因为这就是我们的真实情况。当然我们的工作没有预想的那么辛苦，我只是想告诉她，她需要慎重考虑，以免彼此耽误。

后来她说需要考虑两天。如果她决定放弃，那么我认为她放弃了一个机会；如果她选择接受，那么我想她加入之后会觉得并没有我说的那样严重。后来陈兰问我，为什么吓人家。其实我没有吓人的意思，而是希望真诚地来面对自己的选择。我们要找的是 100% 甚至是 120% 专心于公司业务的人。如果新人没有这样的心理准备，那么迟早是要分手的。

我时常想起，那些离开我们的人，觉得很遗憾。他们来向我告别时，我甚至有些不适应，不知道该说什么。无论如何，我都心存感激，毕竟大家共事一场。除了感激，我还有八个字想对他们说：照顾不周，望多保重。

∞ 半路离开的人

有时我们团队成员之间交流，大家都有一个感觉：人不好请，工不好招。其实，如果有人进入团队，适应了团队，后来却流失了，这是比较可惜的事情。

我所说的半路离开的人，并非刚加入公司不久，甚至还没有转为正式员工就离开的人。这些人不算半路离开的人，因为他们还没有真正加入团队。半路离开的人是指已经在团队里工作了一段时间，但是没有能继续和团队走下去的人。从我们的过往经历来看，半路离开的人，主动离职的较多，被团队请离的较少。

每次有人半路离开，我都在想：他们既然选择了我们团队，为什么会中途放弃呢？虽说铁打的营盘流水的兵，人员流动很正常，但是有人主动离开，不外乎两个原因：一是对我们团队的现状不满意，二是对我们团队的未来失去信心。当然也有人是工作了一段时间以后，发现自己的规划与团队的规划相去甚远。当然也有的人是被挖角了，有了看起来更好的选择。

至于有人被动请离，这一方面显示我们选人有自己的原则和标准，另一方面说明我们的培训机制没有把他们培养成符合我们团队成长的人。

当然我们也要反思我们的管理：团队有没有凝聚力和向心力？创业公司短时期内难于和别家公司比薪资收入，我们拿什么聚集创业伙伴？

每个人都有自己的梦想，他可以这样投身前沿的互联网公司，也可以去山里做农夫。一个团队聚集在一起，一定是有核心目标的，也是有规则边际的。这个规则一定是团队规则，如果他不能适应团队规则，那么他在团队里肯定会日渐游离，最后无论是主动还是被动，流失是必然的。

半路下车的人，尤其是那些已经适应团队或日渐优秀的成员，他们的离开，对公司的确是很大的损失。但是对于这些人，我们并非一味挽留，而是和他们进行沟通，希望他们认真评估自己的职业发展。

在创业公司中，无论是合伙人的成长还是员工的成长，都是队伍的成长，是彼此默契的人，把一件事共同往前推进的过程。不是每一个创业团队都是“梦之队”，只能说每一个创业团队都想努力成为梦之队，大多数队伍里的人才是良莠不齐的。人员开始流失的时候，我们感到很焦虑，但是几年下来，我们逐渐对人员流动有了更平静的看法。人员来去很正常，一方面是个人选择的问题，另一方面是团队凝聚力的问题。解决团队人才流动问题的核心在于不断将团队做强，做成一块磁铁，从而变成一个有吸引力的组织。

“物以类聚，人以群分”“不是一家人不进一家门”。既然有人在半路离开，各奔东西，我们忧伤没有用，怀念也没有用，过去不留。无论如何，我们要感谢那些半路下车的人，毕竟他们过去为团队做出了贡献；我们也祝福他们，希望他们如意。成人之美是一件乐事！

至于未来，是相忘于江湖，还是剑拔弩张于同业？又或者是各自远观，还是在桌上推杯换盏？这些都不重要。如何照顾并培养好留下来的人，如何吸引新的人才加入，如何把团队打造成铁军，这些才是我们应该思考的事情。

∞ 我们和谁相处？

某天之内我接到了有两个同事要和我们分手的消息，一位来自原创部门，一位来自视频团队。

团队中有人辞职很正常，可是我很关心他们辞职的原因。在我看来，他们干得都不错，而且考拉看看给了他们比较大的成长空间。我很好奇，他们为什么要离开。其中的一人说自己离开，60% 的原因是认为自己不被部门负责人认同，两人有冲突，40% 的原因是认为在团队中无法实现自己的价值，希望去做其他事情。

这两个原因都很重要。如果一个人在团队中没有认同感，觉得无法实现自己的价值，那么他离开以寻找新的机会是一个不错的选择。如果换作是我，我也会如此。

不过我找他沟通了好几次，他后来说主要原因是他对自己的部门负责人有意见。我很关心这个问题，究竟是对事有分歧，还是对人有意见，这是两个截然不同的问题。我们不因事废人，也不因人废事。

人处于任何一个团队中，都要和他人打交道，可以和而不同，也可以同而不和。沟通到最后，我越感觉他是对他的管理者有意见。如果因为对团队中的某一个人有意见，就非要辞职，那么我想这个人要么是找个理由敷衍人，要么就是待人做事很自我。

我比他更了解他的管理者，两人是有性格上的不同，但是远不是他说的那么不好相处。无论你在什么地方工作，做什么事情，和谁打交道，最终都是和你自己相处。我们需要学会妥协，如果只看到别人的不好之处，看不到自己的问题，那么你肯定总是碰到不如意的人。

视频团队是我们正在孵化的一个团队，他们刚刚开始磨合，其中有两个成员还在念书。据说他们是因为课程紧，感觉对工作无法全力以赴，所以选择放弃。其实他们的这个选择没有所谓的对错，对团队来说也是负责任的态度。视频团队的负责人征求我的意见时，告诉我他很难过，因为从感情上来说，他希望小伙伴能坚持下去，但从理性角度讲，他又觉得不能去为难他们，希望他们走自己的路。

此时我们的视频团队正在做一个准备了比较久的项目，这个时候他们两人提出离开，我觉得这并非负责的做法，但我也认为，这也无可厚非，一个团队中总有人选择提前下车。我认为，无论这两个小伙伴是主动离开还是被动离开，又或者是因其他原因离开，都是可以理解的。在前进的路上，总会有人提出分手，有时候是同事，有时候是合伙人，这真的很正常。人各有志嘛。

别人的选择我们很难左右，关键在于我们自己要坚持自己的选择。我对于离职的事情的处理很简单：要么做好挽留工作，尽力说服小伙伴继续在一起创业；要么祝福小伙伴就地解放。我们也会尽力去寻找可以陪伴我们前进的新伙伴。

我们自己应该放下这件事情，选择和谁相处，是我们自己的事情，难过没有用。兵来将挡，水来土掩，缺什么就补什么吧。不换世界就换心态，不换心态就换状态。

其实面对上述小伙伴的离职，我很想尽力挽留。一方面，他们现在面临的矛盾并非不可调和，他们并不是非走不可，问题可以想办法解决的。另一方面，他们与团队其他成员已经磨合过一段时间，彼此有所了解，如果换作新的人，就需要新的磨合，这是充满不确定性的事情。当然如果他们实在不愿留下来，我们也只能坦然接受，祝福他们。

前进的路上很孤独，我们选择和谁相处，最终都是和自己的心相处，大千世界，一心而已。

∞ 限时完成

看到这个题目，你或许会有些疑惑，这和我们追求的匠人精神会不会相背离？限时完成一件事情，在我看来，是超强的时间管理技术，这种技术是可以刻意练习完成的。如果我们可以限时完成一件事情，那就是在时间管理技术上的提升。

很多人说生命只有一次，很少有人说时间只有一次。我们经常听到有人说现金成本，却很少听到有人说时间成本。我估计只有做金融的人——比如炒股的人，才会比其他人更明白时间就是金钱的道理。

限时完成是我自己累积的一个经验和认识，我特别推崇这个理念，甚至认为一个人如果可以限时完成计划，那么她 / 他的执行力是很强的。如果一个时间管理者的动力并非来自外因，而是来自个人的自我约束，那么这个人真的非常厉害。

我希望成为这样的人，所以一直在运用并向人分享这个理念。

我曾在媒体工作过一段时间。当时每天出版的报纸要在前一天晚上完成编辑、排版和印刷，时间很紧张，所以报纸的编辑部会严格规定交稿时间。

我在媒体工作的这段时间，无论是做一线记者还是做管理，几乎每天都是限时完成计划的。因为不限时完成，就会影响事情的最终结果，比如如果发稿延误一个小时，那么从制作到印刷就可能晚几个小时，而这最终会直接影响报纸的销售。这还只是在传统的媒体行业里。而在新媒体行业里，时间更是生命线，因为一些竞争直接决定谁能更早地完成，谁能更好地变现。

大多数人接受的理念和习惯是慢工出细活，这个细活是用时间堆砌出来的。仅从逻辑来看，慢工并不一定真的出细活，它往往出的是拖延症。慢工出来的细活，市场是否愿意接受，也是存在疑问的。

我们坚持用户价值导向，遵循用户认同导向，只要市场存在，用户选择就会存在，限时完成任务或计划会给各方节约时间成本。

当然很多人会说，时间仓促无法保证质量。可是又有谁可以保证，时间充裕就能确保作品质量呢？况且时间长短的标准是人制定出来的。在传统效率论之下，我们可以去尝试缩短时间，提升效率。

任何一个行业，都有提升效率的空间，效率的提升会带来行业变革。

限时完成的习惯是可以刻意练习的。比如参考个人和行业，同一件事，我们肯定有一个公允的完成时间。在确保质量的前提下，缩短完成时间，那我们就能领先市场，更重要的是可以取得进步。

限时完成需要监督机制，这是我们的经验。个人的惰性在团队目标的导向下，可以被逐步克服。分配任务或全体攻关的时候，必须明确时间要求、质量要求和验收制度，尤其是贯彻快速出产品的思想至关重要。

我们相信世界上是有特别厉害的塔尖人群的。但改变人类历史的多数还是团队，团队的力量肯定会超过个体的力量，有些英雄不过是团队的代言人而已。限时完成除需要我们有此意识之外，还有很多方法可以运用，这些方法需刻意练习。

比如我们创作一本书，如果限时一个月完成，那么我们就将这本书的创作工作拆解成不同部分，然后各部分工作同时展开。我们团队最快曾在 10 天左右完成一本书，经常倒逼机制下按时或提前完成用户的要求。

团队限时完成的能力是我们的竞争力。无论对于团队还是对于个人来说，提前高质量完成任务的确是一件值得祝贺的事情。时间有时候宝贵到我们都不知道如何去后悔。比如我们曾有一个创业项目，面临 2500 万元的融资机遇，如果我们在三个月甚至是六个月的时间里完成净调，那么一切都自然而然，皆大欢喜。可我们用了九个月才做完，尽管签了投资协议，但因为突如其来的变化，融资最终还是终止了。

在考拉看看团队内部，我们正在形成一种文化理念和行事方式，“动作要快，姿势要帅”。

∞ 合适的房子

团队里经常有人问我关于买房的事情。什么样的房子是好房子？合适的房子。“合适”是一个比较难界定的标准，每个人的标准都不一样。

我自己曾错过好多合适的房子。比如我有一次看中一套房子，价格和位置都很合适，尽管处在比较老的小区，是顶楼，但可以上到屋顶，站在楼顶望出去的视野很好。可最终我没有买到，因为限购政策。当我正在考虑如何腾挪以满足限购政策的时候，这个房子就被别人买走了。

我还错过一套前后都带院子的房子。这套房子特别适合改造成社区茶室，且它尽管是在一楼，但前后通透，采光很好，距离太古里和春熙路都很近，无论是自用还是用来做成分享空间，都是很好的选择。可我仍然没有成功入手，一样是因为迟疑了一下，房子就被别人买走了。

我朋友说，收藏里有一种精神：看见即拥有。可错过这些房子，我还是觉得比较遗憾。后来我还专门跑去看了两次，想知道新的房东会把它装修成什么样子。

我去的时候，房东正在做装修。他把屋前的黄桷树砍掉了，把前面的小小院子圈进了房子里，看起来中规中矩。我开始觉得这样做很浪费，为什么要把好好的树砍掉呢？可是后来又想，房子对于很多人来说，是一个私密空间，无论他怎么装修，都是想让它变成自己喜欢的样子，只是，每个人喜欢的风格不一样而已。

我告诉自己，或许是缘分还没有到，这些经历就是为了让我遇到一套真正适合我的房子吧。

合适的房子，既有财务预算的合适，也有空间大小上的合适。比如我一直想要一套比较私密的房子，可以陈列自己收集的旧物，并把它做成和朋友聚会的空间。

它应该是一套什么样的房子呢？有一段时间我比较迷恋将老城区的房子进行有机更新，它似乎更有烟火气息。在我看来，一楼带着小小院子的房子和顶楼可以上到天台的房子是首选。老小区没有电梯的话，中间楼层就不考虑了。但如果考虑房间的干湿度，中间楼层是比较合适的。从财务支出角度来看，价格不要太高。这个价格当然也有一个相对标准，既要考虑相近地段的均价，也要考虑自己的财务能力。

看二手房比较有意思的是，有时候会遇到很多故事。有一位老大爷想把顶层的房子卖掉，他说他自己购入的时候大概只花了 4 万元。看到这个价格，大家都知道。这是 20 年前的老房子了。可他请的是香港设计师来设计和装修，当时花了 20 多万元。推开他家的门时，我的确被震撼了，房子整个墙面都被泰柚包了起来，门和墙严丝合缝，玻璃是 20 年前流行的茶色花纹玻璃。置身其中，我感觉自己一下子就被拉回了多年前。

他给我看他的身份证，说他已经 70 多岁了，房子的外立面刚刚被政府修葺一新，估计几年内这个小区不会拆迁。他一直舍不得租给别人住，所以决定转手卖出。

这所房子曾是他的心头之爱，可是如今却等着将之转手卖掉，我想，他心里多少有些忧伤吧。

∞ 要不要换一个更好的办公室?

要不要换一个更好的办公室？这好像是一个特别简单的问题，多数人会说，当然要争取换一个更好的办公室！对于我们这些创业的人来说，最先考虑的问题是成本，只要成本合适，没有人不愿意在更好的场地办公吧。可是究竟什么样的状况才是成本合适呢？

考拉看看迄今为止换了一次办公室。考拉看看刚刚筹建的时候，没有办公室，我们就从上一次创业时的农业公司辟出了一间房子，大概几十个平方米，把它当作办公室。这间小小的办公室在成都莲桂西路 48 号的后院里。当时，我们自己找了一个工人将墙壁刷成深灰色，又围着两面墙壁做了一排用角钢焊接的书架，书架逼近天花板，有三米多高。我们当时也没有购买办公桌，而是请焊接书架的工人顺带焊接了两个正方形的架子，再在上面铺上正方形的板子充当办公桌。非常简单，几天就将办公室搞好了。

一开始很少有人拜访考拉看看，因为做内容工作周期比较长，那个时候考拉看看还没有形成今天的各种工作线条，很多项目一般都要几个月才能见到业务成果。后来考拉看看有了一点基础，开始孵化“蓉漂”品牌，陆续也开展一些小小的活动。来拜访的朋友都很喜欢这个环境，尽管考拉看看的办公室很小，但这间房子外面有一个大约两百平方米的院子，阳光好的时候，朋友们在院子里聊聊天，喝喝茶，非常舒服。

后来加入考拉看看的人逐渐多了起来，比如“蓉漂”有了专门团队，熊玥伽带领的原创小组逐渐有了建制，我们就开始物色新的合适的办公场地。选来选去，最终考拉看看搬到了现在位于成都建设路附近的办公室。

这块地皮属于成都电焊机研究所，是20世纪七八十年代的老房子了，大约是北京的“798”和成都“东郊记忆”的同类版，不过“798”和“东郊记忆”经过系统改造，成了城市文化地标。电焊机研究所将房子租给我们的时候，这里还是一间仓库，我负责将之改建成现在的样子的。可能有点王婆卖瓜自卖自夸的意思，我很喜欢改造后的状态。

改造这个场地，我们很节省，花了10多万元。后来我们反思，可能是因为没有改造经验，有些成本其实没有省下来。后来随着考拉看看的成员越来越多，我们就又在电焊机大厦里租了另外两个办公场地。

随着考拉看看做出的内容作品越来越多，更多的人开始拜访考拉看看。拜访我们这个办公场地的人有两种截然不同的反馈，有的人直接劝说我们应该换一个高大上的场地，他们认为考拉看看很有实力，可是一看办公环境，感觉又不像真的有实力。也有人却会觉得这里的办公环境特别好，闹中取静，只有一层的办公室里面有比较大的书架（从原来办公室搬过来的）、各种旧制的实木家具等，有点复古风格，加上门口有一棵大银杏树，这些让他们都很喜欢。

从成都二环路东一段 29 号成都电焊机研究所的大门，直走到底，再左转走大约几十米，就能看到考拉看看在研究所里偏安一隅的办公室。

这间办公室后面是一栋即将被拆迁的 6 层居民楼，居民楼的好些窗户的防护网和玻璃都已经被取掉，看起来的确有点满目疮痍。这栋楼后面则是高耸的万科创智中心，甲级写字楼。

我特别欣赏一位朋友的评价。他说，如果只是平视，那么可能只看到了考拉看看只有一层高的小屋，然而只要略抬头，那栋要拆的楼就成了这里的背景，再抬高一些，就会看到创智中心。这里好不好，取决于我们怎么看。

秋天，站在考拉看看电焊机大厦一号楼 7 楼的另外一处办公室往下看，会看到门口那棵银杏树特别漂亮，茂密的金黄色叶子和周边泛黑的屋顶形成了强烈对比。

银杏树下的考拉看看办公室是一个长方形，从进门到底有 20 多米，前端一部分做成了办公室场地，大家开放式办公，并陈列了我们的作品，后端做了一个开放的茶室。至于为什么这样设置，我想在另外的篇幅里去说明。我希望更多的人是因为我们的作品和我们的团队来认识我们，而非因为我们的办公场地。

办公场地的颜值当然很重要，可是我们做内容服务行业，拼的是实力。现在的空间或建筑大约可以分为两种：一种是因为房子里的人而出名，比如好多名人故居；另种是建筑本身很受关注，至于里面的人，则好像没有多少名气。我想，我们办公的房子，可以选择那些高大上的甲级写字楼，也可以选择现在这样的工厂库房，但关键还是在里面聚集起来的这群人。

我特别欣赏的是，无论外界环境如何，考拉看看都有一群人始终坚持创造优质内容的价值观。如果在另一个地方可以做出更好的作品，我们一定会奋力搬到那个地方去。就我们过去两年的观察，考拉看看团队在搬到电焊机研究所这个院子里后，推出的作品越来越多，且质量比之前有很大进步，同时还有越来越多的朋友愿意到这里来看一看。一座房子有人气很重要，人去则楼空，办公环境远不如我们的人重要。希望以后到考拉看看办公室考察的人能多关注我们的团队和我们做的事。

2018 年我参观过好几次成都的一座超级建筑，我发现自己好像已经不太习惯那种封闭的空间了，在里面有些坐不住，感到浑身不自在。这可能是“晕环境”吧。

以前有人评价我们不好，我会感到脸红。可是现在对于那些善意提醒我们更换办公场地或者鄙视我们办公环境的人，我都一笑置之。我们有自己的价值观，或者说我们觉得这所有的安排都是最好的安排，坦然接受就好了。

要不要换一个更好的办公室？从考拉看看 2018 年的营收来看，我们足以承担甲级写字楼的成本，甚至可以考虑购置写字楼。我也曾征求团队其他人的意见，是否要更换办公场地，但至少在目前，我们团队很喜欢现在的办公室。这里的租金足够便宜，交通也很便利。我们这些节省下来成本可以用到大家希望制作的内容项目上。

考拉看看在成都电焊机大厦合计有三个办公场地，面积不小，房租成本却很低，节省下来资金并非成为某个人的收益，而是被用于团队建设和项目计划。我们相信我们肯定会搬去更好的办公室的，可是对于硬件，究竟什么是好，是有参照物的，适合团队的就是最好的吧。

感谢那些没有嫌弃我们办公环境的同事和拜访者，考拉看看因为他们而蓬荜生辉。以前看过一个说法，大概是说某个圈子的人资产加起来有上千亿元。我也开玩笑地算一算，因各种机缘而在考拉看看办公室茶桌上聊天喝茶的朋友们的资产加起来肯定也过百亿了吧。还有那些顶级的知识大咖，加起来也足够开一个超级论坛了。我想，以后来拜访考拉看看的朋友，我都请她 / 他题字一句话并签名，这样也许以后可以做一个博物馆了。

我很感激那些善意建议我们去搞一个更好的办公室用于接待访客、体现实力的朋友，他们说得也有道理。这个世界的价值观是多元的，现在的我们无法照顾到每个人的感受。我们需要一些时间，我相信我们会做得更好。

随着成员增加，2019 年的时候，考拉看看团队在成都高新区又设立了一间新的办公室。巧合的是，这处物业的产权证，其登记日正好是马玥的生日。如今这里是考拉看看的一间图书馆兼会客厅，可是我们依然坚持了朴素的装修风格。

∞ 可怕的欲望

上面说到我们暂时不考虑更换新的办公场地，认为当下最主要的工作是做好团队建设和订单接入。可是后来一段时间我发现，要安安静静不去想这件事，也不容易做到。什么是好的硬件条件呢？适合我们的就是最好的，现在的安排就是最好的安排。如果没有比较充足的财务预算，更换场地完全就是瞎折腾了。

欲望好可怕。身体里就像有两个人，两个欲望：一个说，不要被这件事情带着走；另一个说，应该考虑一下。左右摇摆之间，我本计划过一段时间再来考虑这件事情。可是在未做决定之前，我竟然还去看了两个地方的场地，浪费了不少时间。幸好这两个地方都不符合我们理想，不然又会浪费更多的时间。

在实地看场地之前，我好几个夜晚都在手机上刷房产信息刷到很晚，每天都感觉很疲惫，但是并没有真正推动这个工作，空为欲望浪费了时间。

懂得适可而止才能有比较好的效率，如果决定了某件事情不做，那就说到做到，而不是又绕回去反复斟酌。选择一个点发力，那就全力把这一点做好，至于其他，尤其是决定不做的事情，就放在一边吧。

想想自己看办公场地的经历，我还是觉得自己不够坚定。如果我足够坚定，无论外界怎么来评价我们的办公场所，我都知道自己想要什么样的环境，就不会去做那些浪费时间的事情了。

我极为不适应应酬场合，尤其是带有公关意味或其他目的的酒局以及饭局。可商务接待，喝酒应酬好像是“标配”，每次饭局之前我都决定不喝酒，可是架不住经常有人来劝——比如说要照顾传统、注意礼貌，然后酒杯就端起来了。真可怕！自己的身体，怎么会这么容易被外界的欲望带走呢？

戒酒，戒烟，戒其他种种，有些人选择一些戒律作为行为准则，还有些人选择修行。无论选择什么样的方式和欲望相处，都是需要刻意练习的，通过练习与欲望达成和解。每个人都有欲望，但是我要选择一种自己认可的方式和它相处。其实喝不喝酒，抽不抽烟，不过是表象而已，重要的是，我们是否可以真正自主？“存在即合理”，好与不好，都是一种选择，只是有时候我们能接受它，有时候我们很难接受它而已。

坚定地听从自己的内心，在纷繁复杂的世界里保持简单。这似乎很难，人生会有很多不容易的地方。可如果大家都活成一样，那人生成了模式标本，整齐划一。如此的话，我们这个世界就很无趣了。

有时候我会觉得自己很幸运，在创业以后，我可以践行自己的更多想法，甚至是一些别人并不理解的想法，能听从自己的内心。如果一个人能获得每个人的理解和认同，那他估计也不是人了。一个人面对那么多人，怎么可能都被认同呢？

欲望很可怕，如果我自己接受了它，它也是美的，因为这是我的选择。冒失地看场地这个事情，很正常，这让我和自己达成和解了。更重要的是，这让我知道，有些欲望是不符合实际的虚妄，有些则是真正的梦想。

存在的就是合理的，控制那些可怕的欲望，我们会做得更好。

∞ 接受遗憾

接受遗憾，是不是说不要太追求完美？显然不是。当遗憾真的出现了，我们要坦然接受它，继续纠结或难过没有任何用处，只是浪费时间，重要的是避免后面再次出现遗憾。

考拉看看团队做内容产品，写作和出书，特别是后来开始做纪录性内容，遗憾是比较多的。有些是我们的技术问题，因为思考或视野没有到位，作品出版以后，又发现了新内容，需要对以前的内容进行增补。

当然也有些是由于不可抗力的因素。比如我们花了很多时间研究褚时健先生，后来打算做一个有关他的音频付费节目，正计划与他进行深入沟通时，不幸的是他永远离开了我们。这样的遗憾是没有办法去弥补的。

有段时间一部有关马云早期创业的纪录片播出后广受好评，很多人赞扬这部片子做得好。这部片子记录了年轻的马云当年在北京四处碰壁，后来才回到杭州创业的故事。这种情况是无法事后去拍摄的，真实的马云也不能穿越回到那个时候。所以正逢其时的纪录片有记录历史的重大作用。

我们团队拍摄纪录片的同事希望拍出很好的画质，我却告诉他们，我们需要抓紧拍摄，因为我们做的其中有很大一部分是带有抢救性质的，即使画面质量和我们设想的有差距，也不要过分纠结。因为一旦时间错过了，有些记录是很难补回来的。对比画面质感的遗憾和拍摄内容的缺失，肯定是后者更为让人痛心。

当然我并非说画质不重要，提高画质也是我们追求的目标。不过，相对来说，我们需要接受我们起步时的拍摄水平，然后通过不断的训练和拍摄来提高画质水平。

我们视频团队面临的现实是，我们都没有成熟的经验，记录的内容需要倒逼我们进入视频制作领域。我们一直在寻找合适的视频团队，但新的团队需要磨合，大家的技能需要提高，而画质提高依赖于更好的硬件条件和拍摄经验。

现有的设备、人员，要尽力去拍摄更多的内容。遗憾肯定是有的，但是相比我们对遗憾的担心，我们更需要大胆地执行。在做事的路上去解决实际遇到的问题，一边累积素材，一边练习拍摄的技术，熟能生巧，铁杵也能磨成针。

在执行之前尽力做功课，避免完工以后出现遗憾，这是出发点。如果尽力了，遗憾还是产生了，也只能坦然面对。承认问题，然后去解决它，避免其再次出现，这才是最重要的。

知易行难。即便是我自己，要说服自己坦然接受遗憾和出现的问题，也是需要努力进行心理建设的。但是相比我们花时间去叹息过去，的确不如我们花时间去尽力筹备新的事情。

∞ 那些错过的风景

2019 年 4 月，巴黎圣母院被一场大火无情吞噬，朋友圈里顿时叹息一片。我曾路过法国，但是没有去看巴黎圣母院，现在回头想想实在遗憾。

其实，无论是人还是物，总会尘归尘、土归土的，就当这把大火是宿命吧。这些错过的风景或许有另外一种命运，当我们再去看时，即便是残垣断壁也是一道风景。

欣赏风景当抱这种心态，投资合作也是如此。缘分不到，合作的时机就不成熟。

2018 年，我关注成都一家叫“漫游鲸”的初创公司，他们做二手图书的循环。我喜欢淘旧书，是孔夫子网的重度用户，关注漫游鲸之后，觉得其模式非常有前景，认为这个模式给所有的参与者都提供了增值服务。于是我想办法联络到了该公司的创始人王先生，并和他约了时间聊天。

这个时候我们考拉看看有一定的现金储备，也正在寻找有协同效应的公司，看能否有业务合作或参与投资的机会。

此时的漫游鲸尚没有进行获得天使轮的融资。我和王先生大约聊了半个小时，就谈到了估值，王先生给出的报价是 4000 万元，这比我的心理预期高了一大截，所以没有继续往投资方面谈。大约一周之后，华东的一家机构投资了“漫游鲸”。又大约过了几个月，我突然看到“漫游鲸”又获得了新机构的投资的消息，而王先生告诉我他公司的估值已经逼近 1 亿元了。

“漫游鲸”的未来，我是很看好的。只要其团队不出现重大波折，它一定会在二手图书市场上占有一席之地。而从投资角度看，它的估值几个月就翻倍了，错过了投资机会，它就变得更贵了。

但时间从来不会倒流，我们没有办法回到过去。

我们错过风景，是略有遗憾，但不必忧伤，以后的机会相信还有很多。尽管没有投资，但我们还有很多机会与内容链条的公司展开合作，而且也不排除在新的时间节点达成更深合作的可能。

不同的时间，不同的地方，不同的际遇，构成了我们丰富多彩的人生经历。有些事情也许看起来是错过了，但也是为新的机会做准备。这笔没有投出去的钱，我们多数用到了战略品牌的团队建设上，也才有了我们后来阿米巴模式的基础团队。

看风景这件事情，错过有错过的好。错过说明我们的眼光的确还没有和机会完全匹配，还没有到达相应的位置，还需要继续训练。当我们真正准备好的时候，当真正的机会与眼光完全匹配的时候，错配的可能性就会很小了，那时才是真正的精准把握的时机。

所有的选择都是自然而然的选择，所有的相遇都是很多因素的组合。机会留给有准备的人，所有的错过其实都是我们还没有做好准备。从眼光到决策，从心力到能力，我们还应该更好地认识自己。

[规则的魅力]

“团队是有共同规则的。‘团队’二字造字很有意思，‘团’是人才在一个口里，‘队’是人字在耳朵旁边。在古人眼里，‘团队’就是人才在一定的规矩框里，要听招呼，这才是团队。”

∞ 合作的规则

一个人穿衣服有自己的风格，一个人吃东西有自己偏好的食物，这些都可以视之为规则，这种规则是我们行为方式的一种逻辑。考拉看看团队也是有规则的，而且规则还比较多，这些规则不是繁文缛节，而是我们内心和行事的一个尺度。我们团队非常务实，有的合作伙伴第一次和我们打交道时，也这样评价我们。他们的判断是非常准确的。

规则是我们合作时非常看重的。我们相信时间，希望用户在三年后甚至更长的时间回过头来看时，仍然认为和考拉看看合作是正确的选择。而何为正确，是要用时间来检验的，是否给用户带来真正的帮助是一个重要指标。

我们曾经碰到这种情况，有些人在了解考拉看看以后，就会提出，能否和考拉看看进行更为深入的合作——比如成立合资公司，进入某一个新领域。这样的机会对我们来说，充满诱惑。我们在选择服务对象时，因为从事的是内容和文化工作，对客户的要求其实是很谨慎的。对于已经进行合作的客户，我们内部也会在合作过一段时间之后，评估这个客户是否值得我们当初的选择。

每当有客户提出这样的深度要求，我们便会左右为难。不少客户在自己所在的领域做得非常好，但是随着我们创业的深入，已经逐渐形成了自己的发展准则，我们的核心是内容创作和运作，所有的努力都必须为主营业务服务。所以后来有更多的合资机会来临的时候，我们都告诉自己，这的确是一个机会，但是我们的核心任务是推动主营业务发展。如果账上有足够的财务支持，那么我们愿意做一个相对甩手的投资人，但排在第一位的，是考拉看看主营业务的发展。因此多数时候，我们拒绝了别人的合资提议。

关于合作准则，我们有很多没有成文的规定。比如某些潜在客户说，双方的合作会尽快展开，希望我们在正式开展合作之前，帮助他们做一些事情。对于这样的要求，我们有时很难拒绝，为此管理层甚至有过激烈的争吵。然而事实证明，敢于拒绝客户非合理的要求，并非完全莽撞，多数时候是明智的选择。

不过我们不是采用一刀切的方式拒绝所有潜在客户的服务要求，比如如果客户提出的要求和我们即将开始的合作有因果关系或直接关系，那么我们会在力所能及的范围内帮忙。但是这个帮忙一定是有限度的，如果他们的要求既不在我们的能力范围内，又和直接合作无关，那么礼貌的拒绝无论对于潜在客户还是对于团队，都是优选。因为如果我们答应了，却办不到，对双方都是损失。

考拉看看团队是一个很珍惜自己羽毛的团队，把信用看得特别重，凡是答应过的事情，无论是对团队成员还是对用户，我们都言出必行。我们曾有过核算成本出错的问题，但是我们依然按照对用户的承诺进行服务。因为这件事情说明我们的管理有问题，问题出在自己身上，我们要对此负责，但这并不影响客户的信任。

创业团队要建立起自己的规则是比较难的。比如有时会碰到大客户提出先干活的要求，甚至一个接一个地提要求。很多人认为，合作需要铺垫，尽最大努力给潜在客户帮忙会促成合作。但我的理解是，所谓的潜在客户，很多并没有充满诚意。我们曾经碰到过一家知名公司，他们希望通过我们委托一批专业人士来写作，就在我们提供了对接名单以后，这家公司却直接联络了名单上的人员。可是这些专业人士是考拉看看的签约作者，他们远比这家公司的工作人员诚信，他们请这家公司直接联络我们。要不要拒绝，在开始时真的很难抉择，因为很难判断，什么是有价值的铺垫，什么是免费劳动的坑。不过随着考拉看看做大做强，我们越来越清楚地认识到，无论公司大小，都要有合作规则，没有正式展开合作前，或和合作无关的项目，我们多数时候不会介入。

这样的决定虽有不想做免费劳动力的打算，但更重要的是尊重项目价值。正式进入合作，这是一个系统工程，远比我们从表面上看到的要复杂得多，需要做很多前期准备。贸然进入，又被要求快速交付，比如今天见面，明天就说有个急活，看能否帮忙做一下，这种情况，真的让人无法拒绝。如果真的是帮忙也就是了，最讨厌的是有人暗示你：先把这个做好，后面才有机会达成合作。

有一次有个客户希望请我们做一本书和做抖音运营，在通过电话表达了合作意向后，他马上就给我们说，有一批资料发过来，需要我们当天下午就交付给他一些视觉作品。我们赶制了他要的内容，可是后来沟通合作时，这个所谓的潜在客户却找各种理由搪塞我们，合作不过是镜中月罢了。

这类仓促开工的项目，质量也很难达到要求。真正的潜在客户看到我们这个水平，估计也会影响正式合作。

是否潜在客户在考验我们呢？考拉看看过往的业绩是最好的证明，如果是考验，那么我们可以开诚布公地谈彼此的规则。

我们曾在潜在客户的服务上打过很多免费工，因此，我们掌握了越来越多的和这类客户打交道的规则，同时也因此而练习了我们的手艺。这样想，我们的心态就很好了，虽然打了免费工，但我们成长了。我相信所有的努力都不会白费，这些交过的学费会在其他地方给予我们回报。这也让我们更加意识到形成规则、尊重规则的重要性，尤其是作为管理者，必须懂得合理地拒绝。如果我们放任自己随意揽下和业务无关的活，并安排给团队成员去执行，那么即使团队成员可以得到锻炼，但是会增加并不属于他们的工作量。

既要尊重客户，也要理解团队。客户很重要，但是合作一定是在规则范围内的合作。如果没有自己的规则，公司就真的是一家皮包公司了。更好地服务于遵守彼此规则的客户，是我们筛选和服务客户的规则之一。规则有绝对的对错吗？我觉得没有。对错是相对的，关键在于我们要有规则意识。如果自己都没有规则意识，或自己都不尊重自己的规则，客户是很难尊重我们的规则的。

∞ 考拉看看的门槛

合作的规则，是彼此赛道交集的助力，任何一个可以持续的合作，必须给双方带来价值。考拉看看和其他任何一个创业团队一样，只争朝夕，既要实现财务上的良性运转，又要尽最大努力去做合作的准备和铺垫。我们把这个过程理解为全新规则的建立。

考拉看看团队无论是在对外合作上还是在对内人员的引进上，都在逐渐建立一个门槛。这个门槛并非故步自封，而是要用更好的规则来提升合作伙伴的价值，促进团队成员的成长。

合作的规则既涉及用户的平等，也涉及公司流程的标准化，这种经验借鉴了过去经营报社业务的经验。比如产品都有价格体系，而价格体系也是一种规则，这种规则对内对外都有效。客户可以更加直观地理解如何购买我们的套餐，团队成员以此为合作标准，不仅可以知道自己做的项目的折扣空间有多大，还可以明确约定团队提供合作需要承担的责任。

创业团队需不断建立规则，这种规则帮助团队更好地适应市场，形成自己的竞争力。我们花了几年时间，逐步建立了深度写作行业的标准化服务体系，如内容创作的定价、内容运作的定价，基于不同服务需求有不同的服务标准。这些标准说起来并不复杂，但在内容行业和知识付费刚刚起步的阶段，正是基于全新规则的建立——比如按模块、时长，甚至对单个提问进行收费，这个行业才得以蓬勃发展。

后来我们逐渐将深度内容的创作和运作进行了模块化分离，建立了深度写作的范式、案例研究的路径。对于用户而言，仅仅是几分钟的沟通，他就能更加了解我们的服务项目，从而使我们达成合作的效率有了很大的提高。对于考拉看看的团队成员来说——无论是新近加入的成员还是资深成员，他们既参与这些规则的建立，又可以借助这些规则得到有针对性的培训和成长。

2019 年 3 月初，我看到几位搭档做的季度内容推荐，非常直观，内容特点、架构一目了然，而且加入了美学设计，视觉清新，这样持续推出的内容，受到出版社的欢迎。而我们并非一开始就是这么做的，而是基于我们对合作伙伴的认识，不断调整我们的做事规则。

宜家和无印良品内部都有一个非常细致的规则手册，新人加入他们的团队，参照手册几乎就能顺利开展工作。后来我曾偶然看到伊藤洋华堂员工每天提交的资料，更加相信，是这家零售商对规则的应用，才让其自身的物流保持奇高的效率。

此前内容行业的规则主要来自出版社、出版公司、报社、媒体等与内容行业相关的机构，但是这些规则并不完全适应考拉看看团队。所以我们借由不同的业务，一直在逐步梳理深度内容创作与运作的规则。

比如新闻写作一般会说昨天发生了什么事情，但在考拉看看内部，我们力求产品要有穿透时间的能力，不仅今天可以看、明天可以看，还要求后天可以看，几年以后也可以看。所以我们的写作要求是模糊时间，尤其是新闻式的时间表达是被严格禁止的，除非有时间注释。对于昨天发生的事情的表达，最没有文采的表达方式是那一年那一天具体什么时刻，发生了什么事情。

这看起来好像很啰嗦，远不如“昨天”的表述简单。可如果我们用“昨天”，那读者在几年后再看我们创作的内容，去理解“昨天”就会花费更多的时间成本。内容行业要给读者带去价值，无论是新知还是旧闻，都有义务为读者节省最宝贵的资源——时间。

我们正在逐渐建立的规则帮助我们团队更好地筛选客户，参照规则拒绝客户的非合理要求，让我们变得理所当然。而原本可能会被浪费的时间被用到了遵守彼此规则的客户项目上，这是我们很大的进步。

团队越往后走，各种各样的操作规则变得越多，我们在避免让这些规则阻碍我们的生产关系和生产力。其中一个特别重要的判断是，这些规则的建立和遵守是以团队价值为核心的，我们的规则不是一成不变的，而是随着团队的发展而变化的。比如我们后来在筛选新的成员进入团队方面，也建立了一些标准化规则。如在招聘考核环节，新人必须通过无机器人参与的即时写作评估。我们不仅考量这些短时间的命题写作，还会通过写作者的字迹及现场状态来评估他们是否可以成为考拉看看团队的后备力量。

一言以蔽之，进入考拉看看团队的门槛决定了团队的基本素养。

当然，建立规则并非目的，而是经由这些规则的建立和示范，提升团队的工作效率和竞争力。借助这些规则，我们可以更好地放弃那些虚假的潜在客户，而对合作通道中的用户服务加以提升。有朋友提醒我，没有虚假的潜在客户，只可能时机并非最佳，未来总有合作的机会。我理解并相信这样的判断，也正是基于未来有合作的可能，所以我们的选择原则尤其重要。就像玩游戏，一定是有游戏规则和具备游戏精神的人来参与，这个游戏才能玩得下去，也才更有趣。

∞ 团队的规则

创业团队的管理，尤其是团队起步阶段的管理，面临更多的问题。和成熟公司相比，在建立团队规则上，创业团队容易出现非常情况。

比如在考勤方面，大公司很少考虑少数人的情况，上下班的时间比较准时和严苛。而新的团队，有热情似火的人，有慢热型的人，也有比较自我的人，有些人迟到即便扣罚也觉得无所谓。

扣罚不是目的。一个团队，大家在一起是为了合力干成一些事情，结果很重要。可是并非只要结果不要过程，创业公司既需要争取不断实现阶段性目标，也需要通过流程管理锻炼出成熟的队伍，可以说是既要鱼也要会渔。

要不要有上下班打卡制度呢？打卡制度本身没有问题，有的公司有上下班打卡制度，有的公司却是完全自由的工作制度，这些公司都取得了成功。其中的关键在于什么样的工作时间安排和工作流程，符合团队和市场的需要。

按照上下班打卡制度，考拉看看团队成员每天的工作时间是7～8个小时。而有的人在下班后还会在办公室继续工作，有些人则会在回家以后继续工作，所以办公室的“坐班”时间和完成工作的时间是有敞口的。

在上下班打卡与否问题上，我们的解决办法是，依然要设立上下班打卡制度，我们既重视结果，也希望团队成员保持常规的工作状态。在半年度和年度的考评中，我们会对比个人的贡献与成果，同时工作时长也会是其中的一个评估指标。我们日常的上下班打卡制度不是刚性的，只是给了部门负责人一个定夺的指标。有些人前一天工作时间比较长，第二天的上班时间就可以比较灵活，拉长到一定的时间周期看，我们更多的是以结果为导向。但对于过程，比如工作时间的管理，我们慢慢找到了规则与人之间的平衡。

我们之所以上线打卡制度，是因为我们需要团队规则。任何团队都有规则，即便是一盘散沙的团队，也有规则。这一种规则形散而神聚，散落在各地，但都以沙的使命而存在。通过上下班打卡这样的日常刻意练习，每个人都可以更好地管理自己的时间和团队的时间。

团队和个人有很大的不同，个人是比较自由的，可以随心所欲。但团队是有共同规则的，“团队”二字，造字很有意思，“团”是人才在一个口里，“队”字是人字在耳朵旁边。在古人眼里，“团队”就是人才在一定的规矩框里，要听招呼，这才是团队。

遵守共同的规则，团队才能组成，团队的使命就是达成目标和结果。团队里面的核心成员，尤其是执行董事、总经理、部门负责人，没有成王败寇的精神，如果没有讲规则的信仰，那么他们在带领团队时便很难做到公平，负起责任来。

公司是有使命的，股东是合资，团队是合力。无论是股东还是职员，都需要认识公司和团队的目标、规则，并对目标和规则负责——大到长远的目标，小到今天的事情。

所有的自由都是有边界的，也是有成本的。我们选择一个团队是认同其共同尺度。团队里面需要传帮带，需要形成良性循环，需要按照规则奋力前行。比如工作时间可以相对自由，但是工作结果不能自由，这就是我们的规则。

我们所做的事情，需要由工作成果来体现，需要以结果、目标为导向，不断修正的规则是我们达成目标的规矩。通过严格实施规矩，我们可以画圆，也可以精准锁定目标。

规则需要不断调整，但无论什么样的规则，都要以团队成员的成长和团队的利益为第一选择。团队成员的成长过程就是建立规则、执行规则、管理规则的过程。通过规则才能管理好团队。

事实证明，优秀的团队会建立良好的规则，并尊重规则，会获得规则带来的红利。这些规则可以帮助我们达成目标，形成良性循环的业务链条。

∞ 规则是如何被破坏的

考拉看看的第一个办公场所是在一个院子里，第二个办公场所最初也是在一个院子里，后来才搬进了写字楼。院子和写字楼有很大的不同，院子里有很多动物，如老鼠、松鼠，尤其是流浪猫比较多。

我们有个办公场所的院子在一楼，老鼠和流浪猫经常出没。有一段时间，在白天都会偶尔看到老鼠。老鼠不但咬东西，还传播细菌，比较可怕，怎么办呢？

虽说办公场所有很多流浪猫，可是现在的猫都不怎么喜欢抓老鼠了。因此，我们对付老鼠得先从管理开刀，要求大家不在办公区吃零食。为此，我们在办公室专门辟了一个吃饭的区域，把所有外带食物都放进冰箱或柜子。如果食物没有了，那么老鼠来了，估计也会走。坚持一段时间后，这个办法还真有效，老鼠果然少了。

可是这个规则没有坚持下去，后来大家又开始在办公室吃零食了。这个规则是如何被破坏的呢？后面再说。

这里先说下流浪猫的事情。开始我不让大家在办公室养猫，后来有一次我自己在路上捡到一只小流浪猫，实在不知道如何安顿，就把它带回办公室了。办公室的小朋友们都很高兴，把它在办公室养了几天，结果这件事情就像开了一个口子。这只小猫后来虽被人领养了，但从此之后，办公室就经常有猫的身影了。

本来办公室门口就有很多流浪猫。团队里面“书服家”的负责人陈兰发了一个内部帖子，想给流浪猫众筹猫粮，大家都很支持。后来越来越多的流浪猫准时聚集到我们的办公室门口，后来又经常溜到办公室里面。从此以后，流浪猫就攻破了我们的办公室，有些流浪猫经常趴在办公桌上睡觉。尤其是春夏的时候，经常有一群挺着大肚子的流浪猫在门口等待有人给它们发饭。

我把猫带进了办公室，于是大家觉得，办公室可以养猫了，在办公室养猫也没有什么关系。回头来说零食招引老鼠这件事情。这也是因为有人有时候在办公室工作到很晚，就在办公室桌子上加餐，吃点小零食。我们觉得这不是原则性问题，就睁一只眼闭一只眼。后来又有人经常从各地出差回来，给大家发特产，发各种小零食……于是各种小吃和零食就重新回到了办公区。

制定规则很重要，坚持规则同样重要，如果制定了规则而不坚持，不如不制定。当然也不是说规则是一成不变的。我这里想说的是，规则制定出来之后，团队负责人的态度特别重要，他需要有明确的立场和坚持，团队负责人的一言一行对团队成员的影响很大。我们建立了很多规则，然后又自己破坏了规则，于是团队也就不坚持这些规则了。

∞ 向拒绝学习

估计没有人没被拒绝过吧，或许大事上没有，但小事上总会有的。虽然被拒绝是一件让人无法开心的事情，可是被拒绝是大概率事件。拒绝是一门艺术，我们被别人拒绝，也拒绝别人。如果实在不能从被拒绝中学到经验，那就把拒绝当成练习，或是看一看别人是如何拒绝我们的。

安徽一所民办学校找到考拉看看，希望我们帮助他们募集一些办学经费。我们真的不知道该如何拒绝，这所学校有 500 个学生，85% 是留守儿童，校舍也需要维修。我决定给几位熟悉的企业高管朋友发消息，请求帮助。当然我做了一点小小的功课，既派人做了这所学校的真实性调查，也准备了相关资料，然后分别给他们写了一条比较长的信。

我有心理准备，估计基本会被拒绝，可是既然这所学校提出了请求，我还是心存一丝希望。一切都在意料之中，有些朋友拒绝的说辞也比较有意思，比如有人说没有预算，有人说没有额度了……

这些说辞不过是委婉的借口罢了。一开始收到拒绝的回复时，我真的是不开心的，甚至觉得怎么会这样呢。冷静下来后，我想，拒绝是他们的权利，即便我心里有多少不快和不解，也无济于事，只能说明这件事情不够打动他们。

我想唯一有用的是，现在加倍努力，避免今后出现这样的情况。需要求助朋友，归根结底还是自己不够强大，没有足够的资金储备。钱不是万能的，但没有钱是万万不能的，所以我们要多挣钱，做强主营业务，这样才可以更多地去做自己想做的事情。

收到拒绝之后，如何面对拒绝，这是一堂课。我们不用对拒绝耿耿于怀，他人选择拒绝都有合理性，因为彼此的立场不一样，我认为重要的事情，在他看来可能毫不重要，如果非得牵扯在一起，那就成了强扭的瓜。

如何从被人拒绝中发现问题，并找出解决问题的办法，是这堂课的更高境界。如果我们的计划，让人无法拒绝，那才是完美的计划。

处在这个世界，大家需要互相协作，没有人可以独善其身。我们总会向周围发出这样或那样的要约，就像一个游戏，有人拒绝，有人支持，这些都是很正常的状态。世界从没有改变，我们如何看待这个世界，世界就会如何对待我们。为那所学校募集经费的事情还在继续，我想我会找到支持者，下一个联络的机构也许就是了。

∞ 关系和体系

有朋友请我吃饭，突然感叹说我们很辛苦，创业公司靠订单驱动，不能只是我和搭档两个人去跑订单。朋友是软件行业的，据他说一个销售人员可以养活团队中的十个人。他担心我们没有销售体系，仅靠一两个人的关系去跑订单，会很累，很艰难。

他还告诉我，创业团队在初期，应该是销售导向的，所有人都需要配合销售，也就是要业绩。等销售有了一个亿的业绩，制度之类的就可以规范起来。

我理解他说这番话的意思，在关系和体系之间，我想任何一个明智的创业者都会致力于体系建设。考拉看看各个部门也在持续做创建规则和体系的事情，目的是希望公司形成良性运转。

当然我也要做一个解释，考拉看看从创业开始到现在，的确获得过很多朋友的帮助，但它成长的逻辑和历史并非因为人脉关系而存在。从创立这家公司开始，我们一直致力于以专业的服务来获得订单和市场认可。

在关系和体系之间，我们有时候也会希望获得关系上的支持，尤其是在有些订单并非因能力不足而没有拿下时。不过，我们是体系的坚定实践者，我们相信即便获得一定的关系，可以更快接近机会，但是能将项目真正做好，依靠的一定是公司本身良好的体系的运作。

我们也看到，一些关系户的确发展很快，可是其发展的不确定性也很大。那些多数获得关系支持的团队没有搭建好体系，就像放上天空的孔明灯，慢慢就会落下来。目前这个市场正越来越充分地表现出体系的竞争。

在很长一段时间里，考拉看看没有销售团队。从体系上看，它确实是不健全的。我和马玥在配合跑订单，所以我们的担子很重。几十个人的团队，如果没有订单，就没有办法活下去。

我们也曾讨论过是否要建立专业的销售团队。在深度内容行业，销售人才是很稀缺的，这个行业的销售门槛很高。这个行业的销售人员既懂得内容价值，又要能在用户之间做好传递。这是一个需要做长周期铺垫和准备的岗位，它和那些快速就能看到销售成果的销售岗位相比，真的是一个漫长积累的过程。我们既担心常规的销售人员不能胜任，又担心这样的人力投入在初创期得不偿失。

朋友的谈话对我们公司发展很有建设性，尤其是关于体系和关系的理解，促使我更深入地去思考关系和体系的问题。没有思考过关系之路的创业者，恐怕少之又少。而我也曾思考过如何把周边的关系转化为生产力，但等我真正开始尝试时，或许是我的方法不对，又或者是关系有限，却收效甚微。

四处碰壁之后，我看到，真正可以转化为生产力的是团队体系的建立，是生产能力体系的建立，是管理团队体系的建立。

有一次，我在飞机上看杂志，看到了华与华咨询公司的广告——“不比稿、不投标、不行贿”。这给了我很大的触动。不行贿是一个底线，是一种体制和道德选择。不比稿、不投标拼什么？拼实力！

考拉看看是一个阳光团队，从这支团队创建开始，我们就希望团队是靠价值驱动，而不是靠关系驱动的，尤其是不依靠非正常的关系掘金。创业路上，有关系相助，团队自然会发展得更快。我们也深刻地感受到了这种力量的强大，的确也有很多朋友和各种关系愿意帮助考拉。我曾向这些朋友询问，他们因何帮助考拉。答案主要有两个：

其一是说考拉看看团队做的事情很有价值，值得推荐；

其二是说相信考拉看看团队有执行好项目的能力。

的确，受到各种关系的帮助让我甚感高兴，也让我觉得很幸运。但同时，我也坚持持续推动考拉看看的体系建设，尽管步履蹒跚，但是它的服务和能力正在逐渐建立。罗马不是一天建成的，我们的团队还不是足够好，甚至很多规则也比较缺乏，但是我们的方向很明确。我们相信，所有的梦想都是一步一步走出来的。

我们在建立了相对稳定的内容生产体系之后，开始搭建销售体系。此外，我们也明白还有更多的体系需要我们去搭建。在创业的路上，我们可能走得慢，但却一直在前进。

考拉看看其实是两轮驱动，即依靠自有订单和客户订单而发展。我们的体系建设首先是围绕生产能力——比如人才队伍——而展开的。因为有了超强的内容创作团队，我们才有了护城河业务——自创作内容，我们把它理解为我们的自有订单。这种订单锤炼着团队的创作能力，至于创作作品的质量是否过关，市场会检验。销售这种作品的是我们的版权部门。而客户订单的接入，和很多公司可能不一样，我们在具备一定内容生产能力的团队之后，才能开始接客户订单。这也是先做体系搭建的原因。

体系和关系，并非矛盾地存在。在两者之间，做好平衡，做好底层逻辑，是能使之互相促进的。

创业公司搭建体系的确很难，尤其是制度的执行更难。

像朋友所说的，只要有订单，就要做，所有后端，都要支持订单的要求，不受刚性的制度限制。这是很矛盾的事情。订单我们当然想做，可是如果我们持续打破制度，那么我们的制度就有可能变得不合理。而那些被验证过的制度——比如价格体系，如果任意调整，显然是不合理的。

所以我对朋友的说法不以为然，我甚至认为他对我们这个行业的理解并不深入。但他提出的看法确实值得我们思考。

创业者在订单面前，多数是被动的。坚持建立制度和体系很难，这也是较长时间里令我们感到纠结的地方。比如我们有定价体系，但提出订购需求的企业则说，不能按我们的体系付费，而是要用他们的体系；有的则说交易价格要突破我们的制度红线。每当这种订单来的时候，我们团队内部也存在很大的争议。

有所不为而有所为，每当面临这种情况，我们更多地选择以后再合作。

建立制度并不难，最难的是如何执行、坚持制度。制度本身是否有错呢？追究制度本身的对错没有多大意义，关键还在于我们的目的是什么。是短期的见钱就挣，还是体系持续地变现？

考拉看看需要建立自己的规则，然后用自己的实战能力去传递这种规则。我相信这种规则无论是对行业、用户，还是对考拉看看团队，都是正向的。当然建立这种规则很难，但反过来想，如果规则的建立很容易，那么所有人都可以去做了，我们团队也就失去价值了。

团队里没有人能说服我放弃规则。我一直坚持，任何人和考拉看看合作都是有一定规则的，对这种规则的尊重是双方合作的前提。

至于这样的坚持对不对，就把答案交给时间吧。

∞ 工作的范式

创业公司都在尝试寻找一种工作范式，尤其是在进入特别细分的领域后，面对的基本都是开创性的工作。因为没有合适的范式以供学习，大家只有逐渐尝试。其实即便有成功的公司范式可以借鉴，但实际上很难被完全复制，因为创业公司总是面临着层出不穷的新情况。

考拉看看团队正是这样一个创新团队。很多人在了解我们的业务后，往往会感叹："啊，原来还有这样的公司啊？！"传统的内容创作行业，主要都是个人在做，但是个人很少去做系统化的内容运作。当然，还有一些智库有这样的功能，但这些智库很少面向个人提供服务。我们考拉看看并不是标准的 2B 或 2C 的服务形式，而是既面向机构服务，也面向个人服务。

在内容创作和运作领域，是有很多工作范式的。深度内容的创作，短则以一万字作为计算单位，多则以“本”来衡量（即做一本书的内容）。图书和新媒体不一样，制作周期更长，遵循更为系统的工作范式。比如，图书里面图片的说明性辅文是先放作者还是先放内容？是否要放上拍摄时间？这些小小的细节，行业中有很多模板，我们可以参考，可以借鉴，但最重要的是形成符合我们团队实际情况的范式。

我们团队很注重工作范式的形成。比如进入一个新项目后，我们既收集以前工作中的问题，又整理解决这些问题的方法，以便应对以后可能会出现类似问题，避免在类似问题上耽误时间。

比如团队在内部进行更为细致的分工时，会安排人专门负责制作内容提纲。曾有人告诉我，她做提纲需要 3 ～ 4 周，她希望将提纲做得尽量细致一些，所以要仔细消化前期资料。但这样的工作效率是很可怕的，按这样的工作效率计算，一个人一年大约只能做 12 个提纲，更别说这些提纲是否可行还是个问题。

我们于是改进了这个工作流程，并借助团队的力量，让负责人在 10 天左右做出大的提纲框架来，并且尽量做得细致。在消化资料之后，我们就开小组碰头会。一个脑袋思考，多数时候是不如三个脑袋一起思考的。小组碰头会明确内容产品的大方向。针对一些名人——比如知名度很高的职业经理人马蔚华先生的写作，我们在小组碰头会上就确定以人物为中心，而不是以他曾任职多年取得的辉煌成就为中心。

一旦确定了内容产品的方向，就要依据市场和人物特点进行分析，每一部作品的框架约为 8 ～ 12 个部分，一般是人物年表 + 企业史志，这样的相对梳理能让人看出大概的时间节点。实际上，这个大框架一两天基本就能做出来，然后细化具体的分级标题。这个时候根据对已有内容的分解，又可分配不同的人来负责，而这个过程最多只需几天时间。

同样地，做一本图书的内容提纲，我们也按照上面的操作方式，既提高了工作效率，又提升了提纲的质量。我们每次做图书提纲都按照这个范式，并加入不同的新人，让新人感受这种工作模式，如此以来业务和培训就形成了新的范式，既兼顾了工作，又兼顾了新人培训。

建立范式并非说形成一成不变的体系，体系的建立和完善是一个动态的过程，它本身需要不断变化，且所有范式都要去适应市场和用户的体系。通过形成不同的范式，面对不同的问题，我们变得更加胸有成竹。更为重要的是，不断形成的范式让团队的机制得以良性运转。

∞ 没有专职销售员的团队

考拉看看团队在多年的运行中一直没有专门的销售部门，作为一个商务服务型公司，这样的结构看起来好像不可思议，所以有时候很多人发出疑问，我们的公司体系是不是不够完整？在比较长的一段时间里，我们也比较纠结，是否应该设置专门的销售岗位。

这种状况是由历史原因造成的。我们团队最早是从两个人开始的，因为投入有限，没有足够的预算可以建立标准的销售团队，所以我们是一边做业务，一边争取订单。

深度内容的创作市场是一个缝隙市场。事实证明这个市场的细分需求很多，但是竞争并不充分，尽管看起来很多人都可以进入这个市场，但是它的服务周期长、专业门槛比较高。因为我们团队的核心成员都有媒体从业的经历，所以我们在这个行业适应起来相对有优势。比如熊玥伽年纪很轻，但她在加入团队以前，就已是财经领域比较资深的记者了。

要在我们这个行业中成为专业和专职的销售人员，其实面临着比较大的困难。首先，内容行业的铺垫周期长，与用户的合作尽管有一见面就确定的案例，但是多数合作都需要比较长的铺垫。相比其他销售岗位来说，这个行业的销售吹糠见米不容易，和多数销售求快的心态不一样。其次，这个岗位的销售人员不仅要懂得内容，还要懂得内容和用户之间的深度联系，必须搞懂用户需求并精准匹配内容服务。最后，这个行业在我们进入前就一直存在，但是非常的不标准化，比如服务定价从几千元到上百万元不等，很多人还不清楚内容创作的价值。换句话说，这是一个需要引导和培养的行业。

深度写作在过去多年称不上是一个行业，更多的是个人或者个体在完成事情——比如一本书，或写一篇比较长的文章。在 2014 年之前，中国提供深度内容创作服务的最知名机构是吴晓波先生的蓝狮子团队，后来考拉看看和蓝狮子有比较多的合作，可是当我们在全国市场去寻找对标机构时，发现除了蓝狮子团队卓有影响外，我们甚至找不到合适的对标对象。所以有时候我们告诉客户，考拉看看与蓝狮子是中国两大深度内容创作服务商。

越往后走，我们越清晰地看到，尽管我们需要靠订单来驱动，但是生产能力更多地决定了我们能走多远。这和传统的需求创造市场不一样。或者可以这么理解，因为有生产能力，所以才有市场机遇。

尽管我们没有专门的销售团队，但是我们的销售意识很强，我们团队全员都是销售员。尽管大家没有明确的销售任务，但是多数成员会自主营销，尽力给团队带来订单。

随着时间的推进，我们团队形成了透明的利益分享机制，比如给予带来订单的人员按一定比例计提奖励，执行订单的人员的收入也和业绩大小有利益关系。我们是如何坚持过来的呢？我们的核心人员起到了很大的带头作用，扮演了很多个角色：既是团队的服务员，也是团队的销售员、推广员……

必须说明的是，考拉看看团队大量的订单来自与老用户的持续合作，同时他们也成为考拉看看最重要的推广者，团队新增加的业务超过一半是来自他们的转介绍。用户愿意给一个团队带来新的订单，一定是已经认可了这个团队，继而愿意把朋友们推荐到合作的机会中来。

我们无时无刻都在搭建销售体系，只是这种体系有时候是有形的，有时候是无形的。无论是为公司提供服务还是做其他项目，尽管产品不同，我们考拉看看的销售体系肯定是需要搭建的。不过销售的本质是团队用一个良好的口碑与服务能力去满足用户的需求。在创业团队的不同阶段，无论销售体系是否有形，适应团队发展和市场的销售体系才是最佳的销售体系。

∞ 使命必达

“使命必达”，这似乎是快递公司的口号，可是在考拉看看团队，也有这样的要求。使命必达不仅是团队执行力的体现，也是团队讲信用的体现。这个讲信用不仅是我们对用户讲信用，也是团队内部的个人对团队讲信用。前者是团队信用，后者是个人信用。

每一位用户交给我们的任务，考拉看看团队都十分努力地去确保完成。当然我们并非只是向用户做口头承诺，而是用实际行动来做交付保证。

有一天团队里的陈兰突然告诉我说，我们请的一位做项目的设计师，沟通起来很困难，对方想半途而废。我比较了解这个项目，因为赶进度，考拉看看内部人员不够用，我们就请了这位资深设计师。

如果这个时候设计师真的停工，那么接下来我们肯定很难交付内容。可是我们答应了用户，要在规定的时间内交付。于是我告诉陈兰：我们必须确保质量，并在规定时间内交付内容。现在只有两个选择：第一是和设计师继续沟通，全力推进；第二是马上找另外的人顶上这项工作。我尽力促成前者，因为这位设计师已经被检验过，他有设计能力。现在问题的关键是如何让他继续前进。

我们对设计的要求是比较高的，我们的目标是将这本书做成样板。这位设计师想打退堂鼓，我想大概是因为执行项目的时间太紧张，而非他专业水平不匹配。尽管设计师是收费为我们工作，但他与我们已站在了做好这项工作的同一个战壕里，如果他能在更短的时间里做出高水平的设计，那我们双方都节省了时间，这对双方都是最优选择。况且他是按成果取酬，保证更好的质量，也是多赢。后来双方沟通很畅通，设计师很好地完成了这项设计工作。

这位设计师并不清楚，这个项目在接入考拉看看的时候，并非盈利项目。但是我们一直坚持，凡是打上“考拉看看”烙印的作品，都应该是精品，所以我们临时增加设计投入。这也是为了保证项目的质量，让用户满意。

对文化作品包装的评价千人千面，比如图书，审美的标准更是因人而异，所以这个行业的服务价格差别很大。很多人不理解，认为同一本书的封面设计，不同的设计师收费却相差甚远。我们为什么愿意花比较高的价格去找好的设计师呢？因为我们要讲信用，我们答应了合作方会尽力做成高水平的书稿设计。

讲信用这件事情，很简单，就是要做到遵守承诺。如果你做不到，就不要向别人轻易承诺。

很多团队都会努力对用户守信。考拉看看在服务用户的时候，内部也是一直在用使命必达的文化理念来要求大家。比如我们的分工越来越细，一个项目会被分解成若干个环节，这就要求大家在自己负责的环节上务必尽力尽责，尽量不给下一个环节埋下“地雷”。这就是使命必达的具体体现。

虽然分工不同，但是每个人都有个人信用。我们会看到，在临时组成特别项目工作组的时候，那些信誉好的人员特别受欢迎，因为和他们搭档，不会有多大的担心。其实每个人、每个团队都在建立自己的信用，这种信用并不空洞，而是看他们做的事情是否高质量地准时交付。

要做到使命必达并不难，每个人应该从负责的一件小小事情开始。关键在于，我们要持续地做好手里的事情，当我们移交自己的工作或者成果时，搭档或用户感到非常愉快和轻松。我想，这就是做到使命必达了。

∞ 珍惜品牌

考拉看看团队曾碰到这样一件事情：某家出版社发过来的封面定稿上，没有给作者署名。一开始我们以为是出版社的编辑粗心，于是赶紧和对方沟通，但出版社的回复真的让人震惊：出版社认为作者没有什么名气，就不用署名了。

我知道这件事情以后，非常生气，直接告诉负责沟通的同事，让他直接正告对方：考拉看看不接受这样的歧视性合作，如果出版社不给作者署名，那么不管这个项目走到什么流程，我们都会终止合作。

在我看来，这是合作的底线。一个作者写出几十万字的书稿，出版社既然同意出版这部作品，却不给作者署名，这是什么样的荒唐逻辑？再大牌的作者都是从第一部作品起步的，都有从无名到有名的过程，出版社怎么能不给作者署名呢？

后来，在我们的坚持下，出版社最终同意给作者署名。这事说起来是为作者争取署名权，但其实也是为我们团队争取权益，因为作者是考拉看看团队的根基。很多新手作者处于比较弱势的位置，他们的成长需要一个过程，而考拉看看团队就是他们的孵化器。而孵化器和写作者的关系是相辅相成的。

上面提到的事例，应该算是一种极端情况，我们后来再也没有碰到类似的情况。

考拉看看是为作者创造价值的，这个价值既包括现金价值，也包括品牌价值，署名权是一个作者最基本的权利，我们必须爱惜、珍视它。

尽管我们没有再碰到这样的极端案例，但是我们还是会碰到有些合作方不允许考拉看看品牌出现的状况。比如在一些三方合作的案例中，他们要求考拉看看扮演影子的角色。如果合同明确约定了不让品牌露出，那么我们自然无话可说；可是如果合同上没有明确约定，那么我们就要尽量争取让我们的品牌露出。

品牌露出有很多技巧，并不是露得越多越好，而是要精准露出，比如有些时候需要在封面上明确标出“考拉看看策划”，或“考拉看看主编”字样。书脊的 logo 的露出要有美学概念在里面。当然我们还需要继续摸索，找到适合自己的品牌露出的方式。

为了保证品牌正常露出，我们后来采取的办法是，把沟通工作做在前面，直接在协议中就明确品牌如何露出，所以后来关于品牌露出的争议就慢慢少了。同时我们把露出的信息作了标准化处理，这样对内对外沟通的效率就提高了。

再小的个体，也有品牌梦想。创业公司从 0 到 1，其品牌是逐步建立起来的，所以团队要争取让品牌露出。内容的影响力在于精准，而这些品牌露出也的确给我们带来了很多精准的机会。

后来我想一些合作机构不接受合作伙伴的品牌露出，肯定是有原因的，但无论是什么样的原因，双方总是可以沟通的。我们要尽最大努力改变能改变的，接受不能改变的。这不仅是一种策略，也是一种必然选择。换位思考之后，我们也愿意让合作伙伴的品牌露出，而且我们相信，团队的成长是随着合作伙伴的成长而实现的。那些拒绝接受我们品牌露出的合作伙伴可能没有意识到，帮助对方成长，其实也是给自己的发展铺路。谁都愿意和强大的团队合作，因为和强大的团队合作会轻松很多。

∞ 商务沟通的核心

商务沟通往往存在两个难点：一是如何让客户相信我们拥有完成目标的能力；二是如何让用户接受我们的价格，而不是用户提出的价格。商务沟通，最终还是价格的安全问题。

比如我们和一家金融机构合作，洽谈到第三次的时候，双方开始讨论价格。这时候，他们对我们团队能力的担忧自然而然地被提出来了。当时的情况是，中国专注于原创深度内容的机构屈指可数，用户的选择性很少。

我直接问对方，是价格问题还是担心我们的能力问题？

对方的回答是，如果价格上能调整，他们更放心！

显然这是价格问题。于是我们直接回到价格问题上来，而不用继续探讨我们的品质，大家都很忙，时间最宝贵。所以我对对方说："我们争取今天达成一致价格，谈三次以后还纠结于价格，大家估计都没有太多兴趣继续谈下去了。如果双方不开始合作，彼此都没有任何风险。是不是坑，只有跳进去才知道，感觉行不行，只有真正开始了才知道。大家是奔着合作而来的，所以也不要绕圈子，直接进入正题。"

合作这件事情，就像找对象。双方都本着好好相处的心态，希望能开花结果，可是中间难免会碰到很多问题，谁也不能保证一帆风顺。但双方可以提出保证契约，让彼此"如约而至"。

从用户的角度来说，无论我们如何标榜自己的历史，无论谁来做这件事情，他们都是会担心的。所以要说服用户，归根结底还是商议好"安全"的价格。

再举一例。我们公司和北京一家很有影响力的机构合作，一开始双方谈妥了价格，价格已经不是问题了，但到了后来的具体协议阶段，屡次沟通后却没能达成一致，因为彼此不能接受对方提出的支付方式。我们希望对方尽量多预付，但对方希望不预付或少预付。支付方面，我们是很容易达成一致的，因为考拉看看团队和用户们探索出了对双方都比较好的支付方式。

接着又出现了另一个问题，对方希望和我们签订单向保密协议。这让我们真的没有办法接受，因为合作双方是平等的，无论你做到多大，我们在具体的项目合作上，是甲乙双方对等的关系。如果不能给予我们平等的对待，双方如何继续合作呢？对于保密条款，我们团队也有很多“方法论”，我们的核心能力，同样需要保护。

经济学认为，价值决定价格，可是人的理性是有限的。跨行业的合作，双方都面临信息不对称问题，在商务沟通中，需双方博弈，逐渐达成一致。

我们所在的行业有着特殊性。后来我们通过内容交付节奏来管理付款，同时通过版权约定来保证我们的内容安全。实际上，这个过程就是求同存异的过程，要找到平衡的点。

每一项合作，彼此都是有底线的。有一次，有位作家希望与我们联合推出一部作品，但是双方的分歧比较大。按照双方的成本预算，做出来的产品在品质上有很大的差距，但是我们谁也不愿意降低要求。后来，我们主动放弃了这次合作。

坚持底线，进行良好沟通，是我在商务沟通中坚持的原则。有些人会讲大话，且随时拍着胸脯说，一切都没有问题。可是真正去落实的时候，问题却层出不穷。如果双方当时约定不够详细，摊子就真的会成为烂摊子。

协议是君子协议，但还是应尽量在协议中把问题规避掉，这也是一个对双方都有利的办法。我又想到那句话：没有达不成的交易，只有做不到的价格。

[解决问题]

“解决问题说起来好像很简单，可要真正把这种观念落到实处，既需要用心也需要技巧。当然，我觉得首先还是要从心出发，一个人的态度特别重要。重视问题的解决，然后去找到解决问题的钥匙，就可以打开解决问题的门。”

∞ 学习褚老解决问题的精神

2019 年 3 月 5 日下午，我收到褚老去世的消息，心里很难过。其实很少有人可以走过 91 年的时间，老爷子这一生跌宕，苦累欣喜都有，足够精彩。上一年他刚刚交接完班，现在就这样离去，也算是一种休息吧。他曾说想把褚橙的规模做到 5 万吨。果树已种下去了，正在茁壮成长，我想他肯定在另外一个世界还可以看到。他懂得和树说话，树也相信他，所以他可以解决那么多关于果树的问题。

上一年有人说褚老去世，结果被证明是谣言。我多希望这一次也是谣言。下午有很多媒体记者给我打电话来求证这件事，我给一斌总打电话，打了两次他都没有接。从前他再忙也会接电话，由此我已感不妙。我再给老爷子的司机张师傅打电话，他开口就说，走了。我一时语塞，不知如何接话。我找出去年写的《褚时健传》，恍如隔世。我不想在办公室待着，开车去门口的加油站加油，竟然直接把车驶上了二环高架，忘了加油这件事。在车上给褚老夫人马老打电话，我说我想去看看褚老，但要很晚才到。我也不知道该如何安慰她，话一说完，我的泪水就滚了出来，便赶紧挂了电话。

我上周末半夜曾给一斌总打电话，说我计划近期去他那里一趟。我已经很长时间没见褚老了，前几年每年都会见几次。我还计划春天的时候约上周其仁教授一起去见褚老，不曾想以后再无机会。我随后看到了朋友圈里纪念褚老的文字，心里更加悲伤。

我打算半夜坐飞机赶往昆明，出发前去孙前先生家。我前几天刚把写褚老的书送给他。孙先生的夫人曾阿姨说，褚时健这个人太了不起了，做什么都做得好，看关于他的书停都停不下来。我小心翼翼地说，今天下午褚老走了。二位老人很吃惊，得知我要去云南，便请我代为献上一个花圈，并让我在给他们的书上写下："褚老于 2019 年 3 月 5 日仙逝，是为记。"曾阿姨给我煮了饺子，说我晚上赶路，应多吃点。她厨艺很好，但我实在没有胃口，只得打包带走。

上周，我请孙先生到考拉看看给大家做培训，他是研究大熊猫文化的第一人。我冒昧把关于褚先生的那本书送给他。他刚看了一部分，就说要和大家分享两点：其一是要有褚时健那样的匠人精神，其二是要随时思考问题。

周其仁教授曾专门拜访褚老，他后来评价说，解决问题是褚老的生命。这是一语中的的评价，褚老确实痴迷思考，且这些思考都是针对面临的问题。可以这么说，褚老脑子里面总是装着问题的，总是在思考问题，即便是在生命的最后时光里，他也没有停止思考。也许他天生就敏感，总是可以找到解决问题的方法。我认识他的八年，他一直在处理各种问题。有一年果子质量下滑，他很难过，为了提高品质，找到解决方法，他便下令砍了很多树。

老爷子确实是匠人，而且是有大爱的匠人，他不仅解决自己的温饱，还照顾团队成员的冷暖。早年跟着他开荒的人没有饿过饭，后来他去酒厂、糖厂、烟厂，大家的收入也都起来了，生活改善了。晚年种橙，他周围的农民最有感触，生活有了很大改善，也因此都很感谢他，认为他是他们的天。金杯银杯，最重要的是老百姓的口碑。

当然，企业家和一般的匠人不同。他带出了一群匠人，一起把产品的品质搞了上去，让产品得到了市场的认可，把产品做成了商品，并且让商品畅销了。

褚老很热爱生活，对生活总是那么有激情。他小时候喜欢在河里摸鱼，老了喜欢逛菜市场买菌子。他的云南口音很重，我最喜欢听他说："我就是要把问题改觉了（解决了）。"他说到做到。

越是接触老爷子，我越认为他的企业家形象区别于其他多数企业家。他在事业谷底并不气馁，在取得巨大成就时，也依然痴迷解决专业问题，不断探索提高产品品质的方法。他一直用实际行动把企业家精神展现得淋漓尽致。

《中国经营报》和《新京报》的记者采访我，我发现他们的提问和我的几个问题很接近。比如第一次和褚老见面时，我很紧张，可是坐下来聊天后，我们一下就聊开了。我知道他关心农业，便给他带了嘉博文的有机肥，他和马老都很感兴趣。聊完天，他们就安排人拿这个肥料去做实验了，足见他们对专业的认真。褚橙的品质和投入直接相关，褚老从来没有停止对橙子品质提升的研究。

我比这些新的记者朋友要幸运很多，有机会接触到褚老，但从现在起，我与记者朋友们又变成一样了，都是失去褚老的人。褚老活在了我们的记忆里，他的音容笑貌，只能通过往日的视频来回味，只能靠文字和想象去揣摩。百闻不如一见，我很幸运，能见到褚老，真是三生有幸。

研究褚时健的学者，迄今为止我认为最深入的莫过于周其仁教授。我不知道他花了多少工夫，但他为数不多的公开评价褚老的文字和发言里，都提及了企业经营和企业家精神的本质是必须卓有成效地解决问题。

褚老究竟是如何解决问题的呢？同样的疑问我每次与褚老见面都会问，他的答案也从来都没有改变，即他自己就是想把事情做成。

我想，心的力量很大。褚老一直在琢磨一个问题，直到解决它。这既是术，更是道，大道至简。褚时健先生就是这样一个持续解决问题的人。

褚老说："天道酬勤，不勤快的人在任何时候都不会有好结果。人间正道是沧桑。人有顺境和逆境，情况不好的时候不要泄气，情况好的时候不要骄傲，只有这样，做人才能长久。"

∞ 如何去认识我们面临的问题

无论是在创业场还是职场，我所面临的问题就没有断过，问题一个接一个，我每一天都在解决各种各样的问题。写《大熊猫文化笔记》的孙前先生给考拉看看团队做培训，他和我们分享了两点：一是

脑袋里要多装问题，二是要有工匠精神。

第一点换一个说法，就是如何去认识我们面临的问题。如果能把面临的问题都解决了，那么我们自然而然地进步了。精进业务的过程，就是不断解决问题的过程。

我在媒体单位工作的时候，曾邀请杰克·韦尔奇先生到中国来做演讲，会议地址就选在成都。凌晨3点，我们还在搭建场地时，他的助手说，韦尔奇先生不习惯有人搀扶，所以上台的台阶需要有一个扶手。可这个时间哪里还有门店营业卖扶手。

我万分焦急。后来问题是怎么解决的呢？扶手并非去其他地方找来的。我派了几拨人出去找，都没有找到适合做扶手的栏杆。后来我看到现场有两个上台的三角形阶梯，就将两个阶梯一前一后摆放，在后面的阶梯下面用装音响的硬盒垫底，这两个三角形的阶梯前后重合，一矮一高，后面的三角形阶梯就成了像栏杆一样的扶梯。几个小时后，韦尔奇先生成功发表了演讲，而他上台时，右手扶着的就是那个临时“搭建”的三角形阶梯。

这件事情过去很多年了，但我一直印象深刻。大家在那么不知所措的情况下，解决了扶手的问题。

有一次，考拉看看接到成都一个政府机构的订单，要求一个月里完成一本精装图书的编辑和排版，时间很紧张。出书，是有一套流程的，申请书号的流程必不可少。因此，最轻松的办法就是不要接下这个订单。可是大家商量时一致认为，订单必须接，质量必须保证，并保证在规定的时间内完成任务。

于是我们接下了这个订单，且按对方要求准时交付，用户很满意。正是因为做这个订单，我们对类似紧急的项目形成了一套有针对性的方法，无论是思路还是实际操作，所有参与者都有条不紊。也因此，我们后来经常被邀请去参加紧急项目的内容组织和出版，就像消防员被叫去灭火一样。

一件事情发生问题，肯定有解决这一问题的钥匙，如果我们没有做好，肯定是用的钥匙不对。如果一件事情做起来轻车熟路，看起来好像无法再将工作效率提高，那么要么是我们真的已经掌握好了技巧，要么是我们放弃了创新和提高的可能。我相信一定是后者居多。同一件事情，不同的人去做，会有不同的方法。看起来一样的结果，却有很多条实现的途径。无论用什么方法，首先还是要有解决问题的信心。

出现问题并不可怕，最可怕是选择当逃兵。如果我们愿意去面对它，就像孙先生所说，用工匠精神，不断琢磨，就一定可以找到解决问题的方法。

考拉看看走过的前四年，几乎每天都会遇到各种各样的问题。我有时候想想，觉得团队能活下来，真的太不容易了。它的确是活下来了，而且越活越好。我们这几年究竟是如何走过来的？靠的就是直面问题，不断地解决问题。

∞ 通往解决问题之路

在一个月的时间里，我们要完成一部作品的确是一件非常困难的事情。所有的工作几乎都是从零开始，而且因为是和政府机构合作，会涉及比较多的流程，尤其是在合规性方面，必须做到一切符合规定。我们与政府的这项合作分为沟通合作和执行合作两个层面。前期沟通有很多问题，不过无论是面对突发情况还是适应全新的合规制度，我们始终有信心完成用户交给我们的任务。

俗话说条条大路通罗马，但在我看来，通往目的地的唯一之路是决胜之心和实事求是地解决面临的问题。无论事情多么棘手，都有一个办法，通往解决之路。针对问题寻找办法，是唯一可行的方法。

马玥时常告诉我，我们有很多问题，几乎每一个项目好像都有各种各样的问题。我则告诉她，如果用户对于我们没有需求（问题），那我们这个团队就没有存在的必要了。即使客户的问题解决好了，我们也要和自己竞争，正是因为解决了这些问题，我们才得以进步。我们面临很多问题，这说明我们还没有优秀到可以对这些问题处理得得心应手的地步。

比如为选题寻找合适的出版社，我们的小伙伴告诉我说，我们和500多家出版社建立了联系。而在我看来，建立联系仅仅是这项工作的开始。每一家出版社都在追求出版畅销作品，但每一家出版社瞄准的方向是不一样的。对于我们的版权经理来说，熟悉并联系出版社算是他的基础工作，我们面临的问题是如何将优质内容进行精准匹配。我们一开始做这项工作时总是错配资源，花费比较多的时间，却没有解决好书稿的出路问题。

有段时间，版权部门很焦急，我们做管理的也很焦急，总感觉找不到解决方法。当时我们的现实是，版权部门积压了很多书稿，而我们的目标很简单，就是要将这些书稿提供给合适的出版社，让出版社尽快出版这些作品。后来通过分析，我们发现联络的出版社数量还不够，所以我们才把联系的出版社增加到了300多家。

当做完这项工作以后我们发现，同样的选题推给很多出版社也收效甚微。因为我们对各家出版社的了解实在太少，海量联系并非上策，于是我们果断放弃了大海捞针式的推荐方式。

调过头来思考，在创业1.0阶段，积累多的通道可以为以后巨量的内容做出口储备。内容市场的竞争力在于内容本身，内容好坏决定了一个公司调动通道的能力，所以最重要的是前端有好的内容。深入理解每一部作品，然后有针对性地推荐，这才是我们版权经营突破的正确方法。

这个变化看起来很简单，但从逻辑来看，我们从建立通道回到了打磨产品本身上来。经过这样的调整，版权部门才开始逐步签出作品，也因为持续做工作，与考拉看看精准对接的出版机构越来越多。

出版代理是我们的护城河业务之一，这一部门的业务是最容易被标准化和流程化的，一旦这个部门形成了良性循环，那么作品和通道将互相推进。在不断摸索中，我们解决问题的能力得以提升。

我们总是面临不同的问题，解决这些问题的方法也不一样。正是因为不断地解决问题，我们才逐渐适应市场竞争，并迅速成长起来。

最为关键的是，无论我们面临什么问题，我们都相信，总有办法解决。如果目前我们碰壁了，只能说明我们还没有找到解决问题的办法。而办法总比问题多，一时解决不了，我们可以告诉自己慢慢来，不要焦急，我们一定会解决它。

∞ 和问题较真

一天之内我们解决了四个问题。面对问题，大家想了各种各样的办法，和问题较真，并最终将其解决。

一是为一部图书落实合作出版社，二是确定《落下闳》的书稿是否要修改，三是催一笔合作款项，四是寻找一张关键图片。

严格说起来，这些都不是什么大的事情，可又都是重要的事情。就像有很多珍珠，要串成一串项链，任何一个环节都不能出现问题，否则不可能串成一条完整的项链。一件事情的成功需要保证每一个环节成功，而失败仅是任何一个环节出问题就会失败了。有人曾经告诉我说，成功是偶然的，而失败是必然的。

我们团队曾接了一本合作的图书，因为有严格的时间限制，且成本预算很有限，先前同意合作的一家出版社突然放弃合作。我们答应用户会在一周内确定新的合作机构。委托我们出版该图书的是一位老年作家，他非常期待自己的作品能早日出版，所以每天都联络催促我们。使命必达，我们比他还要焦急。这本书的写作方式比较小众，团队突击联络十多家出版社后，反复比对各家的合作条件，最终在三天内确定了新的合作伙伴。

审读《落下闳》书稿的是新进入团队的资深编辑，他经验丰富，所以对拿到的书稿提出了很多专业意见，甚至建议放弃这部书稿的出版。看到他在样书上做的修改，我发现，问题的确很多。我们需要做一个决定：是否要继续修改？我们既然已经拿到了初稿，就要力争做出成品，明知山有虎，偏向虎山行。我们可以放慢脚步，但不会放弃，所以我明确要求大家全力推进。我下这个决定是很坚决的，并未思考过任何退缩的可能。我坚信，我们团队能把这部作品改好做好。

催款这件事情，对我来说，很难开口。我总认为，客户如果不按约付款，肯定是有原因的，他们可能遇到了困难。我相信客户不会主动拖款，所以我很少去催款。我们从来不拖合伙伙伴的款项，尊重契约精神，所以自然也认为，合作伙伴和我们一样，会遵守约定。不过碰到不按约定付款的人，我们团队会用极为认真的态度来对待，公司前几年运行下来，坏账极少。我们很重视财务运行，所以时刻关注财务情况，提示团队成员注意回款。说到催款，我认为搭档马玥在这方面比我优秀很多。比如收到我的提示，她总会效率极高地说服用户尽快付款。这次是她催款的最快纪录：她在我旁边噼里啪啦打完电话几分钟后，合作伙伴拖久的款项就到账了。

总体来说，我们催款的机会并不多，多数合作伙伴非常守时。

因为工作内容的需要，我们经常会满世界找资料，并且要坚信能找到。如果没有找到，那么要么是我们的方法有问题，要么是我们没有找对人。比如有一次我们要为一本书配五张图片，我们不仅在中国国内找，还联络了中国驻朝鲜大使馆，甚至给中国驻西班牙大使馆发函寻求帮助。我们同时派人去北京档案馆、四川省图书馆查找，一页一页翻几十年前的报纸。我们甚至还在孔夫子旧书网买了可能刊有几十年前图片的图书……

上述四件事情，都是同一天发生的，而且在解决中都取得了阶段性成果，为何团队能解决各种棘手问题？因为大家拥有一种和问题较真的精神，面对问题，大家有一股劲头，能提刀而立，尽全力去解决问题。

∞ 解决问题

2019 年 5 月，我重新修改褚老（褚时健先生）的书稿。这是一个系列作品，合计有三部，体量很大。编辑要求我们加快书稿的交付，而团队的人手不够，所以我只得抽空来帮忙修改。

这部书稿本来是要请褚老审阅的，可是现在成了永远的遗憾，2019 年 3 月 5 日，他永远离开了我们。我总觉得之前的书稿质量不够好，还需要继续打磨，所以一直没有将书稿交给他看。如今想来，做任何事情，都要赶时间，尽量地把时间往前赶。

这部作品的雏形来自我给大家讲的思路，第一稿是几个搭档共同写作的，之后进行过统稿。书稿放了一段时间之后再来看，就发现以前觉得很满意的地方仍有很多问题，好些内容要推倒重新来写。看到几万字的时候，我感觉压力很大，甚至考虑要不要放弃这件事情。

可是后来转念一想，放弃是最简单的，可这并不是解决问题的态度。褚老有一种很强的解决问题的能力。我们现在创作的关于褚老的作品，已经有了雏形，怎么能够放弃呢？我们应该向褚老学习。如果换作是他，他肯定不会选择放弃，而是会用心来解决这个问题。

褚老曾对我说："年轻人不要着急，把问题一个一个解决了，事情也就成了。"

我重新安静下来继续修改书稿，突然发现书稿的问题好像也没有那么多了，烦恼也就不见了。既然有问题，那就认真把它解决就好了。

我继续修改稿子，但因为有时间要求的，修改速度不能慢下来。但是心态变换以后，我明显觉得正面的力量多了。我难得有时间来系统地温故褚老的思想，而修改书稿正是一个好机会。

褚老做过很多事情，从酿酒到管理糖厂、烟厂，到第二次创业创办"褚橙"。在修改书稿的过程中，我突然发现，自己对褚老的管理思想有了新的认识。外界那些羡慕褚橙成功的人，如果没有研究褚老的过去，是很难理解褚老的管理体系的。

修改书稿把我重新带回了褚老身边，这种感觉真的很奇妙。褚老能够取得一次又一次的成功，是因为他在年轻的时候就形成了解决问题的思路。

我看到很多人说"褚橙你学不会"，还有一位很知名的学者以这个观点写了一本书，我并非反对这种噱头，这位学者的研究很有价值。褚老和褚橙有很多方法是值得我们学习的，我也因此受到褚老的关照。

解决问题说起来很简单，可要把这种观念真正落到实处，既需要用心也需要技巧。当然我觉得首先还是要从心出发，一个人的态度特别重要。重视问题的解决，然后去找到解决问题的钥匙，这样才可以打开前进的大门。

修改书稿是考拉看看团队成员很日常的一项工作。大家只有用心去修改书稿，才能将书稿的质量提高。同时修改书稿的人只有用心去品读书的内容，才会发现这些内容可以给我们带来很大的启示。

我这样说可能有一些实用主义之嫌，但是我真切感受到了书稿内容带来的力量。

褚老解决问题、重视经营效率的精神，对我们干事业有很好的启发，让我们坚持做好的产品。我们做内容创作工作，既要做出好的书稿，也要从产品角度出发，做出好作品，让市场给书稿开出更好的价格，为产品带来更大的延续效应。

∞ 回到事情本身

有一位团队的搭档向我寻求帮助，她认为团队中的某些人不太听她的招呼，不能按时完成工作。她还认为，这是团队中的人对她本人有意见。

物质决定意识，任何一种感觉肯定是基于一些事情才会产生。我问搭档，究竟是什么样的事情让她有了这样的感觉。

原来是有一个项目，她安排了改稿的时间，需要执行人按天推进。不巧的是这个项目在执行过程中，碰到了清明节假期，而放假之后她没有按时收到工作成果。于是她找这件事情的负责人沟通，负责人没有给她一个明确的说法，说是要问具体的执行人。这位搭档认为该项目负责人的时间观念不强。

我问这位搭档，这个项目之前的安排是按天推进，他们之间是否明确规定假期也照常推进？是否因为没有明确时间计划，所以团队成员进入了休假状态？又或者是执行人不希望在过节时打扰你，而打算在节后统一提交成果呢？

我们几个合伙人基本形成了一个共识，那就是我们团队需要尽可能地提高工作效率。提高工作效率说起来比较简单，理解这一点的重要性也并不难，关键在于如何真正地提高。

说工作效率提高了或下降了，这只是一种感觉，它的参考依据是什么？在具体的事务执行上有什么量化指标？比如说我们有一个企业家项目，在消化完所有资料后，要求成员每三天交付 1 万字的内容，15 天完成初步成型的文稿。如果我们提前到某天完成，而且保证质量，那么我们的工作效率就是真的提高了；如果我们本来 3 天要做完的事情，到了交付时间，成果却没有出来，那我们的工作效率就有问题。

效率是一个逐步提高的过程，也是一个逐步平衡的过程，需要不断尝试。团队需要有一个容错机制，特别是在试验性阶段，效率可能有所提高，也有可能有所放缓。但无论面对什么样的情况，都要回到事情的执行上来，不能完全靠感觉，而是要相对量化标准，并逐步精确标准。

提高工作效率是一个工作理念，可是这个理念必须回到我们所做的事情本身上来。可以通过检查每一天工作的执行进度来看我们的工作效率，如果我们经手的每一件事情的工作效率都提高了，那么个人整体的工作效率自然就提高了。

回到事情本身来解决问题，就事论事，不因事废人。提高工作效率就是落实措施、解决问题，哪里有问题，就在哪里直面问题，解决问题。

∞ 从建设性的角度出发

横看成岭侧成峰，远近高低各不同。看山有不同的角度，看事情也是如此，尤其是从建设性角度出发，同一件事情，不同的描述和表达，产生的效果是不一样的。

我们时常会说做某件事情的初心是好的，可是同样的出发点，选择了不同的路，付出的成本就真的不一样了。

我们有一本书的内容要综合各方意见，且各方意见都要尊重。这是很考验我们平衡力的事情。同样的事情，不同的人有不同的意见，何况，这些人都是很有能力的人。如何平衡这些人的意见？如何向各方表达不同的意见？是否采纳各方的意见？

如果是非黑即白的问题，那么选择很容易做出，选择正确的意见就好了。可是即便如此，在向另外一方表达选择结果的时候，我们该提供什么样的书面文件，用什么样的方式提供，这也会考验我们的手艺。还有一种文无第一的情况，比如不同语种的翻译，翻译家有翻译家的意见，研究家有研究家的观点。我们就曾碰到过这样的情况，一位院士始终认为翻译不准确，而翻译家则认为，需要更简洁地表达。

此时是听取翻译家的意见还是听取院士的意见呢？这当然要回到平衡的问题上来，回到尊重专业的角度上来。最终做出选择时，即便是部分吸收了一方的意见，也要提供一个说明。

考拉看看在内容审校环节，会征求很多专业人士的意见，专业人士多数会比较认真地对待。至少这些年下来，考拉看看经手过很多作品，获得了专业人士的很多帮助，大家也就慢慢学会了从建设性的角度来向各方表达意见的方法。

说服专业人士接受另外一方的不同意见并不容易。我们曾经收到一位院士针对一部作品的 120 条意见，其中可以直接修改的意见有 80 条，其余的意见除有学术争议之外，就是翻译是否准确的问题。负责这个项目的成员出具的修改意见，是在内容文本上直接用符号标记，如果改动了就用“是”，未改动即用“否”，但凡用“否”的地方，便很直白地给出了简单的说明。

这个文件是一个很有效率的文件，但是它显得很生硬。对专业意见的回复一方面需要自身也具备专业的力量，另一方面也需要借助人性的力量，尤其是在向专家表达“否”的时候。在团队内部，简单直白的表述很好，可是这个文件要发给外部，是需要很多技巧的。

我这里要说的技巧不是世故圆滑，而是从建设性的角度来表达各方意见、传递声音。我们曾碰到过一些费力的沟通。大家的目的都是最终更好地呈现文稿，从建设性的角度出发，可以让我们更好地解决问题。

心里这么想，然后行动，改变从沟通开始，从改变描述方式开始。这个技巧其实是合作伙伴教会我们的。理性和建设性是出发点，从建设性的角度来表达和回复各种意见，这既是对专业的尊重，也是解决问题的有效途径，可以促进问题向好的方向发展。

∞ 一定有办法

如果我们在某件事情上卡壳了，这并非说我们真的无法解决，而是没有找到解决这个问题的办法。正泰的南存辉先生说，有墙的地方就有门。我想但凡有问题的地方，就应该有解决办法，如果问题一时没有解决，那我们就要继续寻找解决方法。

我做脐炎手术时，医生的动作很快，但是手术以后的恢复很慢。伤口每天都要换药，然后用纱布将之包起来。纱布的黏连性特别好，纱布被扯掉以后，上面的胶水就粘在了皮肤上。虽然不掀开衣服，别人看不到胶水的痕迹，但我还是觉得很不舒服，特别是后来包扎处又开始长疹子了。

我一直在想怎么才可以把粘在皮肤上的胶水去掉。百度上面说可以先用毛巾热敷，再用风油精涂抹，这样就可以去掉胶水。我试了一下这个方法，但是效果不怎么好。后来我是怎么处理掉这些粘在皮肤上的胶水的呢？想来想去，我试用了卸妆油，结果效果出奇的好，三下五除二就把皮肤上粘的胶水弄干净了。

解决一个问题一定有很多办法，关键是我们要有解决问题的决心，有解决问题的信心。如果只是抱着尝试的态度，解决不了就顺其自然，那么多数问题恐怕都无法解决。

不同的问题，一定有不同的解决方法。能不能解决问题，方法是技术层面的，而想不想要解决问题，有没有决胜之心，才是最为关键的。

面对问题，最大的问题是放弃之心和无动于衷。任何一件事情，如果我们自己都要选择放弃，那基本就无计可施了。至于无动于衷，则是是否解决问题都无所谓，就像团队里的一种人，每天按部就班，不太有时间观念，一件事情做到什么程度，都不关心，永远都顺其自然。

这样的成员如果不改变状态，最终会被自己淘汰。而改变这样的成员或者淘汰这样的成员，是一个团队管理者必须及时做出的决定。

所有的办法都是想出来的，也都是实践出来的。善于想办法的人，并不比其他人聪明多少，而是他们善于去思考、去想问题。考拉看看团队里，凡是能成长为干部的人，都是善于思考问题、解决问题的人。如果要总结这些人的不同，那就是他们有一个共同的特质：充满热情，希望解决问题。他们是在解决问题中成长起来的。

如果说管理者和一般成员有什么不同，那么除专业能力差别外，做事用心是最大的区别。做事用心可以习得很多专业技巧，进而解决问题。而对团队的事情漠不关心，自然不算是团队里的优秀成员，甚至可以说是不合格的成员。

纱布留在皮肤上的胶水，需要不断去擦洗，才能让皮肤始终保持光亮如新。这个过程可比作一个团队的成长。用什么样的方法建立团队文化？什么样的文化是团队需要的？保持解决问题之心和工作热情，一定是需要的，且它应该排在第一位。

∞ 所谓学习

我们时常说要认真学习，而究竟什么是认真学习呢？

考拉看看团队在 2018 年协助杨明高博士出版了一本名叫《重新定义学习》的书。这本书有一个观点说：企业家的学习力和竞争力是呈正相关关系的。

关于认真学习，我的理解是：真正的学习可以通过解决问题来完成，解决问题才是真正的学习。

比如我们和某家出版社合作时，有一次双方在某本书的封面设计上产生了很大的分歧。这时我们就必须找到双方诉求的平衡点，否则流程就无法往前走。退堂鼓是很好敲的，可是真的如此，就会造成两败俱伤的情况，大家都不讨好。要往前走，就要学习平衡，学习让步。这个平衡首先是心态上的，这时的学习就是找到解决问题的方法，然后利用专业技巧解决问题。

我们在出版图书时一般会在封面上露出品牌信息，比如一般是尽量在封面的重要位置露出我们的 logo。有些时候为了强化团队的策划能力，会考虑封面上打上“考拉看看策划”的字样，这是理所当然的，但凡考拉看看推出的作品，多数都是考拉看看团队策划并发挥关键作用的，可是如此一来，一些出版社就不乐意了，觉得弱化了他们的角色。有些作品在出版后期，出版社也是有贡献的，何况“策划”这个词，其意义本来就比较宽泛。如何处理这种情况呢？

碰到这样的情况，我们肯定不能因有分歧就不合作了。我们折中的解决方案是，要么标明两家联合策划，要么换成其他词语。

比如我们有一个专门做内容挖掘服务的团队，叫“编服侠”。这个团队主要是专门找一些相对成熟的内容源——比如好的杂志、好的公号文章或者好的专栏文章——进行策划编辑，出版成新的作品。

我们做《商界》杂志的内容挖掘时，杂志社就是把杂志的所有内容都交给考拉看看下面的“编服侠”团队的。“编服侠”团队的编辑重新构建内容框架，形成新的作品。编辑们就像厨师，拿到好的食材做出大餐。后来在图书封面的署名问题上，和出版社发生了分歧。我们主张署“考拉看看策划”，因为这一部作品显然是考拉看看团队策划的。但是“策划”这个词稍有争议，出版社不同意如此署名。最后我们通过内部沟通提出折中的办法，署名“考拉看看主编”。

解决问题的过程就是学习的过程，最好的学习是有实战价值的。

孔子曰：学而时习之。我想，“学”和“习”是两个过程，要完成学习，不仅要学，还要习得解决问题的能力和方法。只有完成这样的学和习，才是真正的学习，也就是说我们要学以致用。

自然，这里所说的“学”，不仅仅是向书本学。我们有很多学的机会，比如向周边的同事学，在实践中学，带着问题去学等。通过解决问题而真正习得知识和技能，才是学习的闭环。

∞ 少开会，多做功课

昨天谈到创业的孤独，我突然觉得自己朋友好少。这种少是不是心理上的支持不够呢？无论是什么原因，我还有时间去思考孤独，可能真的是不够忙。假设时间是一个杯子，我们要用工作装满这个杯子，那估计我们就不会有空暇去“无语怨东风”了。

每月的 20 日或 21 日我都特别忙，因为有财务要核算。2019 年 1 月 21 日是值得记录的。

我一早赶到办公室，到忙完财务工作已经快到下午 1 点了。据说佛吃饭是有比较严格的时间规定的，下午 1 点以后就不吃饭了。我不知道这是不是修行的需要。如果用科学的方法来解释，我觉得是有道理的。一日三餐都有约定俗成的时间，人是一个系统的循环，有它自有的生物运行规律。所以在我理解这点后，我一直尽量准点吃饭。

我没有来得及吃饭，因为下午有几个拜访活动和会议，还有一个对团队很重要的投标开标工作。下午半天我做了四个拜访，分别是：在四川人民出版社连续开了两场会议，去西南财经大学曾康霖老师家，去西南财经大学出版社王正好主任办公室。这几个拜访活动都是直接进入正题，所以比较高效。

这半天行程大约从下午 1:09 开始，用 30 分钟从办公室到了四川人民出版社的会议室，感谢杨立主任，她的安排很周到，两场会议连续开，节省了时间。第一场会议沟通了社里招标的经验，因为之前我们曾希望联合去投一个项目标的，尽管没有拿下项目，但是彼此缔结了战斗友谊。可见战场才是最好的训练场吧。

我们在招投标上走过很多弯路。有段时间我们疯狂地去投标，结果屡投屡败。幸好我们没有放弃，积累了很多经验，终于找到了一些投标的方法。在会议上，我们一起分享了各自的经验和问题，整场会议 30 分钟，结束后我感觉收获满满。接着开关于博物馆文创的会议，这场会议大约也是 30 分钟，卓有成效。

开会是一门技术活，是要解决问题的，每天的时间只有那么多，如果开会不能解决问题，那还不如不开。

有家银行的董事长说他不想做董事长，而希望去做行长，原因之一就是董事长有太多虚会，很是不习惯。

在四川人民出版社的第一个会议的目的是交流投标经验，第二个会议主题之前曾有沟通，双方曾达成意见说要开展有关博物馆的合作。这次会议一是决定联合做方案，二是约定时间拜访一家博物馆。

开会开会，有的是开了就会，真的把问题解决了，有的是只开仍不会，没有解决问题。“功夫在诗外”，在会前多做一些功课，是可以真正让开会高效一些的。

据说刻意练习需要仪式感，我准备买一个沙漏或挂一个时钟在办公室，以监督自己。我的几个搭档也都不喜欢冗长的会议，可当发言的时候又会比较动情，一发言就收不住嘴——比如我喜欢反复强调。老妈以前经常和我说，“响鼓不用重锤，明人不用多说”。继续做功课吧。

修己敬人。我打算接下来练习如何高效开会，比如长的会议也尽量控制在 30 分钟以内，有些分工会议就 5 分钟解决吧。再如可以提倡站着开会，团队里的人很多都是伏案写作，站起来开会也就相当于运动一下。

好好做功课，真的是有回报的。经过比较充分的准备，2019 年 2 月 21 日，考拉看看团队中了这年的第一个标。在中这个标之前，团队召开了多次会议，但除第一次会议外，其他会议的时间都很短。我想，任何一个项目，在考量它的现金成本时，尤其需要考量它的时间成本。

知
[自我提升]

“看看自己的位置是否恰当，在自己认定的通道里，更多的还是需要每日精进，在那些我们每天需要面对的小事情上，尽力做到满意。等一段时间回过头来看，你就会发现自己真的有很大的进步。”

∞ 慢慢学会拒绝

我与石良安先生见过两次面，每次见面他都令我印象深刻。第一次见面是在西南财经大学的校友之家，第二次见面是在考拉看看办公室。

尽管我并不了解他的过往，但两次见面之后，我对他心生敬重之意。我们的聊天都是直奔主题。第一次见面，他说有三件事情找我，然后就介绍了他的基本情况和需求，大约谈了半个小时，谈完后他就离开了。他说话非常直接，这让我很喜欢。大家都忙，做事讲话不用绕圈子。他后来对我说："我的要求你能达到，我们就合作，如果你达不到就直接告诉我，我另想办法。"

听到他这么说，我觉得很有意思，这种真诚很难得。好些人无论是谈合作还是聊天，总要绕很大的圈子。

石先生算是考拉看看的客户，他有内容事务想委托给考拉看看，但是我们此前并没有接触过，能够见面是因为朋友的撮合。我在创办考拉看看之前，曾在农业领域交过几年学费，尽管没有折腾出大的动静，但对这个行业里的一些坑有所接触，也就有一些避“坑”的小小方法。石先生退休以后在山里种天麻，另外还种了一千多亩的野生板栗林，他希望我给他的产品出出主意。

初次见面，我不敢贸然提主意。尽管我们在产品营销上有一些不错的经验，但是每一个产品和它面向的用户是有很大的区别的，今天不可以复制过往经验了。当他告别的时候，我说我买一些他的天麻，先看看产品。

两天以后，他约我第二次见面，给我带来了他在山里种的天麻。因为是临时相约，他到的时候我正在接待一位陌生的拜访者，我们见面后就一起喝茶。石先生就在旁边一直安静地喝茶，也不说话，只听我们讲。

这位陌生的拜访者说他有一些情怀，想做一些有意义的图书。我们各自礼貌地介绍了彼此的情况，可是谈到具体合作的时候，谈话又回到了情怀上来。到中午时，我提议大家一起吃个简餐，可是石先生坚持不去，要离开。他特地给我解释他带来的天麻，一种是我买的，一种是他送给我的。他说你花了钱买的，我就给你选的个头比较饱满的，你如果送人，这个形象好；我送给你的天麻，个头小一些，但是质量和大的是一样的。他还特地把包装打开，对比给我看。

我送他出门时，他突然告诉我说：“刚才我听了你们的聊天，很多交流是无效的，你们要提高沟通效率，不要浪费时间。”

石先生看起来像一个艺术家，两次见面之后，我觉得他这样的朋友是值得交往的。在他提醒我之前，我们刚拒绝了好几个无效沟通的项目，有的甚至按照正常的合作计算是百万级的。我们主动告诉对方，暂时先不要合作了，以后再找机会。

这些项目背后都有一个是满嘴“跑资源”的人，他们在与我们的谈判过程中一直在不断地压低合作价格。理由也是惊人地相似，他们都说自己有很多资源，可以给我们带来极大的未来价值。可是压到最后，我们团队的基本利润都没有办法保障。任何一个合作，都应该是多赢的，如果不能多赢，合作肯定没有办法达成。我们的团队是靠做内容吃饭的，如果没有基本的收入保障，在未来到来之前，我们就已经饿死了。

所有走过的路都是一场锻炼，我现在比较怕接触一上来就给我说他有很多资源的人。有一次我想转买一个院子，和二房东电话沟通，他说转让费要 250 万元，我问他这是怎么算出来的。他在电话里和我说：“你知道吗？我是做金融的，我这个院子就是和朋友们喝喝茶，你知道我合伙的朋友多厉害吗？三环路都是他修的……”三分钟以后我真的听不下去了，就告诉他院子留着让他和修三环路的朋友喝茶吧，他的这个院子风水太旺，我作为一般人接不住。

也许他真的和修三环路的人是朋友，可是和我有什么关系呢？我是很有诚意的，院子要转让多数是因为经营不下去了，他好好谈价格就行。

我和褚时健的夫人马静芬女士第一次见面时，她就直接问我具体有什么事情。然后我们便一二三地直接开谈，时间不长，但效率极高。后来，我们也总是有着良好、高效的沟通。

我们都觉得生命珍贵，但是总在浪费时间。我可能是一个比较极端的人，我想让考拉看看慢慢形成一个不成文的规定，那就是远离那些满嘴跑火车但做事无法真正落地的人。如果一个问题沟通三次以后还没有达成一致，基本就不要再继续谈下去了。

直接拒绝别人是一种美德，我们应该多交一些像石先生这样的朋友，珍惜彼此的时间。如果识人有一个范式，我希望商务聊天可以直奔主题：你找我有什么事？你希望达到什么样的效果？做这件事情你愿意花多大的成本？

三下五除二聊完，我们就认真喝茶吧！

∞ 什么是情商高

我一直觉得自己是一个情商很低的人，也曾经纠结于如何才能提高自己的情商。可是后来，我好像慢慢接受了自己情商不高的状况。有时候去参加活动，席间往往有人说某人情商高。如果他提到的人是大家共同的朋友，我难免会去想一想，他说的情商高的人真的比较受欢迎吗？究竟什么是情商高，这似乎没有一个好的标准去界定。

变脸大师彭登怀先生曾到考拉看看办公室小坐。四川有不少的川剧大师，可是为什么他特别受欢迎呢？变脸不是彭大师发明的，可是发展至他手上时，人们谈及这门技艺时，便会更多地和他联系起来。他在国际上都很知名，是日本专题节目中的国宝级人物，刘德华好不容易才拜他为师。作为名人的刘德华肯定有比我们很多人多得多的选择，可是为什么他却选择彭大师为师傅呢？

我和彭大师认识的时间是 2019 年 2 月 22 日，当时他 72 岁，精神抖擞，讲起话来像说评书，又像电影大师，给人满满的画面感。彭大师 5 岁时看川剧变脸，在茶馆里拍手叫好，然后就想着自己怎么能学会变脸。那时这门技艺基本是秘不外传的，一个 5 岁小孩琢磨的变脸是从脱了衣服裤儿跳进河里洗澡开始的。河底有泥，他抓一把，告诉小伙伴说，看他变脸了。然后把泥巴抹了一脸。为了变脸，他还能想到的办法是，带着一群小孩，跑到茶馆给老茶客说自己会变脸，老茶客当然是不相信的，然后他指挥一群小孩集体变脸，漆黑的锅底灰往脸上一抹，一群小孩就真的变成了大花脸。

老茶客问他自己怎么不变脸，他说自己是师傅，是教变脸的。然后他还对老茶客说："你信不信，我能让你变脸。"老茶客当然不信，他叫老茶客闭上眼睛，走上前，伸手一抹，老茶客的脸上便涂满了锅底灰。很快，笑声就把满堂茶客的说话声淹没了。

老茶客自然不高兴，去彭家告状。彭父十分严厉，让彭登怀自己搬了板凳，取了家中的黄荆条子，躺下受罚。他是家中的幺儿，妈妈自然不忍。他在听到父亲打自己屁股的声音的同时，还有另一种劈啊劈啊的声音传来，原来是母亲护短，拿着条子在打父亲的屁股。他被妈妈拉到房间，妈妈说他："你怎么这么调皮呢？打痛了没有？"每当这时，他就从屁股后面扯出一个垫子来，原来他早有防备。

人说从小看老，兴趣是最好的老师。用泥巴锅底灰抹脸后，他有了机会去学川剧，但是没有人愿意教他变脸。剧团的行家每次要演变脸，就躲进一个小房间。后来他偷偷在墙上钻了一个洞，才偷师成功。

与彭大师的谈话中，我感觉得到他是真的很热爱他的技艺。一件事情可以做这么长时间，这已经是功力深厚了。

记得有一次我和褚时健老先生聊天，他说他被调到烟厂时，每天都在琢磨怎样才能解决问题，有一次走在路上撞到了电线杆子，旁边的人都笑他，而他浑然不觉。褚老经营过不同的行业，并都成为了行业翘楚，这可能和他热爱思考有关。他自己也总结说，他喜欢琢磨问题。

和彭大师见面时，我们有谈到到底什么是情商高。他说他把情商看得很简单，一是说话让人喜欢，二是做事让人感动，三是做人让人怀念。这三句话好精辟，可是要做到却很难。

情商包括很多方面，如果是做商务，那就是可以让合作对象满意，如果是说交朋友，那就是能让朋友信任。高情商是需要用心经营的，而心又在哪里呢？千人千面，人的心是变化的。如果真要讨论情商高低，大约也是有目的性的。智者千虑，必有一失，愚者千虑，必有一得。我想，可以让自己笨一点，把看到的事情尽量去做好，也许有“一得”就不错了。

彭大师说，他把变脸看作两个字，“变”是变化，而“脸”是形象。这个世界永远都在变化当中，好的形象特别重要。大师说他绝不蓬头垢面出门，有时候一天要吹好几次头发。有一次我们一起吃完饭，他赶着离开，原来他下午还约了牙医。他并不是要治牙病，而是准备用一个新的技术让牙齿变得更白。我想，改变情商，是不是可以从改变自己的形象开始呢？

∞ 基本的修养

我第一次听周其仁教授的讲座时，就对他深感佩服，他的发言直奔主题，直接进入问题。后来看到别人整理的他的很多发言稿，风格都是如此。我想周教授的修养一方面来自他的研究的深入，另一方面则是来自他的基本的处世之道。

成都有一个政府部门托我邀请周其仁教授参加一个活动，因为时间冲突，他无法参加。周教授首先通过短信很认真地说明了原因，因为同样的时间他要在杭州参加一个论坛。后来他又找我要了政府部门的联系方式，说是需要由他工作的机构给政府部门一个正式回复。

这是很小的细节，但是我们可以看出周教授的认真负责的态度。

在这之前，我准备邀请他去云南的褚橙基地考察。后来褚时健先生突然去世，周教授知道消息后第一时间给我打电话，说他不能现场去吊唁，请我一定要代为献一个花圈。我的文字不好，写不出他对褚老的关心，但是在电话中听着他哽咽的声音，我明显地感觉到他的难过。后来他又发短信问我到底有没有帮他给褚老献花圈。

在认识周教授之前，我陆续看过他的研究作品，尤其是他的几篇文章如《邓小平做对了什么？》，以及当年他通过《经济观察报》回应郎咸平教授关于海尔、长虹的国资流失的文章。我知道他的功力深厚，而深入接触之后，我对他的专业修养和为人都感到钦佩。

所以我陆续找来他更多的作品，开始深入阅读，后来我又想办法找齐他的所有作品。可以说，我真正成了他的“铁粉”。

我想如果我们团队有周其仁教授一样的修养，那就是很厉害的团队了。什么是很厉害的团队？通俗地概括，就是“专业很强，修养很好”。对于一个经济学家来说，专业是其立身之本，而修养则是帮助他飞翔的翅膀。

我希望我们的团队是带有光环的团队，像周教授那样。周教授就是有光环的人。为什么那么多人希望请他去做演讲？他面对各种场合为何可以从容不迫？我想，这是因为他有很强大的能力和很高的修养。

创业的平衡大抵如此。一方面，团队的专业技能需要提高。对于考拉看看团队来说，我们首先要做好写作这门课，比如我们做采访，要做很多准备，要提前理解采访对象，准备采访提纲。另一方面，我们团队要修炼作为人的基本素养，要懂得如何和人说话，如何有礼貌地与人沟通，如何保持很好的修养状态，如何做到既有儒雅之风，又有真知灼见，懂得张弛有度。

在我看来，周教授是一个温和的改革派，这种温和并非一种处世上的中庸，而是认识到问题的本质。他相信经验，认为理想主义和经验主义是要结合在一起的。有人认为周教授在社会调查上的贡献已超越了费孝通先生。我觉得周教授的那些思路同样适用于企业经营和管理。我们需要向周教授学习。

∞ 人人都要一个台阶下

考拉看看团队的几位联合创始人都喜欢直接的人，大家经常说，做人不要装，有事直接说。大家在内部交流时习惯了直接说问题，所以很多时候在与外部沟通时，也有这个习惯，见人往往会直接问问题和原因是什么。

因为我们问得很直接，所以总希望获得的回答也很直接。尽管如此，可是我们这个时代的人似乎习惯了含蓄，要想获得直接的回复，并不容易。这是我们的问题，还是对方的问题？

我想我们与对方都有问题，一只手怎么能拍响巴掌呢？

我有一次，与对方公司的董事长谈合作。因为彼此都很忙，在商量合同不成的时候，我就直接问，没达成合作是因为价格的问题，还是质量的问题？

这位董事长当时感到很意外。但事实就是因为价格的问题导致合作搁浅。正常的生意洽谈已经到了商议合同的阶段，突出卡壳了，那双方就应该找到卡壳的原因，然后看能不能达成一致。

但是有些客户就喜欢说话绕来绕去，不直接进入正题。所以，在谈合作中，重要的是我们自己拥有主动选择谈话方式的能力。

说话的方式可以是曲径通幽，也可以是开门见山，关键是看我们自己的选择，看我们要不要和外界做到平衡。既然世界不是非黑即白，还有灰色地带，那我们接受委婉就是很自然的事情。

人人都要一个台阶下，这个道理比较简单。比如你在十楼办公，下楼的方式有坐电梯、走楼梯，但凡正常的人都不会说直接从十楼跳到一楼。虽然都是下楼，但下楼的方式不一样，会有完全不同的结果。无论是坐电梯还是走楼梯，都是缓冲一楼和十楼的距离。

人们常说，心有多大，舞台就有多大，我以前是不理解的。认为这是一种唯心的说法。可是后来我越来越认为，这个说法很妙，它说明是一种人生状态，说明心念才是最大的力量。我这样说，不理解的人可能会觉得我在胡说。这没有关系，世界很多元，我们完全可以有不同的观点来理解和认识世界。我的理解是个人的理解和认识，也许这个世界从来都没有改变，只是我们看的人在变。

如果有人需要台阶下，那么我们可以给他一个，这也是个人的一种强大的能力。但这个台阶在我看来不好给，因为我们首先要准确理解，其次要从内心接受，最后出手要准确。这说起来很简单，做起来很难。

∞ 因何社交

尽管我可以和很多人相谈甚欢，可是我一直认为自己有社交恐惧症，很多时候不知道如何和周边世界很好地相处。和搭档、好朋友在一起，基本是三下五除二把想说的事情说完，就又开始忙自己的事情了。有时候大家在一起，不知道是不是有了默契，也不怎么说话，越是往后，话就说得越少。

我还有一个状况是，不太主动出去参加各种社交活动，内心对“坐而论道”的社交活动有抵触情绪，总觉得不如“退而结网”，埋头干好手中的事情。甚至有一些朋友善意地提醒我，应该多出去认识一些朋友，可是我更愿意做一些幕后工作，而不愿意抛头露面。

虽有朋友提醒我，但我还是我行我素，没有受到影响，没有改变。也许我错过了很多风景，自己却没有感觉到，因此心里也不觉得可惜。我思考自己的社交状况，是因为一位搭档告诉我，她好像没有什么社交。这个问题不仅困扰了她，也困扰了我。

何谓社交？因何社交？

关于社交，我首先想到的是工作中的社交，而不是生活中的社交。后来我了解了社交的定义，才知道社交是一个很宽泛的交往描述，但凡交往都有一定的目的性。这便使它很自然地和我们的经营连接起来。我们经常接待拜访者，也时常出外做访问，这些都是社交。至于频次，似乎也没有标准。我内心的感觉是，社交要和目标联系起来，社交的多与少，要看目标达成的多与少。

真正有效的社交是高效地达成目标。以量化的角度来说，少社交多达成才是更好的方式。但这是很理想的一种状态，我们面临的社交多数是无效的社交。我内心是比较抵触社交的，尤其是各种应酬式的、没有实际目的的社交。我必须承认我有很大的功利思想，不愿意把时间浪费到无效的事情上，所以我不喜欢无效社交。

我一直认为合作是自然而然的事情，是彼此价值的传递，而非彼此的推销。如果是撮合互补的接触，这种社交的效率就高，如果是差强人意的接触，那么这就不是真正的价值互补，再好的交往估计也是昙花一现，或者只能算是君子之交淡如水。

但是在一个“朋友多了路好走”的环境里，如果你患有社交恐惧症，那么你就会显得格格不入，和周围好像不相衬。而我比较幸运的是，我有很多好的搭档，可以彼此实现互补。我也乐意推荐搭档们代表团队多参加社交活动，这或许说明我是认同社交的价值的，只是我自己选择了另外一种社交方式。

每个人都有与这个世界相处的方式，有的人选择热闹，也有的人选择平静；有主动的，也有被动的。无论选择什么方式，自己清楚自己的目标最重要，方向定了，方式的选择就确定了。

∞ 投资自己

按照常规的经济学解释，投资就是投资，消费就是消费。而我和置上金融的欧阳总交流时，发现他的投资观点是，投资和消费是可以互相转化的。

我们团队因为一本书的合作而和他展开过深入沟通。第一次谈书的框架时，我们间歇谈到了“名”与“利”，他用标准普尔的四象限图来解析他所理解的“名”与“利”。多数人都是有逐利之心的，当然也有“名”上的追求，而他理解的“名”也分为四个象限，即自身、家人、朋友和社会。

为了实现名利，人要投资自己，比如在学习上不断投资，要陪伴家人，愿意帮助朋友，投身公益活动，回报社会。

为什么说到消费和投资呢？欧阳总在金融行业工作多年，崇尚的是价值投资，所以他认为首先好的“名”是要投资自己。他刚刚植了发，这在大多数人看起来是消费，可在他看来，这个提升形象的消费是投资。

我们见面的时候，我刚刚做了一次手术，这当然是消费了，而且是被动消费。但我转念又想，这个消费也可以算作是投资，是针对更好的身体的投资。一个人必须身体很好，才有其他可能性，才能获得我们多数人追求的“名”与“利”。

所以我很赞同欧阳总的观点，但是很多人并不理解。一个人和一个公司是一样的，如果说每个人经营人生的时间是一样的，那么不同人之间的差别，则是由他如何管理自己造成的。

人生管理这堂课，必然需要修习投资和消费的学问。人生也面临通货膨胀，这个通货膨胀率既包括和自己比较，也包括和外界群体比较。如果我们不懂得很好的人生投资，用投资来抵御人生的通货膨胀，那么我们和自己比则会倒退，和周边比也会倒退。

人生业绩需要投资，和经营公司一样，需要有投资或者消费的拉动。消费和投资的确是可以互相带动的，比如生病治病就是很极端的案例，很多人不得已而为之。像日常健身强体这种主动的人生投资暂时还没有成为主流，但在未来它一定会成为人们的投资主流。相比被动治病，主动锻炼当然更令人快乐一些。

很多人是有公益之心的，可是他并不一定能践行公益之行。这需要足够的时间和能力，比如财富能力。所以，比尔·盖茨一直在做公益，同时也在努力挣钱。或许有人会认为，他已经那么有钱，挣钱又是去做公益，是不是有点矛盾？这并不矛盾，这依然是人生的名与利，是生命的消费与投资。

每个人都可以选择不同的人生投资方式，不用太长的时间就可以看出投资效率。我们应该积极去拥抱投资与消费，让消费与投资略微拉长我们的生命周期。举买铁锅为例。普通铁锅 50 元，高端铁锅 5000 元，看起来后者很贵，但是 5000 元的铁锅能用很多年，一餐的平均成本可能也就几元，贵吗？真的不贵。你不仅买到了一口好锅，还有了一个优越的心情，不是很好吗？

∞ 发自内心的喜爱

我很尊敬专业人士，任何一位在某一方面做到极致的人，都值得尊敬。初入职场我们可能都是实习生，然后才逐渐成长，内心的持续热情是我们最大的动力。所以我选人，看重的是一个人的激情。和热情的人在一起，我会看到他的眼里有光。

和匠人们聊天最有意思。和他们聊专业以外的事情，他们多数是不感兴趣的——当然不是所有人都这样。这些人有一个共同点，那就是聊到他们自己的手艺时，他们那种发自内心的喜爱，会通过言语和眼神很自然地流露出来。即便是谈到那些很苦累的活，他们讲起来也很开心。

做任何一件事情，发自内心的喜爱才是最大的动力。我们做公众号“蓉漂”，每一期采访不同的人，因此，团队可以和不同的人、不同的文化打交道。我认为这是一件十分有趣的事情，对于陌生世界的好奇让我对这件事情充满信心。而在某一段时间里，我总是找不到适合这个项目的成员，面试了很多人，他们大多只是想要找一份工作，而不能真正以和不同的人打交道为乐，也不能在别人不同的世界里找到快乐。所以即便试用过几个人，但一段时间以后这些人还是觉得不适应团队而离开了。

发自内心的喜爱才会真的去花工夫。其实今天很多人不用为基本的生计而奔波，虽然有很多所谓的压力。我希望能找到真正热爱这件事情的人一起来做这件事情，而不是那些把它当作一份工作的人。其实即便是把它当作一份工作，也需要找到内心的快乐，这样工作起来才会快乐。

内心喜欢可以给人带来很大的力量。比如碰到一个问题，有好奇心，就会有动力，就会以解决这个问题为乐，从而去实验很多办法。

生命的过程是一场经历，这场经历的时间是有限的，做内心欢喜的事情，才会获得极致的快乐。如果有些事情是我们不得已而去做的，那么就想办法爱上它，不要让它把自己的日子变得难熬。

现在的人在自己熟悉的领域，找到一份工作并不困难。但很多人不快乐，而这种不快乐大多和工作有关。既然可以拥有更多选择，我便时常劝导身边的人，听从内心，重新做一个选择，选择自己内心喜欢的事情做，在有限的时间里过得快乐一点。

可能我的内心是比较积极的，所以愿意用快乐来衡量工作，会自然而自然地把快乐的心理带进管理中。我认为内心欢喜是衡量团队成员的状态的一个很重要的指标。在这个世界上，人类的痛苦一般源于：一是求之不得，二是不得已而为之。这两种情况都违背了人的意志。如果我们可以随心而为，那真的是人生的一大乐事。

如果有主动的机会，那就主动一点。唯心一些，时间过去就过去了，不会再回头。在我们可以把握的时候，把握好自己的内心，接受自己不能改变的。这也是一种心理上的平衡。

感
[与情绪相处]

“我一直在思考，为什么佛像的脸看起来那么恬静？佛像从来都不说话，也没有给人不同的脸色，但是我们很多人都尊敬它。”

∞ 不要被负面情绪带着走

我一直有比较好的心态，并总是提醒自己，不要被负面情绪带着走。要做到不被负面情绪带走这样并不容易，需要不断地自我练习。

有段时间，我因为团队业绩不好而特别焦急，并且感觉团队的各个方面都有问题，看到哪里不对，就对成员发火。后来我冷静下来一想，觉得发火没有什么用处，不仅没有解决问题，反而把自己和团队带到了负面情绪的漩涡里。

我读胡适四十岁时写的回忆录，印象特别深刻的是：他说他母亲从来不发火，认为把生气的脸给别人看是一件很不好的事情。

2018 年，我们团队在持续做西南财经大学校长刘诗白的回忆录。我们看到的刘诗白校长总是很温和，很儒雅，也能静得下来。据说有一次他在财大校园里盯着一处草丛一动不动地观察了约 20 分钟。在这个快速变化的时代，静下来其实是一件很不容易的事。

有段时间我看了一本叫《佛像的脸》的书，我就一直在思考，为什么佛像的脸看起来那么恬静？佛像从来都不说话，也没有给人不同的脸色，但是我们很多人都尊敬它。

2017 年 12 月 31 日，我和妈妈去了一趟文殊院。其实在那段时间里，我有很大的心理压力，决定停掉农业领域的创业项目。我在文殊院里看到了一副对联："有因有果有菩提，无是无非无烦恼。"突然之间，我就豁然开朗了。

有一个说法叫"顿悟"，在看到这幅对联的那一瞬间，我好像明白了它的意思。后来我报读了文殊院的佛学班，但遗憾的是，我没有坚持读完。但是我学到了不要太纠结过去的思想，也就不太在意没有坚持到最后。

控制情绪，心理暗示是一个比较有用的办法。尽管我可能做得不是很好，依然会有不好的脸色，但是生气的次数在减少。有时生气虽挂在了脸上，但并没有往心里去。

我会去思考，自己生气的源头是什么？是因为事情本身，还是因为我对人有偏见？孔子有说，不因人废事，也不要因事废人。也就是说，不要因为一个人不好就觉得他做不好事情，也不要因为一个人没有做好一件事而认为这个人不好。

带团队的时候，员工可能会犯错误，搭档也可能会有做得不好的地方，即便是自己上阵，也有可能做得不好，生气没有用，关键是要找到问题的所在。大家都是一个目的，即希望做好某件事情，如果这件事情没有做好，与其责备生气不如换一个角度看问题，用比较温和的方式去解决好问题。

我在过去经常会生气，责备他人，而现在更多的是与团队成员共同找原因，在他们面临困难的时候，多一份理解和鼓励。

有时候生气之后，我会安慰自己，我是对事不对人。处理情绪的态度真的很重要，有谁愿意看到生气而难看的脸呢？

己所不欲，勿施于人。有些问题的出现并非我们不认真，而是我们可能没有找对方法。有些时候并非我们畏难，而是有的问题真的很难。既然都这么难了，那我们就用微笑的方式去解决吧。

∞ 面对突发情况要冷静

创业期间，好像每天都有各种意外的事情发生，而且问题层出不穷，如果只是焦虑或生气，我们是没有办法解决问题的。我越来越感到，冷静特别重要。有些事情付出了努力，仍不能解决问题，只有冷静接受。我想，这样思考也是一种进步吧。

有一次我们在做一个图书项目，所有的流程都差不多走完了，即将进入新阶段，甲方突然通知我们说，合作可能不能继续了，因为我们没有出版资质。这个项目我们准备了很久，到这会就差临门一脚，谁也没有想到会发生这样的情况。

我们双方都考虑到可以借由一家出版社来继续完成合作，可是这个项目要求完成的时间很紧张，会超过很多出版社正常的出版周期。于是我就提议，让他们把这个问题交给我来处理。

知道甲方不愿继续合作之后，我有想过要不要在第一时间把这个消息告诉搭档。但是我没有想到解决的办法，而其他人都在各忙各的事情，告诉他们也无济于事，索性我自己再想一想吧。

我先后联系了几家与我们关系好的出版社，征求他们的意见，看可不可以合作。几家出版社的反馈都不是很理想，顺利出版的把握很小。在一次内部小型会议结束后，我把这个消息告诉了马玥说自己暂时没想到好办法。她说了一句话，让我感觉很受用。她说："你再想想，肯定有办法。"

这个项目的时间太紧张，沟通的效率肯定会影响项目进度，上一个办法肯定不行，怎么办？文化公司参与设计制作和出版图书已经是行业惯例，我们这家新的合作机构却因为我们没有出版资质而无法说服甲方。我们应该如何说服甲方呢？

如果我找到公开的成功操作类似案例，是不是可以打消甲方的担心？什么样的成功案例是有效案例呢？问题就是导师。我想，比照我们的合作模式去找案例，应该可以找到突破口吧。

真的很幸运，我找到了几个类似的公开案例。我把这些案例整理成图片和有针对性的文字，准备交给甲方。别无他法了，就用这个办法试试吧。

我想如果合作依然不成，那就接受坏的结果吧。至少我已经尽了最大努力，这样一想，我心里就不那么焦急了。可见，遇见突发情况要冷静，说不准什么时候就柳暗花明又一村了。

写这篇文字时，我想起自己有段时间在上海参加的哈佛商业评论组织的社群活动。当时大概是讲催眠，讲课的老师有一个测试工具，可以记录心的压力曲线。我们每个人在开课的时候要先做一个测试，谁的数值越高，代表谁承受的压力越大。后来老师教给我们一个方法，再测试我们每一位听课的人，大家用老师的方法后，压力指数都降低了。方法其实很简单，就是碰到困难，先冷静一下，多深呼吸几次。后来，每当我感到压力比较大的时候，我都坚持用这个方法，很是受益。

∞ 好搭档很重要

我时常认为自己的运气很好，尤其是碰到了很好的搭档。2019年是考拉看看创业的第五个年头，这几年虽是走得跌跌撞撞，但仍走过来了。据说创业企业多数熬不过第三年。那我们是如何走过来的呢？我越来越清晰地认识到，创业团队搭档的重要性。我们能一路走过来，是因为遇到了最合适的搭档。

考拉看看的起因是马玥找我探讨做水果经营的O2O。尽管我们都曾在《每日经济新闻》工作，可是彼此并不认识。我们相继离职，然后都在水果圈子里折腾。我的经历略多，而她刚刚开始。当时我做的优果仓正处于融资关键期，在我们第一次聊天结束时，我建议她不要进入水果行业，而是投身内容行业。等到第二次见面时，我们就决定正式合伙创业。

马玥有一股倔强的劲头，她特别愿意冲刺，而且一旦她选择了相信一个人，她就会义无反顾。一段时间以后，熊玥伽加入了这个团队，然后慢慢地有了更多的人加入。我每次思考关于团队的事情，都会觉得搭档特别重要。

搭档之间需要互补，特别是熊玥伽加入以后，她不仅逐渐支撑起考拉看看拥有竞争力的业务——创作中心，而且在我们的核心团队中起到了模范作用。她多数时间很安静，但在我和马玥因为观点不同而发生争吵时，她总是来调和。我们都认为她看问题很透彻。如果说我佩服马玥身上的冲劲，那么我则佩服熊玥伽身上的豁达与韧劲。其实她的年龄比我们都小，但却好像比我们更加懂得相处之道。

我曾萌生退出团队的想法，后来熊玥伽和我沟通，使我更加清楚地定位了自己的责任和立场。同样地，在类似的关键时期，熊玥伽都比我们看得更加透彻。

随着团队的成长，我特别希望不断有人可以独当一面，可以逐渐带出新的小团队。2018 年年终总结的时候，我观察熊玥伽点评她所带领的部门，发现她对每一个人都了如指掌，而且直言不讳地指出了团队成员面临的问题以及如何突破这个问题。我明显感觉到了她在管理上的天赋和成长。

创业维艰，在我们这么困难的情况下，搭档依然选择相信我们，我们自然要更加珍惜。而且我的几个搭档，无论是谁都可以选择更轻松的工作，但却义无反顾地走这条艰难的路，这已是对团队最大的诚意。记得我们邀请开云入伙的时候，他是带着现金流业务进来的，他放弃了原来理想的工作。后来他负责了重庆团队。他所说的几句话给了我很大的启发：“打开电脑就是写”“不要想那么多，你决定了，我们就干。”

有些成功的人说，如果搭档不合适就要坚决将之处理。其实搭档不合适，并非都是搭档的问题。我们每个人都需要成长。在团队发展过程中，某个阶段某个人某方面的能力可能更突出，但如果想团队走得更远，搭档之间一定是需要磨合的。优秀的搭档一定是“锤”出来的，说得通俗一些，搭档就是“一起扛枪，一起分赃。”

我和马玥有段时间老是争吵，但是我们比较好的地方是，对事不对人，从未因争吵而记恨在心。尽管当时不愉快，可是我们很快会把吵架的不愉快抛之脑后，朝着团队的目标继续往前走。当我们意识到争论和吵架不能解决问题的时候，我们都在第一时间回到解决问题的轨道上来。而在这里面，熊玥伽起到了很大的推动作用，如果不是她，也许我和马玥真的有可能会吵翻脸。

无论是熊玥伽还是马玥，她们让我特别感动的是：在共同的目标面前，从不懈怠。虽然有时候我们的决策有分歧，但我们都在逐渐理解彼此。当我们决定执行某一个计划的时候，无论彼此是否真的从内心认同，我们都全力以赴，互相支持。

附：熊玥伽给我的邮件

张老师好，

你今天再次提到不想在考拉的问题，我理了几点想法：

第一，关于你在考拉看看做什么，是什么角色的问题。

在我看来，你是灵魂人物，是创立这个公司的第一人。你把我们拉在一起，有什么理由说先走呢？似乎没有哪家公司是创始人离开后还做成功的。如果我说你在公司就有精神在，可能你不大相信，但事实就是这样的。所以，你在，公司的意义就在，更不用说你在其他方面发挥的效能了。前两年你虽然在农业公司，但在精神上还是和我们时刻在一起，这和你现在说要离开不一样。

第二，关于你想做其他事业的问题。

且不说你没有找到确定的目标，从个人角度来讲，你写作这么多年，天赋这么好，功力这么深，为什么要放弃呢？我们后面的人在向你看齐，以你为榜样，然后你说不做了。考拉看看正在业务技术攻坚的时候，你要做的事还有很多。

但你不是第一次说这件事，我之前也听马玥老师提起过多次，所以我觉得，如果你真想明白了，一定要脱手，我肯定也会支持你。这就像耍朋友，一个人非要分手，另一个人再留也是留不住的。但是我肯定会生气。

至于我个人，我很难想象这个公司没有你是什么样子。也可能你走了，我们也坚持不了多久。也可能你走了，我们照常前进。但如果不是因为钱少这个问题，最好我们还是一起走。生活很难，创业很难，能够一起一直做好一件事，为什么不呢？

最近“猴年”（注：考拉看看养的第一只流浪猫）生重病，可能没多久就要死了，我感到很难过。我觉得我们还是要在一起做好考拉看看，没有其他地方比这里更需要你。我们都有不被考拉看看需要的那一天，但不应该是现在。

Take care.

熊玥伽

2019 年 3 月 9 日

∞ 不要先入为主

有天我们在开会时吵了起来，具体吵了什么现在想不起来了，只记得吵起来是因为负面情绪的影响。如果吵架没有解决问题，那真是浪费时间。现在反思为什么吵架，主要是因为彼此先入为主，认为对方对自己缺乏信任，大家带着抗拒心理进行沟通，最终被负面情绪带着走了。

先入为主的想法真的很可怕，你会预设很多问题，如果在被负面情绪绑架，那彼此之间就会越走越远。我有个感受是，开会需要和事佬，需要特别冷静的人互相提醒。而团队的余萍总和马玥很给力，在关键时刻，她们可以让大家很快把情绪拉回到建设性的讨论上来。

有理不在声高，我们至少应该好好说话。大家能从陌生人走到一起，其实很不容易。世间有两难，其一是谋人钱财。现在很多人都想挣钱，挣快钱，我们这个团队，本来就是挣时间的钱，更应该好好说话。你有一个理想，有人愿意把钱投进来，这是很大的诚意。大家都是带着愿望来的，自然希望大家可以一起把这件事情做得更好。

大家会在会议上提出很多建设性的意见。这些意见，有些我们一直在做，比如建立规范的财务，建立工作体系；有些我们正在犹豫，比如要不要建销售团队，要不要换一个高大上的办公环境；有些我们需要加强，比如定期或不定期的沟通、业务模式的传递；有些我们需要重新定位，比如放缓再融资、新的体系建设、加强队伍的锤炼。

创业越到后面越觉得难，这种难不是说身体有多累，而是说越往前走，越需要做好各方的平衡，越需要小心翼翼和谨慎。我们有一个团队，要对团队负责；股东在增加，要对股东负责；业务在增量，要对合作伙伴负责；大环境在变化，要对体制负责。走大道是正道，正道是特别难的道，但也是我们必须走的道。朝前走，是快一点还是慢一点？现在我们需要稳一点，然后才是快一点，需要找准快慢之间的平衡点。

求同存异，和而不同。大家各抒己见，有不同的意见很正常。彼此可以不一定认同对方的观点，但一定要尊重彼此的发言，一件事情，互相探讨，总会找到平衡。而公司要想真正走得远，就要达成一种平衡，包括各方意见的平衡、各方利益的平衡和各种发展方式的平衡。

做好各方的平衡，就是修行，是企业发展的必经之路。任何一项事业都是探索出来的，都是逐步做起来的，没有一蹴而就，有的只是持续精进。

三省吾身，彼此珍惜！

∞ 好好说话

好好说话是一件需要练习的事情。这说起来很简单，可是人的情绪有时候就是说来就来，一不小心，就被点燃了。我一直在改正自己的这个毛病，可是它也会时不时地发作。我感觉自己是一个情绪有病的人。

这是不是和创业的压力有关呢？我没有咨询过心理医生，也没有做过测试。但是我承认，创业的压力是很大的。这不是为自己的坏情绪找借口。在创业的过程中，我们需要管理好自己的情绪，尤其是要好好说话，而这需要刻意的练习。

为什么要好好说话？祸从口出的道理大家都能理解，但知易行难。不过我这个“病人”正在好起来，因为我在自我管理，也在自我治愈。

在很长的一段时间里，我都在反思自己的说话方式。我想这不仅是说话分寸，而是情绪管理。我需要持续努力，我虽做得不好，但是正在变好，也对改变自己有信心。但有时候我也会想，我们是否应该接受自己的真实情绪？我们何必非要做一个好人？该骂就骂，该吵就吵，做真实的自己，不行吗？

对于如何说话，我依然很纠结，依然处在“生病”中。但我想，我正在慢慢地变好。

∞ 不要抱怨

我特别不喜欢抱怨的人，完全不想和喜欢抱怨的人讲话。可能我不是一个优秀的听众，所以讨厌别人把我当“树洞”。

大千世界，无奇不有，有心灵鸡汤，自然也就有抱怨了，存在就是合理。在一个团队里，管理者必须接收团队成员的声音，哪怕是带有“负能量”的声音。所以即使我不喜欢听到各种抱怨，但是很多时候我又必须面对这些抱怨。多数时候，我认为自己是一个充满正能量的人，但我同样有灰色的一面。

抱怨的根本其实是内心不够有责任感，担当意识不够，而不是表面看起来的对某些事情不满意。真正厉害的人，哪里会把时间浪费在抱怨上，他们总是有办法从不公中找到机会。

抱怨不可怕，可怕的是我们进入抱怨的怪圈，被坏的情绪带走，无法找到出路，没能解决问题。

我曾认为很多人抱怨是因为他重视某事，他因为没有达到预期而不满。可实际是相当部分人是习惯性抱怨，且不愿意去找解决问题的办法，总认为外界对自己不公平。特别可怕的一种情况是，有人喜欢夸大其词抱怨，甚至是习惯性夸大，这不仅把自己带跑了，还会把不好的情绪传染给别人。如果团队里面有这样的人，要么想办法让这样的人“改邪归正”，要么尽早将之劝退。

有时间抱怨，为什么不把时间用在解决问题上呢？

有些时候有人喜欢抱怨，是他的习惯性选择。我听到团队里的人说，同一件事，有的人一接着就开始一声叹息，不断地说有很大的压力。而有的人则总是笑呵呵的，即使真的遇到问题，也总说正在想办法解决，而不是像喜欢抱怨的人那样说“很难，很难”。

很难有多难？有问题就有方法吧。所以最终是心态问题。我相信相由心生，心态不好就什么都做不好了。一个人有好的心态，哪还会去抱怨呢！

我们今天涉入的职场、生意场，以及各种圈子，只要不是被强迫加入的，都是自己的选择，所以不要去抱怨。创业的过程充满压力，只要在路上，问题就有很多，问题来了，除了勇往直前，别无他法。

BBC 纪录片《南海猎人》里，拉玛莱拉的捕鲸人拉马发必须捕到足够大的鱼才可以养活村里的人，他仅凭鱼叉，跳进大海和鲸鱼搏击，危险性自不用说，为此，拉马发面临巨大压力。靠海吃饭，不仅需要技巧，还需要运气，如果鲸鱼一直不出现，再优秀的猎人也只是个没有收获的渔夫。面对村里人的期待和对他错失良机的鄙视，拉马发一直坚持，没有抱怨，面朝大海，总是勇敢纵身跳进大海。这就是他选择的命运。

优秀的猎人不会把时间浪费在抱怨和无谓的解释中，他们用捕到大鱼说话。你一旦上了捕鱼船一样，除了捕鱼，别无选择。

创业是另一种捕鱼式的冒险，与其抱怨没有鱼或者天气不好，不如想尽办法去找鱼。

∞ 做好心理建设

在创业时，我时常要做心理建设，经常自己说服自己，让自己找到妥协的办法。这是实现心理平衡的一个过程。如果不做心理建设，就会走到负面的心路上，我的创业之路就可能会坍塌。就拿合伙人之间的相处来说，我和合伙人之间经常吵架，如果吵架之后，大家都不调整情绪，而是被坏情绪带跑，那么团队散伙都有可能。

我和合伙人曾经常争论——这是委婉的说法，其实就是吵架。可后来我们都觉得吵架非常不值得，比较浪费时间。但是我们比较好的是，无论吵得多么厉害，都可以很快回到解决问题的道路上来。也就是说大家只是就事论事，不搞人身攻击，都是为了解决问题。

每个人都会生气，我们不能因事废人。而要做到不因事废人，是需要进行心理重建的。对于某件事的争论，如果很容易就变成对某个人的批判，这是特别可怕的。我们需要时刻自我提醒，争论不是目的，最重要的是解决问题，无论大家多么生气，都是为了找到一个解决问题的方法。比如有时某个人的态度很激烈，好像很有攻击性，我们需要去听他的逻辑，而不是看他生气的样子。所以即使我们有争论、争吵，也不影响大家对彼此的认同，只是看待问题的角度和解决问题的方法不同而已。

做好心理建设，换一种说法就是，自己找到与自己妥协、与外界妥协的方式。为什么要妥协呢？世界很残酷，创业者每天都会遇到各种各样的突发情况，面临各种负面的压力，如果我们不坚持积极、正向的，很可能会得抑郁症。

但凡给你付费购买服务的人，都希望合作展开以后，你能随叫随到。态度好的用户，会很客气。而个别用户，你与其相处，总感觉氛围特别紧张。

刚开始时我们觉得随叫随到的要求比较过分，可是后来换个角度想，用户很焦急，可能也是因为有人催促他们，所以向我们提出这样的要求。焦急也是一种重视吧。如果我们的效率更高，不用用户催，或者当用户需要任何响应的时候，我们都可以第一时间回应，那么我们就是更加有战斗力的团队了。所以这不是用户的问题，而是我们的专业还没有达到用户要求的问题。这样想，我们就会更加专注于提高团队的专业能力和服务质量，而不会再去纠结用户的态度，而是专注于如何更好地解决用户的问题。

我的心理建设从来没有停止过。有时候，一个人的心里住着两个人，往左还是往右，往往让人很纠结，而纠结的过程是很痛苦的，因此无论如何，我们都需要往好的方面想，需要有一些阿Q精神，这样我们的日子过得不会那么累。

搭档时常问我，希望在未来把公司做成什么样子。创业公司肯定要努力实现财务自由，做更多好的作品，把团队做成既赚钱又有社会价值的团队。但这些都是表面的目的。其实我想做一个快乐、自由的人，我之所以选择创业，就是为了可以更加快乐和自由。胡适先生说，时间让他更加学会容忍而非自由。随着时间推移，我更加理解了他这句话。这也是他的一种心理建设吧。

看一件事情，有很多角度，同样的事情，有人快乐，有人难过，除了立场不同外，还有角度不同。陆川拍摄的纪录片《我们诞生在中国》中，雪豹妈妈最后奋力一击失败以后，在雪地里黯然死去。看到这个镜头，我突然就掉眼泪了。对于作为食物链顶端的雪豹而言，这是一种自然轮回。雪豹杀戮是为了让小雪豹活下去，而牦牛妈妈拼命护住小牦牛同样如此。雪豹如果赢得食物，牦牛妈妈就会丧失孩子，每个人都是妈妈的孩子，谁比谁更珍贵呢？

所有的事情，都有它的规律。如果我们暂时不懂得它或是不能站在相的应高度理解它，那么我们至少要相信前途是光明的，试着从积极的角度来看待问题。愚者千虑，必有一得，我们要做一个积极的愚者。

∞ 停一停

很多人都说创业时很焦虑。不经历创业的人，是很难理解这种焦虑的。作为创业者，我们从自己身上感受到压力，也从队友身上看到压力。比如我总是认为公司业绩不够好，项目执行也有这样那样的问题，常在深夜睡不着。如果做压力的检测，我想我的压力是很大的。

有压力是正常的，关键是如何面对压力，如何给压力找到出口。有一句笑话是这样讲的：把你的不开心说出来让我开心一下。细想，这句话是比较有道理的。没有比较就没有伤害，在面对很大的压力时，如果我们想到那些更艰难的人，我们会认为自己所承受的压力也不算是多大的压力了。

每个人都有不同的释放压力的方式。我最担心的一种情况是压力无序释放和无序传导，把负面情绪瞬间传染到不相关的人事上。

这里举一个例子来说明。有位用户向我反馈，说我们的执行特别糟糕，根本未达到要求。这对我造成一种压力。相信但凡追求极致的人，在面对用户这样的反馈时，心里都会有很大的压力。听到这样的意见，我一般会认为是我们的文稿出现了大问题，因此，往往心里冒火，而且是很大的火。然后我就会向自己发火，向周边的人发火。这是我之前的状态，有一段时间甚至是常态。

但是后来我发生了很大的改变。为什么？也许是我读了很长时间的《金刚经》，也许是我经历多了，发生自然进化，慢慢有了新的认识——团队存在的价值就是解决问题，问题暴露出来，解决就好了，生气是没有用的，况且生气真的不能解决问题。好比你在家里看一个很好看的电视节目，突然电视机坏了，这时你肯定很生气。但是生气也没有用，生多大的气电视机也不会好。

我想说的是，面对压力和问题，需要更换一个心态。出问题是必然的，如果没有问题，那还要我们做什么？我们的每一步前进都是通过解决问题来达成的。

我碰到很多坏消息的时候，就会给自己做心理建设。停一停，不要那么焦急，总会有办法解决问题的。我尤其会告诫自己，不要生气，不要发火，不要冲动。

创业就像登山，我们总想要到达山顶。而山路，是没有平路的，道路总是弯弯曲曲，盘旋而上而最终到达山顶的。所以这些曲折之路是上山的必经之路，在这条路上，有很多美的景物比如那些山间的亭子。在你累的时候，疲惫的时候，你可以停下来看一看，想一想，然后继续出发，你会得到很多新认识。

我看过很多大师的传记，他们大多数的心态都很平和，而这种平和蕴含着很大的力量。他们不以物喜，不以己悲，坚定地朝前走去。如果我能有大师们那样的平和心态，很多事情也就容易做成了。

净
[与自己和解]

“我的孤独是一座花园，可是我怎么看怎么都觉得，孤独是一座牢笼。每当我感到孤独时，就会想到曼德尔斯塔姆所说的：‘我的身前迷雾重重，而我的身后，是一座牢笼。’”

∞ 孤独是一座牢笼

创业这几年，我觉得自己更加孤独了，似乎朋友越来越少，真正理解自己的人也越来越少。其实，孤独和朋友的数量没有关系。只是那些同自己共同经历过创业黑暗期的搭档，最后因为各种原因选择了离开，想起来总让人觉得比较遗憾。

可能每个人的选择都是阶段性的。那位我曾经那么喜欢的人，曾经认为那么重要的人，在与我各奔东西以后，她头也不回地走了，好像在彼此的世界里从来没有出现过。有时候我会问自己，这是真的吗？如今想起来，恍如隔世，曾经刻骨铭心的事似乎真的不曾发生过。

可能是因为我们都乐于奔向新世界吧！

莎士比亚说："新的火焰可以把旧的火焰扑灭。"也有人说，人生有宽度和长度。那人生是不是只有回忆和今天呢？有时候，我翻看自己的手机通讯录，发现自己原来曾经认识那么多人。而现在这些人多数都成了陌生人。有统计表明，人一生中可能要接触大约 8 万人，其中多数人只有一面之缘，而真正有长期联系的人大约就那么几位吧。

我一直在想，创业伙伴在分手以后，到底该保持一种什么样的关系呢？

我经历过几次创业。那些曾经在一起深夜搬过水果的搭档在分开以后联系甚少。这种感觉非常不好。有一段时间，我总在反思，究竟是哪里出了问题。但我最终也没有找到标准答案。有时候我会想，如果我们创业成功了，那又会是一种什么样的场景呢？不知道。想也是空想！

有一次开云突然说要离开团队，退出公司。这真的让我不知所措，太突然了。前两天他还在和我们热烈地讨论如何完成年度目标，现在却突然说要退出。他是我多年的朋友，也是我力主拉他入伙的。在我看来，他负责的重庆团队是可以复制成都团队的模式的。如果重庆团队能复制成功，那么我们就可以在更多的地方生根发芽了。

对于开云提出的离开团队，我不仅觉得突然，更感觉到自己难过。我有一种被抛弃的感觉，因为他是重要的人。我心中抱有很大的遗憾。我想，他为什么要放弃团队而去做独行侠呢？当然我也在反思，为什么我不能让这些搭档选择继续相信未来呢？

很庆幸，开云最终坚持下来了。

时间会在冲淡这些忧伤的记忆。我问我的搭档们：在创业路上，你们是否觉得孤独？马玥说她的内心没有被填满，没有被理想、友情、亲情、精神填满。熊玥伽说，她暂时没有想到孤独。开云后来也说，他没时间想这些问题。

阿多尼斯说，孤独是一座花园。可是我怎么看都觉得孤独是一座牢笼。每当我感到孤独时，就会想到曼德尔斯塔姆所说的："我的身前迷雾重重，而我的身后，是一座牢笼。"

或许一个人心里真的有空隙，才有时间去想孤独这件事情，才会一想起这个话题，就很难过，尤其是那些我不愿意去面对的分别。我想，这个世界应该有一门功课教人学会独处，教人安静地和这个世界相处。

这是一门很难的功课，我没有上过这堂课的经验。

∞ 每天的平衡

我们每天都在做各种选择，有难的，也有容易的。当然，如果我们不计后果，那就无所谓选择。而无论怎样的选择，其实最终都是一种平衡。

想要达到平衡是一件很难的事情。当然有些人可能天生就是平衡高手，可以自然来去、收放自如。而对于多数人而言，都要经历很多事情之后，才会懂得平衡的重要性，才可以慢慢掌握平衡的技巧。

创业就是在不断地平衡的历程，这种平衡主要分两类：一是团队内部的平衡，二是外部业务的平衡。

团队内部的平衡就像写作，我们可以用很多方式来写出自己的感受，比如严格的遣词造句、讲究对称或是工整。我在比较长的时间里很是迷恋西式长句，也很喜欢那种经常引经据典的写作方式。可是后来我慢慢地改变了，变得比较喜欢蒋勋的口述式写作，像讲话一样，用最简单的词，用生活中的话来写作。这让写的人变得很随意而轻松，看这些文字的人也轻松而愉悦。

无论是西式长句还是口水话写作，都是一种平衡的选择。平衡往往会涉及很多方面。

业务的平衡，随着项目开始执行，我们往往会平衡用户的需求，平衡团队的能力，在组队分配任务的时候，根据轻重缓急，搭配合适的人员。比如我们在研究浙江企业家时，第一批从成都派往浙江的成员都是精兵强将，并在第一时间就赶出了相关作品。到了第二阶段，我们开始注意新老成员的搭配，努力打造老带新的培训机制，既保证完成项目，又让队伍得到培训。

我坚持每天写一组千字文是从 2019 年开始的，最开始只是想记录自己的一些感受，也算是一种工作和生活的总结。后来逐渐坚持下来，我才发现，写作的时候我会反思自己的见识，通过文字表达获得一种心理上的补偿和平衡，会更加中立地看待、思考自己经历的人和事。

我坚持写作，但在写作过程中并没有刻意训练文笔（曾经有几天有尝试）。在我看来，坚持写下对各种经历的思考比讲究文笔更重要（或许在某段时间里，我更加注重写作本身）。不管我是刻意去练习文笔，还是我通过更多的思考而写作，这些文字都是我选择后的一种平衡。

团队成员在一起，无论是对内还是对外，都需要不断地平衡。比如要平衡大家的工作分配，要平衡大家的利益分配，要平衡内部作者与外部作者的协作，要平衡服务用户的价格体系……一件事情能做成，一定是各方面都达到平衡的结果。

我们在高校中孵化内容团队时，碰到了一个大学二年级的视频团队，双方沟通后很快就决定进行试验性合作。但一个月后，有两个小伙伴提出要退出，原因是他们学业很忙，时间上与创业工作发生了冲突，需要做一个二选一的选择。

学业和创业，两者之间其实并不是非黑即白的，而是可以协调的。比如引用更加灵活的机制，不定时地工作，这样就可以让学业和创业的事情达到平衡。我们注意到，同样一个团队中成员，也有把平衡工作做得好的。他们面临同样的问题，但是学业与创业工作，并没有什么真正大的冲突。

我们团队有些成员有时候显得很焦急，觉得很多事情都搅和在了一起。但是走过一段时间，很多事情慢慢达到平衡的状态，业绩也开始出来了，即便是任务增加了，大家也不像开始那么慌乱。我想这也是平衡之道的修炼。

世事无常，变化万千，平衡也在不断变化。经过码字，我持续换位思考，复盘反思，从而更加平和地理解所处的环境。这是我的实验，也是我的经验，是我对平衡的一种探索。

∞ 无我状态

2018 年，我有了人生的第一次输液经历，在家躺了半个月。这是由一场感冒引起的并发症，因此我有半个月时间没有去公司。

因为这件事情，我得出两个结论：

第一，不要忽视看起来很普通的日常小问题，它可能带来很大的危害，正如感冒也会引发出严重的病症。这不是矫情的说法，而是我们真的要重视健康——个人健康、团队健康。所以后来我要求团队每周有相对固定的运动时间，新员工入职时必须体检，公司每年为员工提供体检福利。2018 年我做年终总结时，我的反思是团队的健康管理不够，需要加强。

第二，我不在公司的这段时间，公司运转良好。这让我突然意识到我们的体系有了一些小小的成果，团队可以开始自循环了。关于这一点，还有一个重要的原因是，团队里有中坚力量如马玥、熊玥伽、李开云等，以及一批新成长起来的干部。他们管理团队的经验发挥了很重要的作用。创业一定要尽快形成一个超强的、互补性的团队。

我曾经认为自己在团队中很重要，甚至到了不可或缺的地步。现在我想这明显是高估自己了。生病之后的事实证明，公司离开我，还是一样会转动。当然，我并不感到沮丧，相反觉得很开心，这说明公司发展良好。我是考拉看看团队的两位创始合伙人之一，而我基本完成了 1.0 阶段的使命。如果公司在很长时间里在“无我”状态下，依然能够很好地运转，那么这说明公司肯定处在一个很好的发展阶段了。

还有一个触动我的案例是铅笔道的经历，这是第一家报道考拉看看团队融资的公司，这家初创公司近期遭遇困境数位联合创始人纷纷离开，最后少数几位创始人坚持了下来。我不知道那些离开的人是否内心挣扎过，是否担心这一团队在他们离开后还能正常运转，但我认为，一个团队走向成熟的标志是逐渐摆脱个人影响，即便是核心合伙人离开，它依然可以通过已形成的体制让这个团队很好地运转下去。

在 2019 年考拉看看团队的日常运营中，我和团队高层都要求实行更为专业化的分工。而我逐渐开始尝试让公司在“无我”状态继续运营。

过去几年时间里，我给几位搭档——尤其是给核心成员——的一种感觉是，他们都在执行我的想法，我是决策者，而他们是执行者。当然，从我内心来说，我是愿意承担责任的人，但也希望团队管理层可以尽快成长起来，可以顺利进行交接棒。

考拉看看团队在经过几年的努力之后，尤其是在融资之后，腰部（中层干部）的力量逐渐起来了，团队各个板块的带头人也日渐成熟。我必须重新给自己定位。

我上面说的“无我”，并非说我撒手不管，而是说我要学会放手。

我逐渐淡出日常管理，让团队总经理和各分支的总经理更多地承担起年度目标和日常事务的管理，而我把更多的时间放在方向的把握和重大的战略项目上。当然在需要我的关键时刻，我也会挺身而出。

这对我来说是一种解放，可以让我更好地思考团队战略层面的事情。我想，这样的状态如果是一种很好的实验的话，那么未来团队管理层在交接棒的时候应该会更加顺利。

∞ 想得简单一点

有些人有很多想法，过得很累，尤其是很多人有悲观的心态。至少在我看来，无论面临什么样的环境，那些想得简单一点的人会更加轻松。如今大家的各种压力都很大，东想西想，再加胡思乱想，日子就会更加难过起来。

有一次我感觉自己，压力大得心脏都无法承受了，走几百米的路，就像要猝死一样。这是很多年前发生的事情了，可如今想来还是心有余悸，原来一个人的压力是真的有可能杀死自己的。当时我尚在媒体公司工作，住的地方离办公室大概只有 500 米，有一天在办公室突然接到借住我家的朋友的电话，说是出了很大的事情，可又不说具体是什么事，只让我立即回去，然后就挂了电话。我焦急万分，马上往家跑，仅仅几百米的路，我跑在路上，心跳得特别快。等我跑到楼下的时候，我已经完全跑不动了，呼吸也上不来了，真的感觉自己要死掉一样。

数年之后，我已经忘了朋友究竟发生了什么，可至今还记得当时脑子里冒出来的各种危险想法。那种担心加跑步带来的心理压迫感，那种呼吸急促感，如今想来依然很清晰。

因为有了这次经历，后来我总是告诉自己，没有什么天大的事情。坏的事情要发生，很多是无可避免的，我们要尽量把事情想得简单一点，尤其是不要让自己胡思乱想。

后来四川发生地震时，我感到特别可怕，这种可怕来自我认为房子有可能被震垮。地震过后我认真一想，房子只是摇了摇，还没有过山车刺激。后来我读《金刚经》，理解了什么是“不惊、不怖、不畏”，知道一个人心里要是有了太多的想法，一定是做不到“不惊、不怖、不畏”的。

当然想简单一点并非不去做预判，而是说要有乐观的心态，或者说尽量朝好的方面去想，不要被担心的情绪带走。如果我们为没有出现的状况而去担惊受怕，那就有些太冤枉。即使真的出现了不好的情况，把它解决掉就好了。我想，任何一个创业者，都是为解决问题而生的。应对新的变化，处理各种危机，即是我们这些人存在的意义和价值。

∞ 路人的启示

我住院的某一天，接到了一个合作伙伴的通知，他说需要尽快和我见一面。我是穿着拖鞋进医院的，想到要会客，穿拖鞋不太正式，于是赶到见面的地方，运气很好地在附近找到一家售卖布鞋的街边小店。

我把换下的拖鞋寄存在这家小店，等会完客后回来取。因为身体不舒服，我就坐在小店门口的竹椅上休息。小店卖布鞋的大姐在听讲解佛经的广播，我问她听的是什么内容，她却反问我是否听得懂，我说略懂一点点。她看我状态不好，问我是不是生病了，我点头默许。

大姐开始很热心地告诉我，说身体出了问题，是一个信号，是在提醒你要多注意身体。她后来又说到，生病是因为不平衡。

她建议我多穿布鞋，因为布鞋可以接天地之气。她还建议，等我身体恢复了，要多吃素，吃素对身体好。

我真的很感谢大姐这样的提醒，尽管只是一面之缘。我这几年本来也喜欢穿布鞋，感觉很舒服。我想以后我会去她家买布鞋。她关照了我，其实也是关照了自己。

后来我回家休息，在楼道里碰到了一位阿姨，她走得很慢。我因为身体有恙，走路比平常要慢很多，像蜗牛一样。我住在这里有一段时间了，但和她算是第一次见面。她很关心我，问我是不是生病了。陌生人友好的问候，让我感觉到了很大的温暖。我与她平常毫无交往，此时她的几句话却让我温暖起来了。

上面说的这两件事情发生在同一天，前后相差不过一小时。这些来自陌生人的小小的关心真的让我感觉到很大的温暖。后来我想，我们说话的力量是很大的，关心他人和人际关系也是一门功课。我们与陌生世界相处，去传递正念，这并非要我们干轰轰烈烈的大事情。生活中的一些小事情，我们的一言一行，都是传递正念的最好方式，做好它，也是一种人生的修行。

在工作和生活中，我们会碰到很多陌生人，但往往是擦肩而过，多数情况下我们对周边的世界都是事不关己，高高挂起。

当你力所能及地去关心和热爱周围的人和事物，你就会发现这个世界上有很多美好的事物。当你朝前冲的时候，可以偶尔放缓脚步，停一停，慢下来，你会从我们经历的小事情中，发现很多不同的美和感动。

∞ 我对生病的理解

我身体一直不错，2018 年是我第一次输液，2019 年是我第一次生病住院，因为肚脐发炎，做了一个很小的手术。出院可以活动后，朋友问我的感受，我说有以下四点。

第一点感受来自手术那一晚。当时护工推着我在手术室门口等候，那有一条长长的走道，晚上 11 点，走道上没有一个人，我的手术床恰好就停在手术室门口。因为上一位患者的手术还没有做完，我只能躺在床上等待。我扭头就看到了一个没有穿衣服的男人躺在手术台上，医生们在对他的腹部做处理。因为是全麻，这个赤身裸体的男人任由医生摆布。我想幸亏有全麻技术，不然这个被开肠破肚的人早就痛得死去活来了。我们真的要感谢技术的进步。

实际上，我觉得一个人赤身裸体被“摆布”是很没有尊严的。如果有一天我得了不治之症，我肯定会放弃治疗，安安静静地离开，不要太打扰这个世界。

第二点感受来自我对遗嘱的思考。我在病好回家后很快理清了自己所有的资产，并大致回想前半生做了什么事情，并把重要的人的名单做了梳理。做完这些事情后，我感觉自己既穷又还有很多事情没有做。我想，如果我像医院里的那个男人一样做了全麻，却没能醒过来，那就悲催了。因为我还很穷，没有财富可以留下来给我身边重要的人，也没有好的东西可以留下来给他们。所以我想，等我恢复健康以后，我必须认真工作，多挣钱，多做有意义的事情，不然人生走一遭，什么都没留下来，真就白活了。

第三点感受来自身体上的病痛。生病真的很痛苦，哪怕是小小的病。我这次住院是因为肚脐发炎，导致后来整个肚子痛，痛得走路都很困难。做完手术以后，痛苦立即就没有了。手术其实很简单，只是有一个息肉堵住了脓液，只要切开一个小小的口子，让坏掉的脓液流出来就好了。可见，身体的平衡被打破了，一个人就觉得不舒服。经历此病之后，我必须多锻炼身体，保持身体平衡，让身体健康。

我的上述感受让我朋友很吃惊，他建议我多想想如何保持健康，不要把工作放到第一位。可是我认为努力工作和保持身体健康并不冲突，关键在于做好工作与健康的平衡。财富虽不是人生唯一的度量衡，可它是一把很重要的尺子，努力并不一定创造财富，但不努力一定不能创造财富。

第四点感受来自对生活的新理解。我们应该在自己状态好的时候，在自己可以消费的时候，及时享受生活之美，要学会活在当下。人应该抓住当下的每一个机会，而不是把事情留到以后做、明天做。未来如何，关键在如何把握当下，而时间转眼就会溜走。如果身体不好，所有的风景都和我们无关。在这次住院的一天晚上，发生了地震，而我一点逃跑的动力都没有。生命很脆弱，在它强壮的时候，在我们可以拥有的时候，我们应该尽力让自己活得开心快乐。

我是热爱工作的，躺在病床上的几天，我还总是想尽快回到工作中去。

∞ 关注自己的问题

越是往后走，我越是认为，很多事情的成功是偶然的，失败的概率远远大于成功的概率。虽然说不能片面地看成功和失败，但这确实是事实。

我不确定其他创业者是否也如我这样，我认为要取得成功，需要做好每一步，任何一个环节都不能出差错。我有这样的理解，是有逻辑的。人们说到失败的原因，往往会说有内在因素，也有外在因素。而我认为，很多人的失败是因为他没有关注自己的问题，被世界裹挟走了。

向往成功是一种很大的动力，这种动力并不能空对空实现，而是要具体落到解决问题上，我曾在农业领域交过一段时间的学费，从种植到销售环节，都有尝试。我后来思考为什么没有将连锁经营做成功，原因是当时我没有聚焦到内部问题上，没有很好地解决问题。

我们在反思问题的时候，如果连续问自己几个问题，可能就会发现问题的源头。比如，当时我们为什么没有实现果实连锁经营？因为没有实现单店的良好运转！为什么没有实现单店的连锁运作？因为我们在此领域没有成本优势！为什么没有成本优势？因为我们并不专业！

同样的时间，同样的行业，同样的商业模式，为什么很多快速冒出来的连锁店并没有打败街边的零售店？经营者自身的专业性才是最重要的，没有真正的专业技巧，就无法获得持续的订单，也就谈不上更大规模地运作了。

很多失败，归根结底还是我们自身的问题。小到一个项目的竞标，大到一个团队的创业，很多人在某件事上花了时间和精力，但却没有把目光聚焦到内部的业务上，而是把时间浪费在了其他方面——比如无效社交。很多人自诩有很多资源，可是把资源变成资本，是需要有极强的专业能力的。

老话说得好，"打铁还需自身硬""没有金刚钻不揽瓷器活"，不然就算业务来了也是接不住的。

内生动力才是企业发展的最大动力，解决内部问题才是拓展市场的最大突破点。如今的市场虽然有很多新技术进入，但是行业的需求归根结底还是传统的需求，新技术只是提高了市场运转效率，真正的商业逻辑还是要回到解决问题本身，尤其是回到解决团队自身的问题上。

这个世界是有很多需求的，我们是否拿到订单，取决于我们解决问题的能力。我承认这个世界上有很多的捷径可走，可是将时间拉长，将视野拓宽，你会发现这个世界仍然是适者生存的。这个世界进化的原则很公平。

做一个适应世界的人，才能打造一个适应市场的团队。一个鸡蛋从外部打破，就是坏了；而从内部打破，则是新生命的诞生。

后记▸ 持续的路

写完这本书，我大概花了几个月时间。在这段时间里，我持续总结了自己创业的一些感悟，因为自己尚未取得很多人眼中的成功，如何处理这些文字，我还是比较犹豫的。我的搭档们都提议将这些文字整理出版。而我的顾虑是，相对于很多人理解的创业成功，我们团队似乎只能算是活了下来，尚没有取得巨大的成功。作为我个人的创业感悟，是否可以给别人带去帮助呢？

我一直认为，文字是需要给人带去力量的。也因此，我后来还是同意出版这些文字。任何一个作者都有表达欲望，如果这些文字能给人带去一点力量，却让它只躺在笔记本里，难免有些可惜。

创业是一个持续的过程。如果在取得很大的成功之后，再来出版这些昔日的文字，那时这些内容可能有些过时了。因此，既然本书是对当下的理解，那就让它在当下出版吧。

写这些文字是我训练自己的一种方式，即每天坚持写作 1000 字。我是否坐到了风雨无阻？回头去看写作本书的几个月时间，除一两次因特别之事有所迟滞外，其他时间我都坚持了下来。一次是因为开心而喝醉了，没有写作，但是第二天我就把未完成的写作补上了。另一次大约有十多天的停滞，因为我躺在了医院里。我很感谢这次生病的经历，它让我遇到了一些特别的人，也更加理解了身体和生命的意义。但在我状态略好以后，我依然把未完成的写作补上了。想想躺在病床上看天花板的时间，我感觉真是太浪费了。可是后来我又想，以前的我一直在奔跑，像现在这样停一停，就像爬青城山爬到山腰，遇到凉亭，休息一下一样，也很好。

回到本书内容上来，这其实是我创业的一部分。坚持写作是我的另外一场创业，它更像是自己和自己比赛。写作是一条很长的路，就像巴菲特所说的滚雪球，得有长长的坡和很湿的雪。

我曾认为创业是一条孤独的路，需要搭档的理解，需要团队的理解，更需要用户的理解。可后来我明白了创业首先需要让自己达到内心的平衡，自己理解了自己，才会得到大家的理解。而我的那些孤独，我想，是因为我的内心没有达到自我平衡。

我一直认为，写作是一种很好的表达方式，可以让自己与自己对话。我曾在中国人民大学商学院学习过一段时间，并深受那里的商学反思影响，而写作则为我的反思找到了一条路。

我的搭档们说，等我以后成功了，这些写作就很珍贵了。其实无论未来怎么样，我们的想法、干法、经历才是我们的人生。

成功与失败都是一个时间节点的表达，创业永无止境，每一次的成功与失败，都是某一个状态的一瞬间，而关键的还是过程。因为成长比成功更重要。

写作这件事，日更的坚持，如创业一样，是一条持续的路。坚持做好今天的事，这条路就持续走下去了。

这些年我的写作风格有很大变化，我曾迷恋过西式长句，也曾奉行引经据典。而在这一次的写作中我想回到朴实中来，用更直白的简单语言，像聊天说话一样，来表达我的认识和理解。我想，这才是我自己。

我在未来有何改变，如何改变，我不确定。但我相信，很多事情需要坚持，需要持续，因为只有时间才会给我们想要的答案。

特别感谢考拉看看团队的每一位伙伴！

感谢我所遇到的每一个人，因为相遇，我比以前更能做好自我内心的平衡。

张小军　著

内容简介

深度内容创作与运作平台考拉看看主要创办人张小军以“创业维艰”和“内心平衡”的视角讲述考拉看看如何从几个人的写作逐渐成为中国领先的内容创作与运作团队，以及前行路上的困难困惑和奋发向上。

这是作者个人的创业笔记，也是考拉看看从 0 到 1、从 1 到 N 的创业历程。本书也解密了市场上众多头部图书作品背后的创作与运作历程。

相信这本书，能让读者在作者个人探索的平衡创业态度中，在个人心理建设、组织团队管理等多个方面受到启发和激励。

读者服务

4000213677　(028)87575393

著者

张小军

财经作家，资深策划人和天使投资人。考拉看看、TRYTHING、内容引力资本等机构的主要创办人。常年从事企业和商业案例研究。他拥有丰富的商业实战经验，也是多个品牌运营的推动者。著有褚时健经营哲学系列、刘诗白和曾康霖传记等多部广具影响力的作品。

联系他：24973558@qq.com

策划团队

考拉看看 Koalacan

由资深媒体人、作家、内容研究者和品牌运作者联合组建的内容机构，致力于领先的深度内容创作与运作，专业从事内容创作、内容挖掘、内容衍生品运作和品牌文化力打造。

A content institution jointly established by media experts writers content researchers and brand operators committed to creation and operation of leading-edge and in-depth contents specializing in content creation content mining content derivatives operation and cultural branding.

书服家 Forbooks

专业的内容出版团队，致力于优质内容的发现和高品质出版，并通过多种出版形式，向更多人分享值得出版和分享的知识，且以书和内容为媒，帮助更多人和机构发生联系。

A professional content publishing team committed to the discovery and publication of high-quality contents sharing worthwhile ideas with people through multiple forms of publication and thus acting as a bridge between people and institutions.

写作 ｜ 研究 ｜ 出版 ｜ 推广 ｜ IP 孵化

Writing Research Publishing Promotion IP incubation

电话 TEL 400-021-3677　　Koalacan.com

特邀编创：考拉看看

装帧设计：云何视觉　汪智昊

全程支持：书服家

考拉看看 微信二维码

书服家 微信二维码